대한민국
20대,
재테크에
미쳐라

대한민국 20대, 재테크에 미쳐라

• 정철진 지음 •

한 번 배워 평생 가는 똑똑한 재테크 습관

한스미디어

| 추천사 |

신뢰와 열정으로 다져진 재테크 입문의 정석(定石)

내가 정철진 기자를 처음 만난 것은 2005년 MBN(매일경제TV)의 '머니 레볼루션'이라는 프로그램에서였다. 나는 당시 꽤 오래전부터 MBN에서 재테크 관련 프로그램을 맡고 있었는데 2005년부터는 새로운 아이템으로 포맷을 바꾸기로 하고 담당 PD와 함께 전문성을 가진 공동진행자를 물색하던 중이었다.

내 기억으로 당시 나는 정철진 기자에 대한 주변의 대단한 호평에도 불구하고 막상 정 기자를 진행자로 모시는 데에 약간의 우려를 가지고 있었다. 그것은 그가 후보로 이름이 거론되었던 많은 전문가들 중에서 가장 연치가 어린 분이었고, 또 투자분야에서 '경제지 기자'라는 직업 자체는 두말이 필요 없는 최고의 전문직군이지만 방송의 측면에서는 '진행자'보다 '게스트'의 역할이 더 어울린다고 보았기 때문이다. 왜냐하면 기자란 '정보'의 바탕 위에 '팩트'를 찾아내서 그것을 전달하는 역할에 충실한 분들이지, 데스크나 위원이 아닌 이상 기사에 개신(改新)의 의견이나 철학을 자유롭게 담는 데 익숙하지 않다는 선입견이 있었기 때문이다. 더구나 안 그래도 고루하고 경직된 내 스타일과 형식을 중시하는 신문기자의 조합이 어떤 결과를 낳을지에 대해서도 별로 자신이 없었다.

그러나 방송 전 상견례와 첫 방송을 녹화하면서 나의 이런 생각은 여지없이 깨져 버렸다. 그의 외모에서는 왠지 모르게 신뢰가 느껴졌고, 취사선택하는 언어와 핵심을 찌르는 분석력은 작가가 건넨 대본이 초라하게 여겨질 만큼 세련되고 정제된 것이었다. 그때부터 나는 그를 때로는 좋은 동료로, 때로는 나이를 잊은 친구로까지 여기게 되었다. 그만큼 그에게는 흡인력이 있었고, 그가 전달하는 정확하고 예리한 메시지들은 많은 시청자들을 매료시켰다.

놀라운 일이었다. 사회생활이 충분하다고 여기기에는 다소 부족한 나이에 어떻게 저만한 내공을 쌓았을까? 그것이 단지 경제신문 기자로서 받은 트레이닝의 결과물일까? 아니면 정철진 기자 개인의 타고난 능력 때문일까? 나는 항상 그것을 궁금해 했고, 그 이유를 찾기도 전에 그는 언제나 내게 새로운 놀라움을 안겨주었다.

불필요한 이야기지만, 나중에 알고 보니 그의 사적 커리어들이나 소양들은 그저 얻어진 것이 아니었다. 그는 대단한 노력가였고, 자신의 현재와 미래에 대한 확고한 철학을 가지고 있었다. 그러한 자질 위에 경제지 기자로서 익힌 연마와 다양한 인적 네트워크들을 씨줄과 날줄로 엮어 자신만의 그림을 그려내고 있었던 것이다.

그런 그가 책을 준비하고 내게 추천사를 부탁해 왔을 때, 나는 1초도 망설이지 않고 심지어 원고도 보지 않은 채 기꺼이 승낙했다. 왜냐하면 내가 아는 정철진 기자가 쓴 책이라면, 그것도 20대의 젊은이들에게 보여줄 책이라면 그 내용은 보지 않아도 어떤 것일지 상상할 수 있었기 때문이다. 그리고 원고를 받아 읽으면서 그가 내 기대를 배반하지 않았음을, 또 미래의 독자들의 믿음을 저버리지 않을 것임을 확신했다. 그는 이 책에서 그가 믿고 있는 또 그가 보아왔던 경험들을 바탕으로 '검증된 팩트'들을 정확하게 전달하고 있다. 더구나 신문기자나 제도권 전문가들의 책에서 발견하기 쉬운 건조함이나 형식주의마저 배제한, 그야말로 그만의 기지와 철학을 고스란히 담아낸 멋진 입문서를 한 권의 책으로 완성한 것 같다.

이제 이 책에 대한 평가는 독자들의 몫이다. 재테크에 관한 책이라면 그저 '대박을 잡는 연금술'이 담겨야 한다고 믿는 분들에게는 다소 실망이겠으나, 20대에 꼭 필요한 탄탄한 지식과 길잡이를 찾고 있는 분들에게 이 책은 그야말로 '성문종합영어'나 '수학의 정석' 반열에 올려져도 무방하리라 싶다.

책을 펴내느라 수고한 정철진 기자에게 진심으로 격려와 축하의 말을 전한다.

시골의사 **박경철**

박경철 님은 현직 외과의사로 본명보다 '시골의사'라는 필명으로 널리 알려진 투자전문가다. '국내 최고의 기술적 분석가' '증권사 직원들에게 주식을 가르치는 외과의사' 등으로 불리는 그는 의사로 활동하며 병원에서 겪었던 사연을 담아낸 《시골의사의 아름다운 동행 1, 2》(2005년), 《시골의사의 부자경제학》(2006년) 등의 베스트셀러 작가로도 독자들의 많은 사랑을 받고 있다.

| 개정판 서문 |

세월이 흘러도 변하지 않는 진정한 부의 법칙

"20대 애들 꼬드겨서 장사 한번 잘했네."

무의식 중에 고개를 돌렸다. 걸쭉한 목소리. 그곳엔 최소한 2차 정도의 회식을 마친 것 같은 5~6명의 직장인 무리가 있었다. 밤 11시를 향해 가는 시간의 2호선 지하철 안. 그 무리의 막내로 보이는 한 남자의 손엔 익숙한 표지의 책이 들려 있었다. 바로 책 《대한민국 20대, 재테크에 미쳐라》(이하 《대재미》)였다.

"임마, 이런 쓸데없는 책 볼 시간 있으면 지난주 배운 업무 매뉴얼이나 달달 외워."

걸쭉한 목소리의 남자는 아마도 이들 중 가장 높은 상사인 것 같았다. 50대는 족히 돼 보이는 이 사람은 혼자만 자리에 앉아 있었는데 앞에 서 있는 후배를 향해 조언을 계속했다.

"돈이란 건 묵묵히 일하면 자연스럽게 따라오는 거야. 회사일 열심히 해. 그럼, 그게 바로 재테크야. 생각해봐, 직장 짤리면 무슨 수로 재테크를 하겠냐. 이런 책 사지 마. 이거 쓴 놈만 돈 벌어."

난 팬스레 얼굴이 후끈 달아올랐다. 그 순간 내가 마치 순진한 20대를 꼬셔 한탕 해먹은 사기꾼처럼 느껴졌다. 그런 거 아닌데, 내 진심은 그게 아닌데….

　물론 20대가 돈, 돈 하는 것보다 청운의 꿈을 품고, 자기계발 잘하고, 열심히 사랑하고, 회사일 열심히 잘하는 게 더 효과적일 수도 있다. 사실이다. 맞는 말이다. 하지만 이것도 잘하고, 또 재테크에도 미치면 더 좋지 않을까 하는 게 내 생각이었다. 왜냐하면 내가 20대 때는 그 어떤 선배도 재테크의 '재'자도 말해주지 않았기 때문이다. 앞서 그 50대 상사의 20대 때도 마찬가지였을 것이다. 그런데 난 그게 참 안타까웠다. 난 정말 몰라서 못 했다. 그 시간이 너무 아까웠다. 그래서 난 내 후배들에겐 뭐라도 알려주고 싶었다. 어차피 35살에 할 주식이라면, 25살에 해보라고 말하고 싶었고, 집이 찢어지게 가난하면 어서 빨리 매달 10만 원씩 청약저축에 넣어 자그마한 아파트라도 마련할 준비를 하라고 알려주고 싶었다. 우린 2000년 '바이 코리아' 펀드로 망했지만, 내 후배들은 그런 실패를 보고 펀드투자의 핵심이 과연 무엇인가를 깨닫게 해주고 싶었다.

　그런데 너무나 고맙게도, 너무나 기쁘게도, 너무나 감격스럽게도 우리네 20대들은 내 진심을 알아줬다. 적어도 날 사기꾼 취급하지는 않았다. 그렇게 《대재미》는 이제 젊은이들의 재테크 입문서 중 하나로 자리 잡게 됐다.

　이번 《대재미》 개정판은 지난 2006년에 출간된 것과 크게 다르지 않다. 몇 가지 자료 업데이트와 수정, 보완 등이 추가되었다. 그래서 굳이 요란 떨지 않고 개정판을 내고 싶었고, 출판사인 한스미디어도 흔쾌히 승낙해줬다. 표지도, 목차도 그대로다.

　기존 《대재미》 독자들에겐 2009년 6월 출간된 《1013통의 편지, 그리고 너에게 들려주고 싶은 이야기》를 통해 더 하고 싶은 말을 전한다. 《대재미》에서 못다 했던 이야기, 재테크에 미치고 난 그 후의 이야기 등은 이 책에 담았다.

만약 3년 후, 혹은 5년 후 대한민국이 과거 중남미 국가처럼 몰락의 길을 걷게 된다면 아마도 그때의 개정판은 완전히 80% 이상을 뜯어고쳐야 할지 모르겠다. "20대라면, 아니 20대이니까 투자하라!"고 했던 《대재미》의 대전제 자체가 바뀔 것이다. 가령 브라질은 지금도 금리가 12~15%대를 유지하고 있다. 이런 상황이라면 주식을 할 이유가 전혀 없다. 저축이 최고다. 또한 2009년 2월부터 시행된 '자본시장통합법'이 활성화되면서 향후 헤지펀드가 힘을 얻는다면 새로운 개정판은 상품 소개로 가득 차게 될 것이다. 주식, 부동산, 파생상품이 복잡하게 얽히면서 1개 투자상품을 설명하는 데 꽤 많은 페이지가 필요할 수 있다.

그래도 '정상의 경험' '처절하게 느끼기' 등 마인드를 설명한 부분은 오랜 기간 지속될 것이다. 내가 속했던 X세대는 물론이고, 386세대, 그리고 6·25 전후 세대 등을 통틀어 재테크의 성패는 늘 이런 마음가짐에 좌우됐으니까.

요즘도 "책 제목이 이게 뭐냐?"라는 말을 듣는다. "제목이 너무 노골적이어서 싫다"는 친구들도 많다. 그때마다 난 "그게 바로 포인트입니다"라고 답한다. 정말이다. 미치지 않고서는 이 힘든 재테크 마라톤을 달릴 수 없다. 그러니까 제목을 보고 무조건 반감을 갖지 말고 한 번쯤 '미친다는 것'에 대한 깊은 생각을 해줬으면 한다.

20대 여러분의 건승을 빈다. 진짜 진부하게 들릴지 몰라도 여러분의 지금 5년은, 10년은 수백 억 이상의 가치를 갖고 있다. 빈부의 차이가 어떻고, 사회계층이 어떻고, 가진 놈과 못 가진 자, 취직, 출세, 학벌 등등 뭐라고 해도 이 시기만큼은 여러분은 기득권자다. 이제 미치기만 하면 된다. 세상은 미치겠다고 달려드는 사람에겐 늘 관대하다. 그래서 '미친 놈(?)'들이 늘 성공하는 것도 같다. 인생이 그렇다면, 재테크도 크게 다르지 않다.

2009년 6월 25일
신촌에서 **정철진**

| 머리말 |

대한민국 20대, 행복한 재테크를 시작하라

신문사에 근무하면서 1년 정도 출판담당을 한 적이 있었다. 경제신문 기자라는 특수성 때문에, 또 금융권에서 일했던 과거의 경력 탓에 나는 주로 경제경영서나 자기계발서 소개를 전담했다.

'홍수'라는 표현이 과장이 아닐 정도로 1주일에 수십 권이 넘는 재테크서적이나 자기계발서가 쏟아져 나왔다. 모르긴 몰라도 그때에는 매주 10권이 넘는 자기계발서와 재테크 서적을 읽었던 것 같다.

이 시기에 나는 한 가지 특이한 사실을 발견할 수 있었다. 놀랍게도 재테크와 관련해 많이 팔리는 베스트셀러일수록 실현 가능성은 일정 수준 이하로 떨어진다는 것이었다. 더욱 신기한 것은 독자들이었다. 어떻게 하면 단돈 1000만 원이라도 빨리 만들 수 있을까에 대한 이야기는 '절대로' 중요하지 않았다. 그들은 부자들이 어떤 생각을 하는지, 부자들은 어떤 식으로 살아왔는지에 대한 달콤한 묘사에 고개를 끄덕이며 통쾌해했다. 부자마인드 하나로 드라마틱하게 인생역전에 성공한다는 스토리에 열광했다. 젊은 부자 누구는 어디에 투자해 수백 %의 수익률을 올렸다라든가, 프랜차이즈 체인으로 100억 원을 챙겼다는 이야기만 나오면 순식간에 베스트셀러가 됐다.

오히려 정교하게, 차근차근 돈을 모으는 방법을 설명한 책은 출간과 함께 어디론가 종적을 감췄다. 너무나 허탈해하는 나에게 당시 출판 1진 선배는 이렇게 말하곤 했다.

"대중은 재테크 판타지를 좋아하는 거야. 누구도 뼈를 깎는 재테크는 싫어해. 모두 달콤한 환상을 추구하지. 수익률 몇 % 따지고 상품비교 나오고 이러면 그냥 책 덮어. 엉성하지만 섹시할수록 재테크 서적은 잘 팔린다고."

실은 이번 집필과정에서도 이 부분이 적지 않게 마음에 걸렸다. 처음 타깃을 20대 사회초년병으로 잡은 것은 분명 재테크의 진면목을 알려주고 싶어서였지만 부담 역시 컸다. 자칫 환상을 꿈꾸거나 비법을 원하는 독자들에게 철저하게 외면당하면 어떻게 할까라는 막연한 두려움 때문이었다.

당장 목돈이 왜 필요한가를 절실하게 말해주기도 힘들었다. 술, 담배 안 하고 외식비, 교통비 절약해가며 월 100만 원의 실탄을 확보하라는 이야기도 망설여졌다. 누군가 "겨우 그거야?"라고 비아냥거릴 것 같았고 또 누군가는 "넌 그렇게 해서 돈 모았냐?"라고 반문하는 것만 같았다.

이런 갈등에 괴로워하던 중 나는 우연히 결혼을 앞둔 한 회사 선배와 술자리를 갖게 됐다. 나와 동갑이지만 연차로는 2년 높은 이 선배는 결혼을 앞둔 터라 행복한 표정이 역력했는데 평소 과묵했던 성격과 달리 소주 몇 잔에 이런 자랑을 늘어놓았다.

"한 8년 넘게 정말 죽어라고 산 것 같아. 기자일이야 원래 힘든 거고, 실은 입사할 때부터 돈 좀 모으려고 발버둥 쳤거든. 어쨌든 집에서 도움 안 받고 결혼하게 될 것 같아. 홍제동에 20평형대 아파트 장만했어. 대출이 좀 있는데 별 부담은 안 될 것 같고. 정말 무지 행복하다."

이 선배는 이어 그간 겪었던 참으로 다양한 재테크 우여곡절을 들려주었다. 아무리 술에 취해도 절대로 택시 안 타고 악착같이 대중교통을 이용했다는 이야기에서부터 SK주식을 갖고 많은 공부를 하면서 승부수를 띄웠던 일, 정기예금을 빼 펀드로 옮기면서 느꼈던 감회 등 정말 한 편의 각본 없는 드라마 같은 이야기였다. 앞서 몇몇 판타지 재테크 서적들이 주는 감동과는 질(質)적으로 완전히 다른 것이었다.

그날 밤부터였다. 나는 열정적으로, 그리고 자신감 넘치게 책을 써 내려 갈 수 있었다. 지금도 많은 우리네 20대가 재테크와의 진검 승부를 펼치며 하루하루 살아가고 있다는 것을 새삼스레 알았기 때문이었다. 더불어 후배들을 이런 길로 인도하고 싶다는 욕망도 글쓰기에 많은 힘을 더해줬다.

책에는 개인적인 애정도 많이 담겨 있다. 나 스스로가 30대 넘어서부터 재테크를 시작했던 터라 20대 후반의 3~4년이 너무나 절실하게 느껴졌다. 이 기간만 정신 차렸더라면, 지금 알고 있는 것들을 몇 년만 더 빨리 알았더라면 하는 안타까움은 책에 더욱 많은 애정을 실어주었다.

이 책을 가장 많이 읽어줬으면 하는 독자들은 이제 막 사회에 진출한 신입사원들이다. 책을 기획하고 집필하고 편집하는 전 과정이 처음 입사부터 직장 5년차 대리직급까지 이르는 시간을 염두에 두었기 때문에 신입사원이라면 더 편하게 책을 읽어갈 수 있을 것이다.

책을 마무리하며 이 책의 기획과 진행을 맡아 적지 않은 고생을 함께 한 한스미디어의 송은심 씨와 모민원 씨에게 깊은 감사의 말을 전한다. 사랑의 말을 전하고 싶은 사람들도 있다. 밤을 새는 집필 과정에서 우렁차게 울어대며 아빠의 잠을 깨워준 갓난쟁이 아들 준서, 또 행여나 내게 방해될까 준서 달래기에 여념이 없었던 아내 해경에게 말로 표현할 수 없는 애정과 동지감을 느꼈다고 말해주고 싶다.

어쩌면 이 책도 베스트셀러가 되지 못한 여타 재테크 책들처럼 한순간 독자들의 관심 밖으로 사라질 수도 있다. 그래도 후회는 없다. 누군가는, 최소한 몇 명은 이 책을 통해 지금 자신이 하고 있는 재테크가 결코 미련스럽거나 잘못됐다고 느끼지 않을 수 있을 테니까 말이다.

20대 후배 여러분, 지금부터 5년간 정말 한 번만 재테크에 미쳐보라. 그리고 한 번만이라도 목표한 재테크를 완성해보라. 바로 그 순간, 여러분의 삶은 마법처럼 바뀌어 있을 것이라고 확신한다.

마지막으로 달란트의 비유를 통해 많은 것을 갖지 못한 사람들에게 재테크의 진솔함을 알려주신 하나님께 모든 영광을 돌린다.

2006년 9월

여의도에서 **정철진** 드림

| 목차 |

추천사 신뢰와 열정으로 다져진 재테크 입문의 정석(定石) 5
개정판 서문 세월이 흘러도 변하지 않는 진정한 부의 법칙 8
머리말 대한민국 20대, 행복한 재테크를 시작하라 12

➜ **체크리스트** 재테크에 미치기 전, 나의 재테크 현주소는? 18

1부 나만의 재테크 마인드를 가져라

01 처절하게 느껴라, 그리고 완성하라 29
처절하게 느끼기 · 30 | '정상의 경험'을 맛보라 · 31 | 재테크는 돈을 버는 것이 아니다? · 33 | 20대부터 시작하면 무조건 '장땡'이다 · 35 | 5년만 미쳐보자 · 39

02 재테크 마인드로 무장하라 44
'투자'를 할 것인가, '저축'을 할 것인가 · 45 | 재테크 초보자의 필수 마인드, '복리'와 '현가' · 48 | 복리는 나의 힘 · 50 | 30년 후 1억으로 무엇을 할 수 있을까 · 57

2부 목돈 만들기는 습관의 예술이다

01 절약하는 습관 75
은행수수료를 아껴라 · 76 | 하루 담뱃값으로 코스닥 주식을 · 78 | 술값 절약=1억 정기예금 가입효과 · 80 | 개인 재무제표를 만들어라 · 82

02 저축하는 습관 88
보통예금통장을 버리고 통장을 쪼개라 · 90 | 주택청약통장에 대한 고민 · 98 | 저축하지 않는 습관이 필요하다! · 110 | 보험, 저축인가 투자인가 · 115

03 투자하는 습관 128
투자고수가 되는 습관 · 129 | 저축 대신 주식저축으로 · 136 | 돈 버는 주식투자의 십계명 · 144 | 결혼은 사랑, 그리고 '집'이다 · 151

3부 잘 쓰고 잘 빌려야 성공한다

01 돈 잘 쓰는 습관 160

신용카드, 만들까 말까 · 161 | 수필과 자동차 · 167 | 악마는 프라다를 '싸게' 입는다 · 169 | 돈 잘 쓰는 습관의 하이라이트, 세테크 · 173 | 내 몸값 올리는 전략적 돈 쓰기 · 184 | MBA, 할 것인가 말 것인가 · 188

02 돈 잘 빌리는 습관 194

나는 과연 돈을 빌릴 수 있는가 · 196 | 대출이자보다 수익이 높은가 · 202 | 금리가 더 저렴한 은행을 찾아라 · 207 | 고정금리가 최고다 · 210 | 대출은 어떻게 갚을까 · 213

4부 실전! 20대 재테크

01 20대의 특권을 즐겨라 221

02 3000만 원 만들기 226

월 200만 원을 확보할 수 있다면 · 227 | 월 100만 원 이하를 투자하는 경우 · 228

03 7000만 원 만들기 238

주식형펀드투자, 이번엔 거치식이다 · 241 | 주식투자, 돈 버는 방법을 즐겨라 · 250 | 누구냐, 너는? 주식이냐 펀드냐? · 266

04 1억 만들기 & 2억 만들기 273

힘을 합쳐 이루는 꿈, 공동상가투자 · 274 | 전세 끼고 아파트 구매하기 · 281 | 재건축과 재개발, 두 마리 토끼를 잡아라 · 284 | 토지경매에 도전하라 · 291 | 2030 무주택자, 내집마련 프로젝트 · 298

에필로그   재테크, 내 삶의 주인공으로 사는 또 하나의 방법   305

➜ 재테크에 미치기 전, 나의 재테크 현주소는?

본격적으로 책을 읽기 전에 다음 체크리스트를 통해 20대인 여러분의 재테크 현주소를 살펴보기로 하자. 깊이 생각할 필요 없이 편한 마음으로 여유 있게 하나씩 체크해 보자. 단, 각 항목과 이에 대한 점수는 20대에서 30대 초반의 재테크 초보자를 위해 초점이 맞춰져 있음을 덧붙인다.

1. 나는 저축과 투자의 차이를 정확하게 설명할 수 있다.
   1 알 필요를 느끼지 못했다.　　2 궁금했지만 잘 모르겠다.
   3 어렴풋이 알고 있다.　　　　　4 정확히 알고 있다.
   5 차이를 알고 있으며 투자에 더 많은 비중을 두고 있다.

2. '72의 법칙'을 알고 있으며, 계산기만 있으면 쉬운 현가(現價) 문제를 풀 수 있다.
   1 무슨 말인지 모르겠다.　　　　2 복리에 대한 개념인 것 같다.
   3 둘 다 알고 있지만 설명은 어렵다.
   4 설명은 정확하게 할 수 있다.
   5 설명은 물론 실생활에서 만나는 복리와 현가문제도 척척 풀어낸다.

3. 술값, 담뱃값, 외식비 등에 한 달 동안 사용하는 비용은 얼마인가?
   1 100만 원은 족히 된다(또는 잘 모르겠다).
   2 80만 원 정도　　　　　　　　3 60만 원 정도
   4 30~40만 원 정도　　　　　　 5 20만 원 미만

4. 대차대조표와 손익계산서의 기본 얼개를 그릴 수 있다.
   1 처음 들어보는 생소한 용어다.
   2 들어는 봤지만 어떻게 생겼는지 본 적은 없다.
   3 기업의 가계부 정도로 이해하고 있다.
   4 개념을 이해하고 있으며 대충 그려볼 수도 있다.
   5 이들을 이용해 개인 재무제표로 활용하고 있다.

5. 비과세저축상품과 세금우대상품의 차이와 은행이자에 몇 %의 세금이 붙는지 알고 있는가?
   1 은행이자에 세금이 붙는지 몰랐다.
   2 은행이자에도 세금은 있으며 비과세상품은 이를 면제해 주는 것이다. 다만 세율이 몇 %인지는 모르겠다.
   3 비과세상품이 세금우대상품보다 더 큰 세금인하 혜택이 있다. 다만 정확한 세율은 모른다.
   4 일반적으로 은행이자에는 15.4%의 세금이 붙는다. 비과세상품은 이 세금이 면제된다. 다만 세금우대상품은 잘 모르겠다.
   5 비과세, 세금우대상품의 차이를 알고 있으며 각각 몇 % 세금을 면제해주는지 정확히 알고 있다.

6. MMF, CMA, MMDA라는 용어의 의미와 그 차이를 알고 있는가?
   1 굉장히 낯설게 느껴지는 말이다.
   2 들어는 봤지만 별로 궁금해하지 않았다.
   3 MMF가 뭔지는 설명이 가능하다.
   4 개념을 이해하고 각각 설명도 할 수 있다.
   5 3가지를 비교한 후 CMA 급여이체통장을 만들어 사용하고 있다.

7. 청약저축, 청약부금, 청약예금, 주택청약종합저축의 차이를 알고 있는가?
   1 설명은커녕 들어본 적도 없다.
   2 단순히 청약통장이란 말은 들어봤다.
   3 4개 중 1개는 정확히 이해하고 있다.
   4 각각의 개념과 차이를 이해하고 있다.
   5 개념과 차이를 정확히 알고 있고 현재 청약저축을 붓고 있다.

8. 보험상품에 매달 얼마나 할애하고 있는가?
   1 죽어서 남 좋은 일 시키지 않으려고 보험은 안 든다.
   2 모든 재테크는 보험으로 한다. 80만 원 이상

③ 연금상품을 이용한다. 50만 원~80만 원 정도
④ 저축성보험과 변액보험을 활용한다. 30~50만 원
⑤ 보장성 종신보험 1개만 들고 있다. 10만 원 이하

9. 경제관련 뉴스에 얼마나 관심을 갖고 있는가?
① 무슨 말인지 이해하기 힘들어 관심 없다.
② 듣기는 하나 잘 이해는 안 간다.
③ 관심도 있고 뉴스를 이해하는 데 큰 어려움이 없다.
④ 경제신문을 따로 구독하고 있으며 증권, 부동산면은 일부러 챙겨본다.
⑤ 경제뉴스를 재테크에 접목시켜 소기의 성과를 올리고 있다.

10. 적립식펀드에 대해서 알고 있는가?
① 처음 들어보는 단어다.　　　② 들어는 봤다.
③ 펀드(간접투자)에 대한 개념은 어렴풋이 알고 있다.
④ 적립식펀드를 이해하고 있으며 '코스트 애버리징' 효과도 알고 있다.
⑤ 적립식펀드의 수익구조 및 장단점을 알고 있으며 이미 투자를 하고 있다.

11. 주식투자를 해본 경험은?
① 어떻게 하는 건지 모른다.
② 해보지는 않았지만 하는 방법은 알고 있다.
③ 실제 개인증권계좌를 갖고만 있다.
④ 주식매매를 해본 적이 있지만 관련 지식은 전무한 상태다.
⑤ 우량주 위주의 투자를 하고 있으며 적어도 하루 30분 이상 주식관련 공부를 하고 있다.

12. 현재 국내 주식시장 중 시가총액 상위 20위 종목 중에서 몇 개나 알고 있는가?
① 3개~5개　　　② 5개~8개　　　③ 8개~10개
④ 10개~12개　　⑤ 12개 이상

13. 은행 정기예금과 주식형펀드의 개념과 차이를 알고 있는가?
1. 관심 없다.
2. 정기예금은 친숙하지만 펀드는 아직 낯설다.
3. 이론상으로는 두 상품의 개념과 구조를 이해하고 있다.
4. 개념과 차이를 모두 이해하고 있고 정기예금이 나에게 적합하다고 생각한다.
5. 개념과 차이를 모두 이해하고 있고 주식형펀드로 재테크를 할 생각이다.

14. 개인신용등급에 대해 어떤 생각을 하고 있는가?
1. 무분별한 신용카드 사용으로 인해 신용불량자로 낙인 찍힌 상태다.
2. 신용등급이 있다는 이야기를 처음 들어본다.
3. 대략 개념을 알고 있으며 직장만 좋으면 별걱정 안 해도 된다.
4. 신용등급을 높이기 위해 노력을 하고 있다.
5. 상대적으로 낮은 이자로 신용대출을 받아 높은 수익을 올리는 투자를 진행하고 있다.

15. 시중은행의 저축상품금리 및 대출금리의 대략적인 수준을 알고 있는가?
1. 모른다.   2. 이자율은 대부분 비슷한 것으로 알고 있다.
3. 정기예금 금리 수준은 비교적 정확하게 알고 있다.
4. 은행상품에 대한 금리는 정확히 꿰고 있으며 대출금리 수준도 알고 있다.
5. 은행상품금리, 대출금리 수준도 알고 있으며 대출금리 산출법, 고정금리, 변동금리 등 전반적인 지식도 풍부하다.

16. '20대 재테크는 (   )을(를) 사랑해야 한다' 는 문장에서 (   ) 안에 들어갈 말을 고르면?
〈보기〉 은행, 주식, 투자, 저축, 펀드, 정기예금, 위험
1. 은행   2. 주식, 정기예금, 저축
3. 위험을 제외한 〈보기〉 전부   4. 주식, 투자, 펀드, 정기예금
5. 주식, 투자, 펀드, 위험

17. 매달 재테크에 어느 정도 돈을 할애할 생각인가?
1. 월급이 적어 30만 원이면 적당하다.
2. 50만 원은 할 생각이다.
3. 저축 20만 원, 보험 20만 원, 펀드 20만 원 등 총 60만 원을 운용할 것이다.
4. 월급과 상관없이 100만 원은 채울 것이다.
5. 1억 원을 채우기 전까지 무조건 매달 100만 원 이상을 재테크를 위해 확보할 예정이다.

18. 과거 최고로 많이 모아본 목돈의 규모는?
1. 100만 원 이하
2. 100만 원~200만 원
3. 200만 원~300만 원
4. 300만 원~400만 원
5. 500만 원 이상

19. 지금부터 1억 원을 모으려고 한다. 얼마만큼의 기간을 예상하고 있는가?
1. 1억 원이란 돈은 나에게 별로 의미가 없다.
2. 불가능한 일이므로 1년 정도에 가능할 수 있는 비법을 찾는 게 좋을 듯하다.
3. 낮에 회사 다니고 밤에 아르바이트를 할 경우 3년 정도면 충분하다고 생각한다.
4. 5년 정도 예상하지만 구체적인 계획은 없다.
5. 월 100만 원 이상을 활용해 5년~7년 정도 안에 만들고 싶다.

20. 정말 돈을 모으고 싶은 나만의 이유, 반드시 목돈을 만들어야만 하는 성취동기가 존재하는가?
1. 인생 그렇게 각박하게 살고 싶지 않다.
2. 돈은 모으고 싶은데 이유는 그냥 쓰고 싶어서다.
3. 결혼, 내집마련 등 남들과 크게 다르지 않다.
4. 어린 시절부터 돈에 대한 소중함을 뼈저리게 느꼈다. 돈 자체가 성취동기다.
5. 재테크에 대한 나만의 이유와 가치관이 정립된 상태다. 힘들 때마다 되새겨보면서 힘을 얻는 구체적인 목표와 이유를 갖고 있다.

〈채점방법〉

항목	1	2	3	4	5	6	7	8	9	10
답										
점수										

항목	11	12	13	14	15	16	17	18	19	20
답										
점수										

(①번 : 1점, ②번 : 2점, ③번 : 3점, ④번 : 4점, ⑤번 : 5점)

30점 이하	재테크에 대한 기본적인 상식이 전무한 상태다. 지금부터라도 올바른 재테크 습관을 들이지 않는다면 가까운 장래에 위험이 닥칠 수 있다.
30점 ~ 50점	재테크의 기본적인 소양은 지니고 있지만 많이 부족한 상태다. 재테크의 필요성만 절실히 깨닫는다면 당당한 30대를 맞이할 수 있을 것이다.
50점 ~ 60점	재테크에 있어서 만큼은 대한민국 20대 평균이라 할 수 있다. 열정을 가지고 재테크에 매진하라.
60점 ~ 80점	평균 이상의 재테크 상식과 소질을 지니고 있다. 이제는 단순 지식을 익히기보다는 직접 재테크 실전을 시작해볼 때다.
80점 이상	재테크 이론이 완벽한 상태다. 책과 함께 주식이나 펀드, 부동산 투자 등과 관련해 전문강좌나 투자설명회를 적극 이용하라. 물론 실전 재테크는 반드시 병행하고 있어야 한다.

대한민국 20대, 재테크에 미쳐라

01. 나만의 재테크 마인드를 가져라

시인 사무엘 울만은 "청춘은 인생의 특정한 기간이 아니라 마음가짐"이라고 했다. 그리고 두려움을 물리치는 용기, 안이한 마음을 뿌리치는 모험심 그 자체를 의미한다고 했다.

이제 막 사회에 진출해 많든 적든 월급을 받아가며 '돈'의 본질에 눈을 떠가는 여러분에게 어떤 말로 재테크에 대한 설명을 시작해야 할지 무척 고민스러웠다. 시중은행금리가 몇 %인지, 삼성전자 주식 한 주가 얼마인지 따위에는 관심 없는 친구들도 많을 텐데 무턱대고 펀드투자의 장단점이나 토지경매의 실익에 대해 설명한다는 것 자체가 난센스이기 때문이다.

더 큰 문제도 있었다. 여러분이 행여나 뜬금없는 10억 만들기 비법이나 부자되기 환상에 사로잡혀 있는 건 아닐까 하는 우려였다. 이런 경우라면 이 책은 큰 도움을 줄 수 없기 때문이다. 무엇보다도 정말 한 번 목돈을 만들어보고 싶은 마음이 있는 건지, 목돈에 대한 필요성을 느끼고 있는 건지도 궁금했다.

이런 고민을 하는 와중 퍼뜩 떠오른 게 바로 사무엘 울만의 '청춘'이란 시(詩)였다. 돈 모으는 비법만 찾으면 무조건 재테크에 성공할 것이란 잘못된 인식이 '청춘'에 대한 착각과 매우 닮아있기 때문이다. 10대, 20대의 어린 나이가 바로 청춘을 의미하지는 않는다고 말한 울만의 말처럼, 재테크에 대한 엄청난 정보가 곧바로 성공적인 목돈 만들기로 이어지는 것은 아니다. 청춘이 마음가짐인 것처럼 재테크도 마음가짐이며, 두 가지 모두 용기와 모험심이 필수적이다.

물론 재테크에 대한 지식도 필요하고 급변하는 경제상황 속에서 고수익이 예상되는 분야에 재빠르게 투자해야 유리한 것이 사실이다. 하지만 이 모든 노력에 앞서 가장 먼저 만들어야 할 것은 '왜 지금 재테크를 시작해야만 하는가'에 대한 나만의 대의명분이다. 지치고 힘들고 때려치우고 싶을 때마다 꺼내보며 스스로를 채찍질 할 수 있는 나만의 성취동기를 가져야 한다는 것이다. 이렇듯 치열한 고민 없이 곧바로 실전에 뛰어든다면 재테크는 10년, 20년 동안 여유시간을 때우는 소일거리로 전락하게 된다. 부자되기 인터넷 사이트에서 소개되는 누군가의 성공사례에 흐뭇해하며 "오늘 재테크 열심히 했다"고 스스로를 위안하는 데 급급하게 될지 모른다.

왜 20대부터 돈을 모아야 할까. 왜 월급을 타면 무조건 절반 이상을 따로 떼내어 저축해야만 할까. 왜 신입사원 때부터 돈을 모으면 과장 때부터 시작하는 것보다 유리할까. 도대체 왜 이 좋은 시기에 내 돈 내 맘대로 못쓰고 땀나게 절약해야만 하는 걸까.

어쩌면 상당히 진부하게 느껴지는 질문이다. 누군가는 짜증낼지도 모르겠고, 어서 빨리 돈 모으는 비법이나 말하라고 재촉할 수도 있다. 하지만 여러분은 반드시 이 질문에 대해 자신만의 가장 정확한 답을 갖고 있어야 한다. 없으면 만들어서라도 나만의 정답을 확보해야 한다. 그렇지 못하면 3년, 5년은커녕 단 3개월도 버티기 힘들다.

솔직히 말해 여러분이 배워야 할 재테크 지식은 그렇게 많지 않다. 이 책에서 소개되는 내용만 정확히 이해해도 충분할 것이다. 하지만 마음가짐은 다르다. 누구한테 배우는 게 아니라 스스로 만들어내는 것이기 때문이다.

내가 만들어낸 올바른 마음가짐이 성공적인 재테크를 이끌어낸다. 마치 우리들 인생의 청춘처럼….

01

처절하게 느껴라, 그리고 완성하라

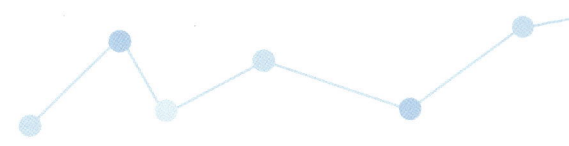

여러분에게 돈은 어떤 존재인가. 설마 '없으면 그만, 있으면 좋고'라고 생각하진 않을 것이다. 만약 이런 도(道)를 깨달았다면 굳이 이 책을 읽을 필요가 없다. 하지만 "돈이 전부가 아니야"라고 말하는 사람이 오히려 돈에 목매는 경우를 허다하게 많이 보아왔다.

재테크의 시작은 마음가짐이라고 말했다. 그런데 좀 더 처절하고 더 가혹하고, 게다가 아주 노골적인 동기로 무장할수록 마음가짐은 더 굳건해진다. "부자가 될 거야"보다 "5억 원을 모을 거야"가 더 현실적이고, "그 동안 고생하신 어머님께 집 한 채 장만해드리기 위해 난 5억을 모아야 해"가 더 바람직한 재테크 마음가짐이다. 여기에 그 동안 어머님이 어떻게 고생하셨는지 또 사드리고 싶은 집은 어디에 있는 어떤 아파트인지까지 구체적으로 마음에 담아둔다면 재테크 마음가짐으로서는 손색이 없다.

돈 때문에 헤어지는 연인들도 많다. 누군가는 부잣집 딸인 여자친구를 감당하기 어려워 헤어졌을 수 있다. 남자친구에게 초라한 집안 형편을 밝히기 싫어 가슴 아픈 이별을 택한 사람도 있을 게다. 대체 돈이 뭐길래 우리 인생을 이렇게 초라하게 만드는 것인가.

그런데 이런 경우 "그냥 비슷한 경제수준 여자 만날래"라는 비겁한(?) 해법을 찾는 사람들이 참 많다. 해보면 알겠지만 절대로 해법이 될 수 없다. 자신의 초라함만 더 커질 뿐이다. 차라리 "돈을 모으겠다"고 결심하라. 마음을 조용히 다잡고 차근차근 목돈을 만들어보라. 장담컨대 치열하게 돈을 모으는 과정 속에서 잃어버렸던 자신감을 되찾을 수 있을 것이다.

처절하게 느끼기

혹시 버는 족족 부모님 병원비를 대야 하는 처지일 수 있고 당장 200만 원이 넘는 동생학비를 마련해야 할 수도 있다. 하지만 이 순간은 재테크를 포기할 시점이 아니라 오히려 처절하게 느끼며 재테크 성취동기를 만들어갈 때다. 구체적인 계획을 갖고 남보다 두 배 더 재테크에 열정을 쏟아야 할 시점인 것이다.

차를 사고 싶어 돈을 모으겠다고 마음먹을 수 있다. 좋다. 책상 위에 원하는 자동차 사진을 붙여놓고 돈을 모으기 시작하라. 자동차를 통해 얻을 수 있는 기쁨과 차가 없었을 때 겪었던 '뚜벅이'의 설움으로 스스로를 재테크 전사(戰士)로 무장시킨다.

독립하고 싶다면 지금부터 원룸 전세 얻는 것을 목표로 '처절하게 느끼기'를 시작하면 된다. 원룸이 왜 그토록 필요한지. 원룸이 가져다주는 쾌감은 무엇인지. 원룸을 통해 나는 얼마나 행복할지를 온몸으로 느껴야 한다. 다시 한 번 강조하지만 만약 처절하게 느껴지지 않는다면 절대로 재테크는 성공할 수 없다.

돈을 모으려는 이유는 더 개인적이고, 더 노골적일수록 좋다. 아주 유치할수록 성공확률은 더 높다. 최소한 앞으로 재테크의 실천과정에서 여러분이 보일 수밖에 없게 될 처절함과 유치함 이상은 돼야 하지 않겠는가.

'정상의 경험'을 맛보라

혹자는 이런 처절한, 유치하게 느끼기에 대해 이의를 제기할 수 있다. 가령 "애써 모은 돈으로 차는 왜 사?"라든가 "멀쩡한 집 놔두고 왜 나가 살아?"라는 식이다. 하지만 이건 100% 잘못된 지적이다. 재테크를 위한 느끼기에는 옳고 그름이 없다. 어느 마음가짐이 우월하고 열등하다는 평가를 내릴 사안이 아니라 과연 재테크를 성공시킬 힘을 갖고 있느냐, 그리고 성공시켰느냐에 대한 문제만 고민해야 한다.

성형수술을 하기 위해 1000만 원을 모은다고 하자. 사람들은 "그깟 일에 1000만 원을 써"라며 혀를 찬다. 하지만 여러분은 그럴 필요가 없다. 우리는 과연 1000만 원을 실제로 모았는지, 모았다면 어떻게 얼마 동안 모았는지를 주목해야 한다. 그리고 이 방법을 나는 어떻게 활용할지에 대해 고민해야 한다.

한 가지 재미있는 사실은 현실에서 처절하게 돈을 모은 사람일수록 목표 달성 후 실제로 소비(지출)하는 경우가 매우 드물다는 것이다. 가령 소형차를 산다고 가정하면 보험료 등을 포함해 약 1500만 원 정도는 모아야 한다. 하지만 피땀 흘려 정말 1500만 원을 모은 사람은 그 돈으로 쉽사리 자동차 구매에 나서지 못한다. 돈 모으는 과정 속에서 '돈'의 실체에 대해 느낄 수 있었기 때문이다.

나름대로 괜찮은 원룸 전세를 얻으려면 3000만 원 이상은 있어야 한다. 이때도 마찬가지다. 3000만 원을 모은 바로 그 순간 여러분은 돈 한 푼 없었던 과거의 그 때와 완전히 달라져 있을 것이다. 아예 스스로가 "왜 이 돈을 전세로 묶어두고 원룸에 살아. 집 놔두고"라며 새롭게 돈 굴리는 작업에 돌입하게 된다.

이처럼 돈을 모으는 과정이 '의미'를 갖기 위해서는 반드시 마무리를 짓는 과정이 동반돼야 한다. 목돈 만들기에 있어 '마무리'에 대한 경험은 처절하게 느끼기만큼이나 거의 절대적이다(앞으로 우리는 이 마무리의 경험을 '정상의 경험'이라고 부르기로 한다).

재테크는 웬만큼 독하지 않고서는 목표한 만큼 성공하기가 쉽지 않다. 그래서 처절해져야 하고 비장해져야 한다. 하지만 이 힘든 과정도 정상의 경험을 하게 되면 더 수월하게 다가온다. 금단의 열매를 먹어본 사람만이 가지는 묘한 힘을 갖게 되는 것이다.

1000만 원을, 5000만 원을 성공적으로 모아가는 과정 속에서 여러분은 이미 다른 사람이 돼있을 것이다. '정상의 경험'을 맛보는 순간 돈이 가르쳐주는 쿨(cool)함으로 인해 멋있게 변해가는 스스로를 느낄 수 있을 것이다. 자수성가한 사람들만이 가지는 독특한 카리스마가 만들어지는 순간이기도 하다.

재테크는 돈을 버는 것이 아니다?

재테크와 관련해 우리들이 무의식중에 착각하는 개념이 있다. 바로 큰 돈을 '버는' 것과 목돈을 '모으는' 것이다. 대부분 부자되기 환상에 빠져있는 사람들은 단박에 10억 원 정도 손에 넣고 싶은 마음뿐인 것 같다. "돈 벌고 싶어 미치겠어요"라는 물음뿐이지 "돈 모으는 방법을 가르쳐주세요"라고 묻는 경우는 드물다. 돈을 버는 것과 돈을 모으는 것이 뭐 다르냐고 생각할 수도 있다. 하지만 이것은 완전히 다른 이야기다.

중고등학생의 과외 아르바이트를 하는 대학생이 월 100만 원 버는 건 어렵지 않다. 괜찮은 기업에 입사한 신입사원은 200만 원이 넘는 월급을 받기도 한다. 하지만 1년에 1200만 원 모으기는 분명 너무나 힘든 일이다.

저자는 지금 '돈 버는 방법'이 아닌, '돈 모으는 방법'에 대해 이야기하려고 한다. 어떤 한국의 젊은 부자가 무슨 일을 해서 얼마를 벌었다라는 식의 드라마를 보며 대리만족 하자는 게 아니다. 직접 실전에 뛰어들어 3000만 원을, 1억 원을, 2억 원을 모으는 '처절한' 과정을 시작하려고 하는 것이다.

"고액 연봉을 받으면 게임 끝나는 거 아닌가"라고 반문할지 모르겠다. 사실이다.

실제로 고액연봉을 받으면 재테크 방법의 폭이 훨씬 더 넓어진다. 하지만 이때에도 고액연봉을 받는다는 것 자체가 목돈을 쌓아둔다는 것과 일치하는 것은 결코 아니다. 억대 연봉을 받는 사람은 아주 예외적인 경우를 제외하면 소비수준도 엄청 높아지게 된다. 당연히 좋은 차를 몰고 다녀야 하고 유지비도 월 150만 원 정도는 필요하다. 하이 클래스의 삶을 영위하기 위해서는 그만큼의 품위유지비를 써야 한다. 때문에 외제차를 몰고 다니지만 집은 전세로 사는 사람들도 많다.

이런 이유에서인지 오히려 고액 연봉자들은 일반 샐러리맨들보다 더 많이 재테크에 대해 궁금해하고 비싼 자문료를 대가면서 자기 돈을 관리한다. 그만큼 목돈 만들기 과정이 어렵다는 뜻이리라.

지금 이 순간 목돈 만들기의 실체에 대해 정확한 개념을 확립할 필요가 있다. 만약 돈을 왕창 벌 생각이라면 당연히 어떤 사업을 할 것인가에 대한 고민을 해야 한다. 비과세 상품을 가입하면 몇 %나 이자가 더 불어나는지, 내집마련은 어떻게 할지에 대한 공부는 그다지 어울리지 않는다.

하지만 만약 열심히 재테크를 하겠다는 결심을 했으면 1%의 이자율 차이에도 벌벌 떠는 생활을 해야 한다. 남 대박 터뜨린 이야기에 부러워하며 큰 돈 버는 묘책을 찾아다니는 데 시간낭비 할 때가 아니다.

재테크는 결코 돈을 잘 버는 방법이 아니다. 어떻게 하면 돈을 잘, 빨리, 많이 모을 수 있는가에 대한 테크닉이다. 자칫 이 '목돈 만들기'에 대한 개념이 헷갈리기 시작하면 험난한 재테크의 여정에서 절대로 극복할 수 없는 모순에 괴로워하게 될 것이다. "왜 내 월급은 이것 밖에 안 될까"에서부터 "난 왜 돈 많은 부모가 없는거야"까지 무수한 '태클'에 속수무책일 수밖에 없다. 쥐꼬리만 한 월급에 아예 돈 모을 생각 자체를 버릴지도 모르겠다.

성경에 나오는 달란트 비유를 잘 알고 있을 것이다. 분명 주인으로부터 5달란트를 받은 종이 돈을 불릴 방법은 더 많았다. 그래서 1달란트를 받은 하인은 땅에 묻어두며 투자위험을 회피했을지 모른다.

그러나 주인의 생각은 전혀 달랐다. 성경에는 나오지 않았지만 이런 말을 했을 게 분명하다.

"1달란트를 땅속에 묻어둔 게으르고 사악한 놈아. 누가 너한테 5달란트를 남기라고 했느냐? 넌 정확히 1달란트만 남기면 됐어. 그게 그렇게 힘들었더냐. 5달란트를 받은 네 동료는 5달란트의 수익을 남겼다. 난 너에게 딱 1달란트 수익만을 원했던 거였어!"

이제 막 사회생활을 시작한 후배 여러분. 인정하고 싶지 않겠지만 인생은 평등하지 않다. 기회는 평등할지 몰라도 능력, 외모, 집안, 행운 등 모두가 불평등 그 자체다. 하지만 절대로 그 불평등 때문에 '1달란트'를 땅속에 묻어두지 마시길. 여러분의 자괴감과 비틀림, 열등감과 게으름에 대한 피해는 결국 스스로가 지게 되기 때문이다.

자, 이제부터 이야기를 본격화하겠다. 왜 20대부터 돈을 모아야 하는가. 왜 한 살이라도 젊었을 때 목돈을 챙겨야 하는가. 과거와 현실과 미래를 보고, 마음을 다잡자. 그것도 아주 독하게!

20대부터 시작하면 무조건 '장땡'이다

20대부터 목돈 만들기를 시작한 사람이 30대부터 시작한 사람보다 반드시 더욱 많은 돈을 모으게 될까. 당연히 사실이 아니다. 인정할 것은 인정해야 한다. 인간의 능력은 지극히 차별적인데다 우리네 인생에는 '대박'이라는 변수가 있기 때문이다. 젊었을 때 실컷 놀고 이것저것 경험해 본 친구가 40대 들어 대박을 터뜨릴 수도 있다. IMF 외환위기 때 우연히 강남의 30평대 아파트를 산 사람이 5년 만에 가만히 앉아서 10억 원이 넘는 돈을 챙긴 경우도 드문 것은 아니다.

단단히 작심하고 목돈 만들기에 돌입한 사람도 이런 대박 변수에 페이스를 놓치는 경우가 허다하다. 그만큼 마음을 다잡지 못했기 때문일 수도 있지만 재테크의 기본전제를 숙지하지 않고 실전에 돌입했다는 이유가 크다.

재테크는 확률 싸움이다. 지금 1만 원이라도 더 절약해야, 하루라도 빨리 50만 원이라도 더 열심히 저축해야, 그리고 지금 100만 원을 더 투자해야만 목돈을 만들 수 있는 확률이 높아진다는 가정에서 출발하는 것이다. 만약 이 기본을 무시하면 절대로 성공적인 목돈 만들기를 달성할 수 없다. 재테크를 하는 대전제(大前提)가 사라지는 셈이다. 20대에 돈을 모은 친구가 부자가 된다는 보장은 없지만 서른 살 넘어 "요즘 은행금리가 얼마야"라고 묻는 사람보다 부자 될 확률은 몇백 배 더 높다. '확률'을 포기해 버리면 재테크를 할 이유가 없다.

매순간 확률의 잣대를 들이대야 한다. 앞으로 자세히 살펴보겠지만 위험에 대한 개념을 견지하고 항상 위험과 수익을 비교해야 한다. 매순간마다 향후 발생하는 투자수익을 '현가(現價)'로 바꿔 판단을 내려야 하며 '복리(複利)'를 통한 자산가치를 계산해야 한다('현가'와 '복리'에 대한 설명은 1부 2장 '재테크 마인드로 무장하라'에서 설명한다).

20대 재테크=확률 싸움=시간 싸움

그런데 한 가지 재미있는 사실은 재테크에 있어 '확률 싸움'은 바로 '시간 싸움'과 일치한다는 것이다. 단적으로 말해 일찍부터 돈 모은 사람이 더 많이 모을 수 있다는 정도로 치부할 수 있겠지만 그 파괴력은 상상 이상이다.

'시간을 먹고 자란다'는 복리는 2~3년 앞서간 사람에게 추월할 수 없는 주도권을 넘겨준다. 또 한 살이라도 젊었을 때 재테크에 입문하면 더 많은 대박의 기회를 접할 수 있다는 장점도 있다. 적어도 대박에 관한 더 많은 정보를 가질 수 있다.

"주식시장이 연간 8% 수익률을 낸다고 가정하고 21살부터 매년 2000달러씩 투자하면 65세 때에는 무려 77만 3011달러를 모으게 되죠. 그런데 40살에 같은 금액을 모으려고 한다면 이제 1년에 9670달러를 적립해야 합니다. 여러분은 분명 80세는 넘게 살 텐데 왜 한 살이라도 젊을 때 투자하지 않습니까."

미국 월가에서 '살아있는 전설'로 불리는 피델리티 마젤란펀드의 피터 린치는 투자강연회를 언제나 이런 말로 시작했다고 한다.

빨리 시작할수록 유리하다. 재테크가 확률과 시간과의 싸움이라는 대명제가 무너지지 않는 한 이 명제 역시 항상 '참'이다. 왜 여러분에게 주어진 가장 평등하고 공평한 무기인 '시간'을 허공에 날리는가. 땅을 치며 통곡할 날이 온다. 하루라도 빨리 시작하라.

노후 재테크, 60살까지 현금 7억 원을 모을 수 있습니까?

우리는 국내 기업에서 55세 이상 직장에 근무하기가 불가능하다는 것을 잘 알고 있다. 반면 뛰어난 의료기술의 발달로 인해 자칫(?) 100살 넘게 살지 모른다는 사실도 알고 있다.

운 좋게 60세까지 회사를 다녔다고 하자. 그리고 딱 80세까지만 살다 죽는다고 가정해보자. 이제 남은 20년은 누가 당신을 보살펴줄까? 자식들? 퇴직연금? 국민연금? 다 필요 없다. 여러분 스스로가 자신을 지켜야만 한다.

국민연금관리공단에 따르면 부부(2인 기준)로만 구성된 가정은 한 달에 58만 9000원의 기초생활비와 월 50만 원의 여유생활비를 사용한다. 최저생계비로 월 110만 원은 있어야 한다는 이야기다. 결국 여러분은 퇴직 후 20년 동안 약 2억 6400만 원(=110만 원×240개월)이 필요하다(현가개념은 생략한 수치다).

하지만 이는 이미 집이 있고 또 절대 아프지 않고 더 이상 자녀문제도 없다는 수백 가지 변수를 모두 제외한 경우다. 만약 한 달 동안 쓰는 돈을 220만 원으로 늘리면 60세에 최소 5억 3000만 원을 들고 있어야 한다. 좀 더 럭셔리하게 한 달에 300만 원 정도는 소비한다고 가정하면 이제는 7억 2000만 원으로 규모가 커진다. 집값 등을 포함한 자산가치 7억 2000만 원이 아니다. 순수 현금이 필요하다.

대충 살다 죽겠다고? 결혼 같은 거 안 하겠다고? 아이도 안 낳고 살면 된다고? 말처럼 쉽지 않다. 살아보면 알겠지만 "다시는 사랑 안 해"라는 말만큼

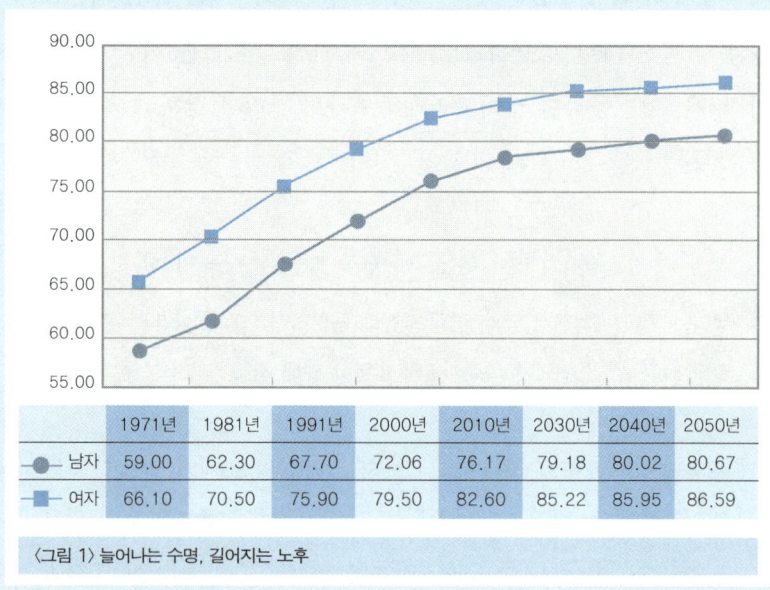

〈그림 1〉 늘어나는 수명, 길어지는 노후

이나 실행에 옮기기 어렵다. 그렇다면 20년간 한 달에 300만 원을 지출하며 풍요로운 노후생활을 영위하기 위해 현금 7억 2000만 원을 마련하려면 젊은 시절 얼마만큼 저축을 해야 할까.

현재 25세인 당신이 연 5% 복리 이자율로 적금을 들었다고 가정하면 60세까지 35년간 매달 70만 원을 부어야 한다. 하지만 35세부터 적립을 시작하면 25년간 월 납입액은 120여 만 원으로 늘어난다. 아예 40세가 돼서 뒤늦게 저축을 시작한다면 남은 20년간은 매월 200만 원에 가까운 금액을 부어야 한다. 분명 아이도 몇 딸린, 한 가정을 이끄는 40대 가장에게 월 200만 원은 정말 큰 부담이 아닐 수 없다. 물론 25세에 70만 원도 부담스럽긴 마찬가지다. 하지만 요즘 신입사원 연봉 평균이 2600만 원 정도 된다고 하니 월 70만 원은 충분히 가능할 것이다. 아니, 월 10만 원으로, 혹은 5만 원으로 시작해도 좋다. '돈'이라는 건 묘해서 어느 정도 몸집이 커지면 재테크 방법은 무한대로 많아지기 때문이다.

5년만 미쳐보자

세계적인 투자은행(IB) 메릴린치와 컨설팅회사인 캡제미니가 공동으로 발표한 〈2008 세계 부자 보고서〉에 따르면 세계적으로 거주주택 외에 금융자산을 100만 달러 이상 가진 부자들은 2007년 대비 6%가 늘어난 1010만 명에 달했다. 메릴린치와 캡제미니는 부자의 기준을 '투자가능자산 100만 달러를 소유한 개인'으로 잡았다. 언제든 현금으로 바꿔 쓸 수 있는 돈이 10억 원은 돼야 한다는 뜻으로 부동산의 경우 가격 편차가 크기 때문에 금융자산 개념으로 한정시킨 것이다.

특히 대한민국의 부자들 수는 11만 8000명에 달한다고 추산했다. 그렇다면 지금 대한민국에는 약 11만~12만 명의 사람들이 10억 원 정도의 현금성 자산을 갖고 있다는 이야기다. 그런데 여기서 주목해야 할 점은 부자들의 숫자가 아니라 그 성장률이다. 과거 통계를 보면 지난 2003년 한국의 부자는 6만 5000명이었다. 또 2004년엔 7만 1000명, 2005년엔 8만 6000명이었다. 매년 15~20%의 증가율로 새로운 부자들이 속속 탄생하고 있는 것이다. 무엇보다 요즘 한국의 경제성장률이 5%도 안 되는 상황이라 이런 부자 증가율은 더 놀랍기만 하다. 몇 년 전부터 국내에 무섭게 몰아치고 있는 '10억 만들기 열풍'이 드디어 빛을 발한 것일까.

하지만 한국의 부자급증에 대해 메릴린치의 분석은 의외로 간단했다. 메릴린치는 "한국에서는 돈 모을 방법이 매우 많아졌다"며 "경제성장과 함께 자본시장이 본격적으로 발달하면서 부자 수가 빠르게 늘어났다"고 설명했다. 또한 "선진국의 성장성은 심하게 가라앉은 상태"라면서 "당분간 '슈퍼리치'는 중국, 인도, 러시아, 한국, 브라질 등 이머징마켓에서 급격한 속도로 더 많이 탄생될 것"이라고도 했다.

대한민국, 목돈 만들 기회 더 많아졌다

한국에서 돈 모을 방법이 많아졌다고? 부자 될 수 있는 기회가 미국보다 한국이 더 많다고? 인정하지 않을지 몰라도 엄연한 사실이다.

일단 아직 한국기업은 건재하고 자본시장은 무섭도록 빠른 속도로 선진화되고 있다.

1997~1998년 IMF 외환위기 당시 25%까지 올랐던 은행금리는 지금 3~4%대로 내려앉았지만 대신 주식시장의 급성장이 이를 대체

하고 있다. 게다가 2009년 2월 자본시장통합법 시행과 함께 과거엔 만날 수 없었던 다양한 투자상품이 쏟아지고 있다. '위험-수익'이 잘게 쪼개지면서 적절한 위험에 따른 적절한 수익을 약속하는 상품 세분화가 나타날 것이다. 분명 한국인에게 목돈 만들기의 기회는 더 넓어졌다.

또한 "아파트 투자의 시대는 갔다"고들 하지만 부동산 투자가 꼭 아파트로만 한정되는 건 아니다. 인플레이션(물가상승)에 따른 화폐가치 하락에 대한 두려움이 상존하는 한 부동산 등과 같은 실물자산의 가치는 언제나 빛을 발하는 법이다.

"대한민국에서 돈 모으는 건 정말 힘들다"라고 불평하는 사람이 많다. 하지만 "쥐꼬리만 한 월급에 언제 1억 원을 모으냐"라고 투덜대면서도 술값 10만 원은 우습게 여긴다.

불가능하다는 건 다 거짓말이다. 지금 이 순간 전 세계에서 대한민국만큼 목돈 만들기의 기회가, 방법이 많은 곳은 없다. 아는 사람은 다 알고, 이미 실천에 옮기고 있다. 최근 5년 넘게 매년 2만 명 가까운 사람들이 속속 부자 대열에 합류하고 있지 않은가.

지금부터 5년만 미쳐라

다시 한 번 말하지만 여러분은 지금 목돈 만들기에 관한 한 최적의 시기를 살고 있다. 나이는 아직 어리고 회사의 발전 가능성('임금상승률'이라는 표현이 맞을 것 같다)은 그 어느 때보다 높다. 대한민국 경제는, 아니 세계경제는 지난 2008년 말 세계 금융위기로 인해 한 차례 크게 흔들렸다.

하지만 이 사건은 결코 재테크를 포기해도 된다는, 재테크 해봤자

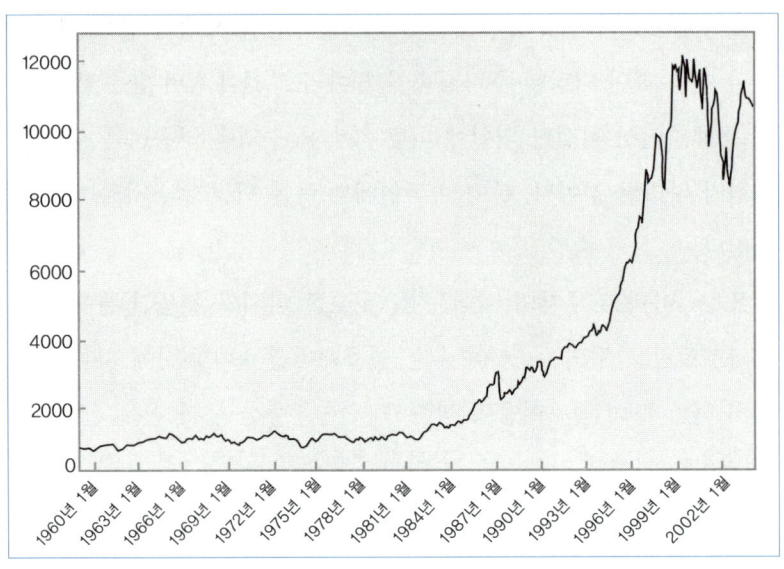

〈그림 2〉 미국 증시 주가 추이

소용없다는 이유나 핑계가 될 수 없다. 오히려 20대 여러분에겐 소중한 경험으로 삼아야 하고 재테크에 주기적으로 찾아오는 상승과 하락 곡선에 대한 통찰을 키우는 계기가 돼야 한다. 한국경제가 파국으로 치닫지 않는다면, 그리고 우리 경제의 성장성과 우리 자신에 대한 힘을 믿는다면 대한민국 증시도 미국의 1980년대처럼 그 누구도 예상치 못한 폭등장을 맞이할 수 있다고 생각한다. 1980년대 초반 2000포인트였던 미국 뉴욕 다우지수가 불과 10여 년 만인 1990년대 초 1만 포인트를 훌쩍 넘어섰던 상황이 한국에서도 연출될 가능성은 충분하다.

주식만이 아니다. 몇 번의 '정상의 경험'을 거쳐 일정 수준 종자돈을 모으면 부동산 투자도 넘볼 수 있다. 물론 현재 한국인의 부동산 투자 비중은 비정상적으로 높다. 그래서 굳이 자산의 80%를 부동산에 묶어놓을 필요는 없다고 본다. 하지만 베스트셀러 《부자아빠 가난한 아빠》의 저자 로버트 기요사키의 "돈이 돈을 벌어오게 하라"는 말을 실천하려면 절대로 부동산 재테크도 포기할 수 없다.

더도 말고 덜도 말고 '딱 5년만 미쳐보라'고 말하고 싶다. 5년은 상큼한 신입사원이 일 잘하는 김 대리로 승진하는, 살아보면 그리 길지 않은 기간이다. 바로 이때 미친 듯 종자돈을 모아보자. 당장 시작하기만 하면 된다. 재테크 성공 확률이 그 어느 때보다 높은 시기니까 말이다. 5000만 원도 좋다. 5년 동안 1억을 모았으면 정말 할 만큼 한 셈이다. 굳이 현금자산은 아니더라도 부동산 투자까지 포함해 평가액이 2억 원에 달하는 정말 훌륭한 목돈 만들기를 성취해낼 수도 있다.

노령화 문제에 대해선 더 이상 이런저런 이야기를 하지 않겠다. 여러분의 60살은 결코 노인이 아니다. 몸이 안 따라줘 하고 싶은 일을 못 하는 나이가 아니다. 시간과 체력, 의욕 모두 남아도는데 돈이 없어서 슬피 우는 게 바로 노령화 문제의 핵심이 될 것이다. 바로 지금 목돈 만들기를 시작한다면 가장 확률 높게, 또 편하게 이뤄낼 수 있다. 지금 5년 정도 목돈 만들기에 미쳤다고 젊음을 낭비하는 게 결코 아니다. 오히려 실체는 없는, 드라마 같은 부자되기 꿈만 꾸면서 입으로만 돈, 돈 하는 것이 낭비다.

한때 국내에서 KT&G를 인수합병(M&A)하려고 했던 '기업사냥꾼의 아버지' 칼 아이칸은 주위 사람들의 비난을 "경제적 무능은 악(惡)이다"라는 말로 일축한다고 한다. 정말 여러분의 인생 중 바로 지금 5년을 허공에 날려버리는 행위는 평생 씻어낼 수 없는 죄악이 될 것이다.

02

Young Financial Habit

재테크 마인드로 무장하라

앞으로 우리는 이 책에서 20대의 나이에 반드시 익혀야 할 몇 가지 습관과 지식, 재테크 상품에 대한 정보와 실전 전략에 대해서 살펴볼 것이다. 너무나 난삽하지 않게, 뜬 구름 잡지 않는 현실성 있는 방법으로 목돈 만들기를 시작할 예정이다.

이것저것 쓸데없는 생각 말고 딱 5년만 미친 듯 몰두해 어디 내놔도 뒤지지 않을 만큼의 종자돈만 모아두면 된다. 재테크가 확률과 시간 싸움이라고 봤을 때 지금부터 5년간 억 원대의 목돈만 가질 수 있다면 이어지는 평생 재테크에도 백전백승할 것을 단언한다.

하지만 이에 앞서 결코 놓쳐서는 안 될 중요한 개념들이 있다. 바로 '저축'과 '투자'의 차이점이다. 국어사전에 나오는 사전적 의미를 말하는 게 아니다. 저축과 투자라는 단어 속에 담긴 중요한 '화두'를 찾아내야 한다.

'복리'와 '현가'의 의미도 정확히 내 것으로 만들어야 한다. 물론 이들은 앞서 말한 처절한 마음가짐도 아니고 재테크 지식도 아니다. 하지만 재테크를 처음으로 시작하는 사람이라면 반드시 익히고 넘어가야 할 개념이다. '마인드(mind)'라는 표현이 그나마 어울리지 않나 싶다. 분명 처절한 마음가짐과 결합된 '투자마인드' '현가마인드' 등은 그 힘들다는 재테크 실전에서 엄청난 시너지 효과를 발휘할 것이다.

'투자'를 할 것인가, '저축'을 할 것인가

이 세상에서 정상적으로 돈 모으는 방법은 '절약'과 '저축', 그리고 '투자' 밖에 없다. '장사'가 있지만 돈을 버는 방법이지 모으는 방법은 아니다. '투기'나 '도박'이 있긴 한데 성공확률이 매우 낮다는 결함이 있다. 결국 여러분은 목돈 만들기를 위해서 평생 절약과 저축, 투자를 반복하면서 살아가야 할 것이다.

우리는 종종 "은행에 돈을 저축한다"고 말한다. 반면 주식에는 "투자했다"는 표현을 쓴다. "주식에 저축했다"는 말이 없는 것처럼 "은행에 얼마 투자했어?"라고 묻지 않는다. 차이점은 바로 '위험'의 존재 여부다. 저축에는 위험이 없고, 투자에는 위험이 있다.

은행에 연 4%의 이자율로 월 10만 원의 정기적금을 들었다고 가정해보자. 여러분은 1년 뒤 원금 120만 원과 이자 2만 6000원을 합쳐 122만 6000원(이자소득세 제외)을 받게 된다. 단지 그 뿐이다. 이자가 더 늘지도 않고, 또 원금을 날릴 '위험'도 없다.

반면 한 증권사가 판매하는 적립식펀드에 월 10만 원을 1년간 적립한다고 생각해보자. 이자율(이때는 수익률이란 용어를 사용한다)이 얼마가 될지 그 누구도 알 수 없다. 원금 120만 원마저 다 날려 무일푼이 될 수도 있고 반대로 100%의 수익률을 기록해 240만 원을 받을 수도 있다. 투자원금을 모두 날릴 위험과 함께 이론적으로는 무한대까지 수익을 올릴 가능성을 동시에 갖고 있는 셈이다.

재테크를 하는 우리는 매순간 저축과 투자의 기로에 서게 된다. 비교적 적은 수익이지만 손에 쥘 가능성이 확실한 방법으로 돈을 모을 것인가. 아니면 원금손실 가능성도 있지만 비교적 높은 수익이 가능한 방법을 택할 것인가.

결론부터 말하자면 이 순간만큼 여러분은 투자에 모든 것을 쏟아부어야 한다. 특히 지금부터 5년 안에 승부수를 띄우려고 한다면 더 '비장한 투자자'로 변신해야 한다. 투자가 절약이나 저축보다 무조건적으로 우월하다는 뜻은 절대로 아니다. 다만 20대인 여러분에게만은 투자가 최고라는 뜻이다. 20대에 투자에 올인하지 못하면 마음 놓고 투자에 도전할 기회는 다시 오지 않는다. 여러분만의 특권인 것이다.

풍부한 시간이 투자위험을 상쇄시킨다

경영학에서는 '포트폴리오'라는 용어를 자주 사용한다. "달걀을 한 바구니에 담지 말라"는 익숙한 재테크 격언도 있다. 모두 자산을 한 쪽에 올인하지 말고 적절히 섞어 재테크를 해 나간다는 뜻이다. 은행예금 한 곳만, 또는 주식투자 하나만 집중했을 때 얻는 수익이 두 가지 방법을 병행했을 때보다 클 수는 있어도 '올인의 위험'으로 인해 수익창출 확률은 반감되기 때문이다. 가령 1억 원 정도만 안전하게 주식에 투자하면 10억 원 전체를 은행 정기예금에 집어넣는 것보다 훨씬 높은 수익을 올릴 수 있음에도 불구하고 주식투자를 아예 포기하는 '올인'의 오류는 없어야 한다. 그러나 이는 10억이란 상당히 큰 규모의 종자돈이 있다는 전제하에서의 이야기다. 여러분처럼 아직 몇천만 원도 없는 상태에서 포트폴리오를 운운하는 건 비현실적이다. 지금 여러분 처지에서는 좀 더 빨리, 좀 더 많은 종자돈을 모으는 게 중요하다. 위험보다 수익에 더 신경을 써야 할 때다. 무엇보다 투자에 전력투구해야만 하는 가장 중요한 이유는 바로 '풍부한 시간'에 있다. '젊음'이라는 무기는 위험을 시간으로 메울 수 있는 강력한 파워를 갖고 있기 때문이다.

50대에 한 번 망하면 정말 인생 끝이지만 20대에는 몇 차례 더 망해도 된다. 다시 시작할 수 있는 충분한 시간을 갖고 있다는 것은 '고위험 고수익'이란 투자의 특징을 '저위험 고수익'으로 바꿔놓는 효과가 있다. 이런 보너스는 오직 20대에만 가능하다. 40대만 돼도 목돈 만들기 '속도'보다는 '안전운전'에 더 많은 신경을 써야만 한다. 아니 당장 결혼하고 애 낳고 한 가정의 가장이 되면 상대적으로 투자 비중은 크게 위축될 것이다.

앞으로 펼쳐질 이야기들도 대부분 '투자'에 대한 설명이 주를 이룰 것이다. 보험은 또 다른 차원의 이야기로 어떤 측면에서 위험에 대한 대가를 미리 지불하는 성격을 갖는다. 은행상품에 대한 이야기는 거의 없다. 다만 '대출'과 관련된 재테크에 있어서 은행의 역할은 매우 크다.

재테크 초보자의 필수 마인드, '복리'와 '현가'

젊은 나이에 목돈을 모아봤다는 사람들의 공통된 특징을 보면 독하게 맘먹고, 실천했고, 결국 끝냈다는 걸로 압축된다.

사실 여러분도 이렇게만 하면 거의 100% 재테크에 성공할 수 있다. 정보가 부족해서라든가 경제에 대한 상식이 부족해서, 결정적 기회를 놓쳐서 등은 치명적인 실패의 이유가 아니다. 99%는 마음먹기가 부족했든지 아니면 목표를 달성해내는 실천력이 부족했기 때문이다. 이럴 경우 결국 '정상의 경험'을 맛보지 못하게 되고 마침내 재테크는 하나의 '소일거리'로 전락하게 된다.

무엇보다 지금 우리 목표가 몇십억, 몇백억을 모으는 재테크가 아니라서 더욱 그렇다. 희귀한 정보, 현란한 테크닉과 뛰어난 결단력, 현명한 판단 등이 차지하는 중요성은 오히려 적은 편이다. 희한한 금융상품까지 쫙 꿰고 있지만 막상 실천에 옮기지 못한 친구보다, 미친 듯이 월 100만 원씩 은행 비과세 정기적금에 집어넣는 쪽이 분명 1억 원을 더 빨리 모을 수 있다.

2~3억을 모으기 위해 꼭 알고 있어야 할 필수 재테크 관련 지식들은 이 책에 다 들어있다. 그러나 재테크 실전에 임하는 태도는 전적으로 개인 스스로에게 달려있다. 빨리 재테크 본론에 들어가지 않고 이렇게 뜸을 들이는 것은 결국 마지막 승부가 여기에서 결정 나기 때문이기도 하다.

이제 우리는 성공적인 재테크를 위한 마지막 내면적 요소를 살펴보려고 한다. 바로 '복리'와 '현가'에 대한 이해다. 이들은 앞서 말한 처절한 마음가짐도 아니고 그렇다고 '우량주식 고르기'나 '경매로 집사기' '내집마련 전략' 등과 같은 지식이라고 말할 수도 없다.

저자는 많은 고민 끝에 이 복리와 현가에 대해 '재테크 마인드'라는 이름을 붙이기로 했다. 마인드(mind)라는 표현이 정확한지는 모르겠지만 이 두 개념을 완전히 내 것으로 소화하라는 의미를 담았다. 처절한 마음가짐과 함께 재테크 과정의 매순간 여러분의 성공을 보좌하는 핵심 참모 노릇을 하게 될 것이다.

복리는 여러분에게 재테크를 실행하는 과정에서 마음의 안식을 제공할 것이다. 작은 눈덩이 하나를 굴려 자기 키보다 큰 눈사람을 만드는 어린 소년처럼 복리는 우리에게 비록 작은 돈이지만 제대로만 굴러간다면 엄청난 목돈이 된다는 확신을 선사한다. 적절한 투자와 결합시킨다면 스스로 복리를 창출해낼 수 있다는 자신감을 가져도 좋다.

현가는 다양한 재테크 방법을 선택하는 데 있어, 또 여러 투자상품을 놓고 비교하는 데 있어 면도날처럼 예리한 판단력의 근거를 마련해줄 것이다. 가령 지금부터 30년 뒤 20년간 매월 60만 원을 받는 게 좋은지 아니면 그냥 1억 원을 받고 거래를 종료하는 게 현명할지에 대해 정확한 수학적 답변을 제시해 준다. 그렇다고 너무 어렵게 생각할 필요는 없다. 수학공식을 이야기하려는 것도 아니고 수학문제를 풀려는 것도 아니다.

자, 이제 앞서 말한 비장한 마음가짐과 복리와 현가라는 두 가지 재테크 마인드만 마스터해놓으면 비로소 완벽한 재테크 '몸 만들기'에 성공한 셈이 된다. 지금 확실하게 몸을 만들어놓는다면 '실전'은 기쁨과 설렘으로 다가올 것이다.

복리는 나의 힘

세계적인 베스트셀러 '네 안에 잠든 거인을 깨워라(Awaken The Giant Within)'의 저자 앤서니 라빈스는 강의 도중 항상 복리에 대한 이야기를 빼놓지 않는다고 한다.

"천으로 된 냅킨(1/32인치 두께)을 반으로 접으면 두께는 얼마인가? 1/16 인치가 될 것이다. 그 상태에서 두 번째로 접으면? 바로 1/8인치다. 세 번째 접으면 1/4 인치, 네 번째는 1/2인치, 다섯 번째는 1인치가 된다. 그렇다면 여기서 질문을 하겠다. 달까지 도달하려면 이 냅킨을 몇 번 접어야 할까?(달까지 거리는 23만 7350마일이다) 놀랄지 모르겠지만 딱 39번만 접으면 달에 도착할 수 있는 두께가 된다. 32분의 1인치 두께에 불과한 냅킨이 달까지 거리만큼이나 두꺼워진다. 이게 복리의 위력이다. 그러나 사람들은 적은 금액이 시간이 흐르면 큰 재산이 될 수 있다는 사실을 애써 부인한다."

물론 앤서니 라빈스의 '냅킨 접기'는 지극히 수학적인 접근이다. 현실적으로는 1인치도 안 되는 냅킨을 39번은커녕 10번 접기도 어렵다. 그러나 이 이야기는 바로 복리의 힘, 복리의 마술을 설명하는 데 매우 적절한 비유이다.

미국 뉴욕 맨해튼을 단돈 24달러에 판 인디언 이야기를 들어본 적 있는가. 전세계의 금융 중심인 월가가 있는 뉴욕 맨해튼은 지구촌에서 땅값이 가장 비싸기로도 유명하다. 이런 맨해튼을 지난 1626년 인디언은 단돈 24달러에 미국인에게 팔았다고 한다. 인디언에게는 참으로 안타까운 순간이다.

하지만 인디언에게도 기회는 있었다. 만약 당시 24달러를 챙겼던

인디언이 매년 8% 복리 이자율을 지급하는 은행에 저축했다면 현재 95조 달러(약 11경 원)라는 천문학적 금액을 갖고 있었을 테니 말이다. 아마도 지금 세계 금융가를 주물럭거리는 인종은 유태인이 아니라 인디언이 됐을 것이 분명하다.

복리(複利). 이것은 결코 어려운 개념이 아니다. 이자가 합쳐진 원금에 다시 이자가 붙는다고 생각하면 된다. 원금이 일정기간 후에 첫 번째 이자 1이 붙고, 이후 다음 일정기간이 지나면(원금＋이자 1)에 대해 이자 2가 붙는 구조다. 당연히 또 다음번에는 (원금＋이자 1＋이자 2)에 대해 이자 3이 붙게 된다. 결국 돈은 기하급수적으로 불어나게 된다.

여러분이 힘들게 종자돈 1000만 원을 모았다고 생각해보자. 만약 연이율 20%씩 복리로 돈을 굴릴 수 있었다면 40년 뒤에 이 돈은 무려 146억 원이 된다.

비고	5%	10%	15%	20%	25%
5년	1270만 원	1610만 원	2010만 원	2480만 원	3050만 원
10년	1620만 원	2590만 원	4040만 원	6190만 원	9310만 원
15년	2070만 원	4170만 원	8130만 원	1억 5400만 원	2억 8420만 원
20년	2650만 원	6720만 원	1억 6360만 원	3억 8330만 원	8억 6760만 원
25년	3380만 원	1억 830만 원	3억 2910만 원	9억 5390만 원	26억 4690만 원
30년	4320만 원	1억 7440만 원	6억 6210만 원	23억 7370만 원	87억 790만 원
35년	5510만 원	2억 8100만 원	13억 3170만 원	59억 660만 원	246억 5190만 원
40년	7030만 원	4억 5250만 원	26억 7860만 원	146억 9770만 원	752억 3160만 원

〈표 1〉 복리의 마술 : 1000만 원을 복리로 투자했을 때

웬만한 재테크 전문가들은 항상 이야기의 서두를 '복리의 마술'로 시작한다. 단순히 '은행에 가면 복리상품을 선택하라'는 식으로 이

해하는 것은 곤란하다. 핵심은 그만큼 하루라도 빨리 재테크를 시작하라는 뜻이다.

복리는 결코 마술이 아니다. 어떻게든 빨리 시작하는 것도 중요하지만 오랜 기간 유지해야만 성공할 수 있는 노력의 산물이기도 하다.

복리는 스스로 만들어 가는 것

그런데 어느 정도 재테크에 도전해본 사람일수록 복리에 대한 불만이 더 크다.

"아, 요즘 세상에 어디서 복리를 줘요. 복리상품은 없잖아요? 괜한 환상 아닙니까!"

사실이다. 안타깝게도 시중은행에서 '복리'를 주는 예금상품을 찾을 수가 없다. 그런데 우리는 왜 목돈 만들기에 있어 '복리 마인드'를 갖고 있어야 할까. 존재하지 않는 환상인데도 말이다. 그것은 바로 우리 스스로 복리효과를 만들어낼 수 있기 때문이다.

가령 여러분의 종자돈(자금)을 갖고 (원금+수익 1)을 만든 뒤 이를 다시 재투자할 때는 (원금+수익 1)에 대한 수익 2가 발생한다. 또 다음 재투자할 때는 (원금+수익 1+수익 2)에 대한 수익 3이 창출된다. 분명 복리는 현실 속에서 만들어질 수 있다.

돈 좀 모아본 사람들은 처음 500만 원, 처음 1000만 원 모으기가 어렵다고 한다. 1억을 만들면서부터는 오히려 재테크가 더 재미있어진단다. 종자돈 규모가 커지면서 이자의 파워가 급속도로 커지고 수익창출에 가속도가 붙기 때문이다. 이자가 이자를 낳는 복리의 마술을 필수 재테크 마인드로 꼽는 이유도 바로 여기에 있다. 재테크를 연속되는 과정으로 생각해야지 크게 한탕하고 빠지는 식으로 생각하면 안 된다.

'복리의 마술사'가 되기 위한 조건은 크게 세가지다. 첫째는 풍부한 시간, 둘째는 종자돈 굴리기, 셋째는 꾸준함이다. 만약 20대부터 목돈 만들기를 시작한다면 적어도 첫째와 둘째 조건은 보장받는 셈이다.

72의 법칙이란?

역사상 최고의 과학자로 불리는 알버트 아인슈타인은 "복리야말로 인간의 가장 위대한 발명"이라며 '세상의 8번째 불가사의'라고 말했다. 그리고는 복리로 원금을 두 배 불리는 기간을 쉽게 계산하는 '72의 법칙(The Rule of 72)'을 제시했다.

'72의 법칙'은 72를 복리수익률로 나눈 값이 바로 해당 원금이 두 배가 되는 기간이라는 논리다. 예를 들어 복리수익률이 6%라면 자신의 투자원금이 두 배가 되는 데 걸리는 기간은 12년(72÷6=12)이 된다. 또 만약 어떤 투자상품의 수익률이 36%라면 2년마다 원금이 두 배로 불어난다. 24살의 신입사원이 첫해 600만 원을 투자했다면 2년 뒤인 26살에 1200만 원, 28살에 2400만 원, 30살에 4800만 원, 32살에 9600만 원이 되고 40살에는 무려 15억 3600만 원으로 불어나게 될 것이다(물론 해마다 36%의 수익률이 발생한다는 상당히 힘든 가정을 전제로 해야 한다).

'72의 법칙'은 재테크 실전에서도 매우 유용한 전략이다. 가령 현재 2000만 원을 갖고 있는데 앞으로 5년 후에 8000만 원으로 불리려고 할 때 연간 얼마만큼의 복리수익률을 올려야 할지 계산해 전략을 수립할 수 있다. 먼저 단순 이자율로만 계산하면 5년간 네 배(300%)로 불려야 하기 때문에 연 60%라는 엄청난 수익률이 필요하다. 거의 불가능에 가깝다고 할 수 있다.

그러나 (원금+수익)을 다시 재투자하는 복리수익률을 살펴보면 이야기는 달라진다. 이는 2.5년마다 두 배씩 불리는 구조이므로 '72÷x%=2.5년'을 풀면 된다. 계산하면 필요한 복리수익률은 28.8%이란 걸 알게 된다. 즉, 이제 원금과 얻은 수익을 계속 재투자할 것을 가정해 5년간 매해 28.8%의 수익률 내는 것을 목표로 잡으면 5년 후 8000만 원을 모을 수 있게 된다. 앞서 60%라는 엄청난 이자율보다 훨씬 현실성이 커졌고 어떤 투자대상을 골라야 할지도 확실해졌다.

이 '72의 법칙'만 정확히 습득하고 있으면 재무설계사가 해주는 기본적인 서비스도 스스로 처리할 수 있게 된다

실전 복리 계산하기

'72의 법칙'을 배웠지만 이는 원금이 두 배로 늘어나는 기간을 파악하는 것으로 디테일한 면은 조금 떨어진다. 결국 여러분은 복리에 관해 좀 더 수학적인 테크닉을 겸비할 필요가 있다. 고등학교 수준의, 아니 중학교 수준의 아주 간단한 계산만 하면 된다. 매우 유용한 방식이니 반드시 익혀야 한다.

흔히 일상생활에서의 복리계산을 통한 현금흐름 예측은 다음과 같은 형태다. 1000만 원을 투자했는데 연 5% 정도 수익률로 복리효과가 발생한다고 한다. 이때 10년 정도 투자하면 얼마를 벌 수 있을까?

첫해 투자분은 1000만 원+1000만 원×0.05로 불어난다. 정리하면 1000만 원(1+0.05)가 된다. 복리효과를 발생시키므로 다음해에는 1000만 원(1.05)+1000만 원(1.05)×0.05로 불어난다. 정리하면 1000만 원(1.05)(1+0.05)=1000만 원$(1.05)^2$이 된다. 이어 3년 후에는 1000만 원$(1.05)^3$, 4년 후에는 1000만 원$(1.05)^4$가 된다. 결국 10년 후에는 1000만 원$(1.05)^{10}$으로 불어나게 될 것이다. 계산하면 약 1630만 원이 된다.

복리가 아닌 단순 이자율이라고 보면 단순히 해마다 이자 50만 원(=1000만

원×0.05)이 10년간 붙는 구조다. 따라서 1000만 원의 투자금은 10년 후에 1500만 원(=1000만 원+50만 원×10년)이 될 것이다. 약 130만 원의 차이가 난다. 복리계산을 수학공식으로 표현해보면 다음과 같다.

$$원금 \times (1+수익률)^{기간}$$

자, 여기서 한걸음 더 나가 보자. 수학공식이라고 책장을 넘기지 말고 10분만 정신을 집중시키자. 이번에는 한꺼번에 투자하는 형태가 아니라 매월 적립하는 형태를 가정한다(대신 복리는 매월 효과가 발생되지 않고 연간 발생되는 구조를 가정하고 답을 구해보자).

한 초보 직장인이 매월 100만 원을 적립해 7년간 유지할 경우, 수익률 5%를 가정할 때 7년 뒤 얼마를 모을 수 있는가 하는 문제다. 먼저 단리를 살펴보자. 매우 간단하다. 그냥 수익률 계산하듯이 하면 된다. 가령 매월 100만 원을 투자해 연 5% 이자를 주는 은행 비과세 상품에 7년간 들었을 경우인데 다음과 같이 계산하면 된다.

자신이 저축한 총 금액 8400만 원(=100만 원×12개월×7년)에다 이자 14,875,000원을 더한 98,875,000원을 모을 수 있게 되는 것이다. 그러나 매월 100만 원을 연 5% 복리로 7년간 투자했다면 이야기는 달라진다.

앞서 살펴봤듯이 주식투자나 펀드투자, 기타 임대수입 등으로 분명 우리는 스스로 5% 복리투자를 만들 수 있다. 첫해 붙은 이자까지 포함돼 원금이 커진 상태에서 다시 투자를 이어가면 여기에 이자가 붙기 때문에 복리투자와 유사한 효과를 발생시킨다. 이럴 경우 7년 뒤 얼마를 챙길 수 있을까.

일단 첫해에 1200만 원을 넣게 된다. 그럼 이 첫해 투자한 돈은 7년 후까지 1년마다 5%씩 계속 차곡차곡 쌓인다. 1년 후에는 1200만 원+1200만 원×0.05, 즉 1200만 원(1+0.05)이 된다. 그리고 2년 후에는 1200만 원(1.05)+1200만 원(1.05)×0.05가 될 것이다. 이 금액을 묶으면 1200만 원

(1.05)(1+0.05) 즉 1200만 원$(1.05)^2$가 된다.

3년 후에는 1200만 원$(1.05)^3$, 4년 후에는 1200만 원$(1.05)^4$가 되고 7년 뒤에는 여러분이 첫해 투자했던 1200만 원이 1200만 원$(1.05)^7$만 원으로 불어나 있을 것이다. 그런데 여러분은 투자를 7년간 지속했기 때문에 첫해 뿐 아니라 두 번째 해에도 모아진 1200만 원 역시 다시 복리로 불어나게 된다. 그러나 이때는 복리이자를 챙기는 연수가 7년에서 6년으로 줄게 된다. 그럼 이 두 번째 해의 투자로 불어난 자금은 1200만 원$(1.05)^6$만 원이 된다. 그리고 그 다음, 세 번째 해에 투자한 돈은 1200만 원$(1.05)^5$가 되고, 또 네 번째 해에 넣은 돈은 1200만 원$(1.05)^4$가 된다. 이렇게 지속하면 마지막 해에 투자한 돈은 1200만 원(1.05)이 된다.

자, 그럼 이제 총합계를 구해보자.

1200만 원$(1.05)^7$+1200만 원$(1.05)^6$+1200만 원$(1.05)^5$+…+1200만 원(1.05)가 바로 여러분이 만기일에 찾게 되는 돈이다. 아마도 고등학교 때 수학을 굉장히 싫어했던 사람도 이 식을 보면 퍼뜩 떠올리는 게 있을 것이다. 바로 등비수열의 합 계산이다.

공비는 1.05, 초항은 1200만 원(1.05), 항수는 7개로 맞춰지는 형태다.

등비수열의 합= {초항(공비^{항수}−1)}/{공비−1}

바로 1200(1.05){$(1.05)^7$−1}/1.05−1을 풀면 된다.

연습문제

현재 20세인 사람이 8%의 연평균수익률로 펀드투자를 한다고 가정할 때 65세 때 은퇴하면서 10억 원의 재산을 모으고 싶다. 그렇다면 이 사람은 얼마만큼의 종자돈을 가지고 있어야 할까.

65세에 10억 원이라는 결과에서 거꾸로 계산을 해보면 된다. 8% 복리로 계산되는 돈은 9년마다 두 배가 되므로 56세(=65세−9년)에 그는 5억이 필요하고 47세 때는(56세-9년) 2억 5000만 원이 필요하게 된다. 같은 방식으로 9년씩을 빼가면 38세(47세-9년) 때는 1억 2500만 원, 29세 때 6250만 원, 20세 때는 3125만 원이 필요하게 된다. 결국 20살에 약 3100만 원을 투자해 복리로 매년 8%씩 수익을 올릴 수만 있다면 65세 때 10억 만들기의 꿈은 가능하게 된다는 뜻이다. 그런데 현실적인 문제는 분명 있다. 45년간 매년 8%의 수익률을 지속적으로 올린다는 것. 과연 현실일까 아니면 꿈일까?

30년 후 1억으로 무엇을 할 수 있을까

우리가 실전에 뛰어들기 전 반드시 학습하고 내 것으로 만들어야 할 재테크 마인드 중 복리와 함께 '투톱'을 구성하는 또 하나의 개념이 있다. 바로 현재가치, 줄여서 '현가(現價)'라는 용어다. 경영학에 관심 있는 사람이라면 한번쯤 들어보았을 이 용어는 쉽게 말해 미래 한 시점에서 1000만 원의 가치가 현재는 얼마에 해당하는가를 알아보는 개념이다.

예를 들어 1년짜리 정기예금 이자율이 10%라고 하자. 여러분이 종자돈 1000만 원으로 이 상품에 가입했다면 1년 뒤에는 1100만 원(원금 1000만 원+이자 100만 원)을 손에 넣게 될 것이다. 그럼 누군가 연 10%의 이자를 주는 1년짜리 정기예금 상품이 있는데 1년 뒤 1100만 원을 받으려면 현재 얼마를 저축해야 하는가라고 물었다고 하자. 쉽게 대답할 수 있다. 바로 1000만 원이다. 이때 우리는 이 1000만 원을 정기예금 상품이 1년 뒤 가져다 줄 1100만 원의 현재가치, 현가라고 말한다. 그리고 이때 1100만 원은 1000만 원의 미래가치가 된다.

얼핏 보면 대체 현가가 목돈 만드는 것과 어떤 관계가 있는지 의아할 것이다. 실제로 현가에 대한 마인드는 그 자체로 재테크 수단과 전혀 관계가 없다. 그러나 재테크 전략을 짜는 데 있어, 또 어떤 투자방식을 선택할 것인가에 있어 결정적인 판단기준을 제시해 준다. 몇 가지 상품정보와는 비교도 안 될 정도의 재테크 핵심역량인 셈이다.

가령 앞의 상황처럼 10% 이자율을 주는 정기예금이 버젓이 있는 상황에서 누군가가 당신에게 다가와 1년 뒤 정확하게 1100만 원을 가져다 줄 테니 지금 1010만 원만 투자하라고 제의했다고 해보자. 여러분은 이 제안을 받아들일 것인가. 바로 거절하는 게 당연한 대답일 것이다. 1년 후 1100만 원의 현가는 내가 편하게 은행에 저축했다고 쳐도 1000만 원에 불과한데 1010만 원을 투자할 이유가 도무지 없기 때문이다.

현가, 개념만이라도 잡아라

이 현가에 대한 마인드는 개인의 재테크에만 적용되는 것이 아니다. 몇백억, 몇천억 원을 투자하는 기업에게도 너무나 중요한 개념이다. 특히, 투자처가 다수거나 투자수익이 해마다 일정하게 발생하지 않는 프로젝트의 경우 현가계산은 필수다.

그렇다고 긴장할 필요는 없다. 우리는 지금 고급 재무관리 문제를 풀겠다는 게 아니다. 아주 기본적인 현가마인드를 익혀가자는 취지다. 실제 생활에서도 이 계산을 대행해주는 사람은 아주 많다. 그러나 스스로 현가에 대한 개념을 머릿속에 두고 결정적인 선택의 순간 전문가에게 문의할 정도 수준은 갖춰야 한다. 현가에 대해 '마인드'라는 표현을 붙인 것도 이 때문이다.

누군가 당신에게 바로 지금 10억 원을 줄까, 아니면 10년 동안 매월 1000만 원을 줄까라고 물어봤다고 하자. 어떤 선택을 내리는 것이 현명할까?

지난 2001년 2억 1000만 원에 구입한 강남의 20평형대 아파트가 2006년 현재 4억 1000만 원으로 올랐다고 한다. 그런데 지난 5년간 국내 증시의 연 평균 수익률이 25% 정도라고 가정해보자. 이 사람은 2억 1000만 원으로 부동산 투자를 하는 게 옳았을까. 아니면 주식에 올인했어야 했을까?

지금 2억 원 하는 건물이 있는데 5년만 지나면 8억 원에 다시 되팔 수 있다고 한다. 그런데 향후 5년간 한국 증시는 폭등할 가능성이 매우 높다. 어떤 증권사는 아예 연간 30% 수익률을 보장해주겠다고 나섰다. 이때 내 돈 2억 원을 갖고 주식에 투자하는 것이 더 좋을까. 아니면 깔끔하게 건물을 하나 구입할까?

이런 선택의 순간은 여러분에게도 결코 낯설지 않게 될 것이다. 종자돈이 커질수록 한 순간의 선택이 갖는 파급효과는 어마어마하게 확대될지도 모른다. 앞서 우리는 노후에 좀 더 '럭셔리'한 생활을 하기 위해서는 월 300만 원이 필요하다고 했다. 그리고 현가개념을 제외했을 때 60세에 약 7억 2000만 원을 손에 쥐고 있어야 함을 살펴본 바 있다. 하지만 이는 정확한 수치가 아니다. 60세 시점의 300만 원 가치는 분명 지금 20대인 여러분이 느끼는 300만 원과 크게 다르기 때문이다.

인플레이션(물가상승) 때문에 60세에 월 300만 원을 갖고는 럭셔리는커녕 오히려 쪼들리는 생활을 할지도 모른다. 해마다 약 3%의 인플레이션이 발생하는 상황에서 30살인 당신에게 있어 30년 후인

60세의 300만 원 가치는 완전히 다를 수 있다. 결국 300만 원의 가치를 고스란히 확보하기 위해서는 더 많은 돈이 필요할 테고 여기에 대한 답변도 결국 현가개념을 통해 파악할 수 있다.

이 밖에도 현가가 적용되는 재테크 선택의 순간은 무궁무진하다. 혹자는 어렵다고 느낄 수 있다. 그러나 소가 뒷걸음치다가 쥐 잡는 식의 재테크를 하려는 게 아니라면 이번 기회에 개념을 깔끔히 정리하고 가야 한다. 다시 한 번 말하지만 계산이 아닌 마인드의 문제다. 개념만 제대로 알아두면 된다.

미래가치를 실현가능한 수익률로 할인하라

이번에는 아주 간단하게, 하지만 핵심적으로 현가에 접근해보자.

아주 직관적으로 생각해도 현재 1000만 원과 1년 후 1000만 원은 그 가치가 다르다는 것을 알 수 있다. 지금 1000만 원을 손에 쥐는 것과 1년 후 1000만 원을 받는 것은 하늘과 땅 차이다. 당연히 잽싸게, 지금 1000만 원을 거머쥐야 한다. 왜 그럴까? 바로 1000만 원을 갖고 1년간 굴리면서 발생하는 수익이 있기 때문이다. 이를 다른 말로 표현해 1년 후 1000만 원을 받는 것에 대한 기회비용이라고 부른다. 결국 지금 1000만 원을 받으면 기회비용이 발생하지 않는데다 기회비용만큼 내 수익으로 올릴 수 있다.

그렇다면 이제 1년 후 1000만 원의 가치를 지금 얼마로 평가할지를 파악해보자. 가장 먼저 할 일은 현재 여러분이 가장 확실하게 낼 수 있는 수익률을 확정하는 것이다. 지금 1000만 원을 굴려서 안전하고 확실하게 보장받을 수 있는 수익률을 찾아야 하는데 보통 은행 이자율을 첫 손에 꼽는다. 물론 꼭 은행 이자율이 아니어도 된다. 그 정도로 확실한 투자처가 있으면 그 곳의 수익률을 현가계산의 기준으로 삼으면 된다.

자, 만약 여러분이 3% 수익은 확실하게 낼 수 있다면 1000만 원을 투자했을 경우 1년 후 1030만 원(=1000만 원+1000만 원×0.03)이 생긴다. 하지만 지금 계산하려는 것은 1년 후 1000만 원이 생길 때 지금 얼마가 필요한가를 알아내는 것이기 때문에 $x+x\times0.03=1000$만 원 중 x를 푸는 과정이 된다. 식을 괄호로 묶으면 $x(1+0.03)=1000$만 원, $x(1.03)=1000$만 원이 된다. 이 식을 계산하면 1000만 원/1.03=970만 원이 된다. 즉, 여러분이 지금 받을 수 있는 1000만 원을 1년 뒤에 받기로 한다면 그 가치는 970만 원으로 줄게 되는 것이다. 이때 "1년 후 받을 1000만 원의 현가는 970만 원"이라고 말한다.

이처럼 현가는 미래에 발생하는 금액을 일정 수익률(할인율)로 할인하면 된다. 이때 할인하는 수익률은 앞서 말한 것처럼 자신이 현실성 있게 실현 가능해야 현가에 신빙성이 더해질 수 있다. 공식으로 쓰면 다음과 같다.

현재가치=미래가치/$(1+r)^n$ (r은 수익률, n은 기간)

자, 앞서 우리는 상당히 럭셔리한 생활을 하기 위해서 월 300만 원은 있어야 한다고 했다. 그런데 3%의 인플레이션이 해마다 발생하기 때문에 30년 뒤 300만 원은 분명 지금 300만 원의 가치와 다르다. 30년 뒤 300만 원으로는 절대로 럭셔리한 생활을 할 수 없을 것이다.

이번엔 30살인 당신에게 있어 30년 뒤 60살 때 현재가치 300만 원을 고스란히 유지하려면 얼마가 필요한지를 알아보자. 앞에 공식을 보고, 현재가치는 300만 원, 확실한 할인율은 인플레이션 3%, 그리고 30년의 기간을 대입하면 된다.

계산하면 300만 원×(1.03)³⁰ =728만 원, 즉 60살에는 728만 원이 있어야 현재 300만 원을 쓰면서 누리는 풍족함을 가질 수 있다. 30년 뒤 60살 때 손에 쥐는 728만 원의 현재가치가 바로 300만 원이 되기 때문이다.

> **연습문제**
>
> 어떤 사람이 당신에게 와서 이런 제안을 했다. 3년간 효력이 있는 수익계약을 넘기겠다는 것이다. 이 수익계약서에 따르면 1년 후에 250만 원, 2년 후에 350만 원, 3년 후에 450만 원의 투자수익을 주기로 기록되어 있다. 총 수익만 보면 총 1050만 원에 달한다. 이 제안자는 당신에게 지금 당장 현금이 필요해서 그러니 700만 원만 주고 이 계약을 맡아달라고 요구하고 있다. 얼핏 보면 1050만 원-700만 원, 즉 350만 원의 수익이 예상되는 것 같다. 과연 당신은 이 계약을 700만 원에 사들여 향후 3년간 수익을 받아내는 것이 옳을까(단, 여러분은 스스로 연 15%로 돈을 굴릴 능력을 갖고 있다).
> 이 결정을 위해 가장 먼저 할 일은 이 투자계획 중 미래에 발생할 수익(미래가치)의 현재가치를 계산하는 것이다. 이 때 할인율은 기회비용 개념을 적용해 굳이 모험을 하지 않아도 여러분 스스로가 벌 수 있는 연 15% 이자율을 적용하면 된다.
>
>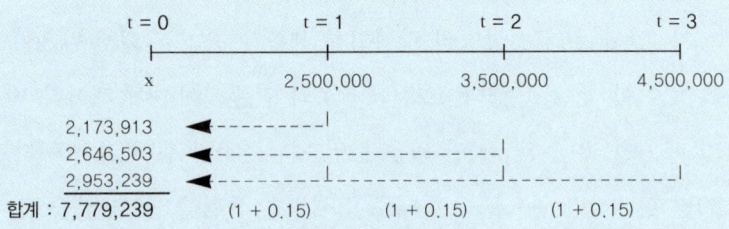
>
> 현재가치 : 250만 원 / (1 + 0.15) + 350만 원 / (1 + 0.15) (1 + 0.15) + 450만 원 /
> (1 + 0.15) (1 + 0.15) + 350만 원 / (1 + 0.15)² + 450만 원 / (1 + 0.15)³
> = 7,779,239원

여기서 알 수 있듯 투자수익의 현재가치는 778만 원 정도가 된다(단, 매년 받은 250만 원, 350만 원, 450만 원은 재투자하지 않고 모두 소비한다고 가정한다). 결국 만약 이 수익계약증서를 지금 당장 700만 원에 산다면 350만 원은 아니더라도 약 78만 원 정도 이익을 남길 수 있다. 그렇다면 당장 이 제안을 받아들이는 게 좋을까.

아니다. 문제는 여기서 끝나지 않는다. 이 제안을 받아들일지는 좀 더 생각해봐야 한다. 여러분이 700만 원을 갖고 연 15% 복리로 직접 돈을 굴린다면 3년 후에는 1065만 원(=700만 원×1.15^3)을 모을 수 있기 때문이다. 앞서 나온 총 수익 1050만 원과 비교해보면 이때는 약 15만 원이 더 많다(이때는 둘 다 미래에서 파악한 '미래가치' 이므로 동등비교가 가능하다).

그렇다면 이 제안을 거부하고 내가 직접 돈을 굴리는 게 좋을까. 바로 이 시점에서부터 여러분의 고뇌와 판단은 시작된다. 가장 먼저 할 일은 이 수익계약서에 담긴 숨은 의미를 찾는 일이다. 자세히 보면 알겠지만 이 수익계약은 매년 실제 현금을 손에 쥘 수 있다. 이 제안을 받아들일 경우 여러분은 1년, 2년, 3년 후에 걸쳐 250만 원, 350만 원, 450만 원의 현금을 받게 된다. 하지만 반대로 여러분이 직접 투자할 경우 3년간 실제로 받는 현금은 없다. 3년이 지나야만 비로소 현금을 챙길 수 있는 것이다. 복리효과는 지속적인 투자가 이어져야 발생하기 때문에 막판(3년 후)에 가서야 1065만 원이란 돈을 실제로 손에 쥘 수 있기 때문이다. 따라서 만약 3년간 돈 쓸 일이 별로 없다고 생각하면 본인이 직접 돈을 굴리는 게 더 바람직한 선택이다.

하지만 만약 당신의 상황이 매년 어느 정도 자금이 필요한 경우라면 수익계약을 받아들여 매년 일정한 수익(현금)을 챙기는 게 옳은 판단이다. 긴급하게 자금이 필요해 중간에 돈을 써버린다면 3년간 꾸준히 지속해야만 힘을 발휘하는 복리효과가 무의미해지기 때문이다.

연금(Annuity)의 현재가치?

현재가치와 관련해 가장 널리 사용되는 선택 문제가 바로 '연금의 딜레마'다. 과연 한 번에 목돈을 받을 것인가 아니면 일정기간 나눠서 차근차근 현금을 챙길 것인가에 대한 문제다. 연금문제가 현재가치 계산에 있어 의미를 갖는 것은 손에 들어오는 현금이 몇십 년 뒤에 뭉텅이로 들어오지 않고 일정 기간 나누어 들어오는 구조 때문이다. 굳이 연금이 아니더라도 이런 상황은 일상 재테크에서 많이 발생하기 때문에 다양하게 응용할 수 있을 것이다. 물론 각각의 상황을 재테크 전문가에게 문의하면 손쉽게 상담이 가능하다. 하지만 이번 기회에 스스로 능력을 키워보도록 하자.

먼저 1년에 1000만 원씩 20년을 지급하기로 한 연금플랜이 있다고 하자(연금은 매년 초에 준다고 한다). 반면 연금을 포기하고 일시에 돈을 받는다고 하면 즉석에서 1억 5000만 원을 준다고 했다. 그런데 아주 절친한 친구가 당신에게 이 1억 5000만 원을 일시불로 받아서 자기에게 맡기면 20년간 연 5%의 수익을 남겨준다고 했다. 과연 매년 연금으로 받는 게 좋을까, 아니면 일시불로 받은 뒤 친구에게 맡겨서 투자를 하는 게 좋을까.

이 선택의 순간 가장 먼저 할 일은 연금플랜의 현가를 구해보는 것이다. 매년 1000만 원씩 20년을 받는 연금플랜의 가치를 5% 할인율로 할인시켜 현가를 구한 뒤 일시금 1억 5000만 원과 비교하면 된다. 일단 연초에 1000만 원씩 20년간 연금을 받는다고 했기 때문에 첫해부터 할인은 시작된다(이 때 할인율로 사용하는 이자율은 친구가 벌어주는 5%를 적용한다). 매년 받게 되는 1000만 원은 해가 진행될수록 할인의 폭이 커지게 된다.

1년 초에 받는 돈~1년 말까지 : 1000만 원/(1+0.05)
2년 초에 받는 돈~2년 말까지 : 1000만 원/$(1+0.05)^2$
3년 초에 받는 돈~3년 말까지 : 1000만 원/$(1+0.05)^3$

⋮

20년 초에 받는 돈~20년 말까지 : 1000만 원/$(1+0.05)^{20}$

이제 각각을 모두 더하면 된다. 그러면 여러분의 연금의 현가와 친구가 제시한 투자안과 비교가 가능해진다. 일단 식을 자세히 보면 규칙을 발견할 수 있을 것이다.

1000만 원/(1.05) + 1000만 원/$(1.05)^2$ + 1000만 원/$(1.05)^3$ + …… + 1000만 원/$(1/05)^{20}$

바로 초항은 1000만 원/(1+0.05)이고 공비가 1/(1+0.05), 항수는 20개인 등비수열의 합을 구하는 것에 해당된다. 등비수열의 합 공식은 초항$(1-공비^n)$/1−공비이므로,

$$연금현가 = \frac{1000만\ 원/1.05\ [1-(1/1.05)^{20}]}{1-(1/1.05)} = 약\ 1억\ 2462만\ 원$$

지금 일시불로 1억 5000만 원을 받아 친구의 연간 5% 복리 투자프로젝트에 투자하는 것보다 적은 금액이다. 따라서 매년 1000만 원씩 연금을 받는 것보다 좀 더 적극적으로 마음을 먹고 친구에게 투자하는 편이 더 현명한 선택일 것이다. 물론 친구가 보장해주는 수익률이 일정하지 않고 중간에 변하게 된다면 이야기는 또 달라질 수 있다.

예상수익률을 반드시 비교하라

현가에 대한 마인드가 익숙해지면 여러분은 다양한 재테크 방법 중 최대 수익률을 올릴 수 있는 투자처를 고르는 데 매우 수월해진다. 한 가지 재테크 방법을 실행할 때 이로부터 얻을 수 있는 수익률을 정하고, 또 다른 방법을 구사할 때 얻을 수 있는 예상수익률을 비교할 수 있기 때문이다.

경영학에서는 'IRR(내부수익률)'이라는 개념도 사용하곤 하지만 굳이 어렵게 생각할 필요 없다. 공식을 외울 필요도 없고, 상식선에서 현금의 흐름을 지켜보면 된다. 현가에 대한 마인드만 갖고 있으면 된다. 가령 올해 5000만 원을 투자해 지방의 한 토지를 구입하면 2년 후에는 8500만 원에 확실하게 팔 수 있을 것 같다고 가정해보자. 그런데 주식시장의 상승세도 만만치 않은 상황이다. 2년 정도 투자하면 확실하게 연 25% 수익은 얻을 것이라는 판단이다. 자, 과연 토지에 투자하는 것이 좋을까. 아니면 주식에 투자하는 것이 더 좋을까.

분위기가 토지가 뜰 것 같은 상황이라면 그냥 토지를 구입하는 사람도 있을 것이다. 반면 주식 맹신주의자는 다짜고짜 투자금을 증시에 올인할 수도 있다. 하지만 여러분은 좀 더 영리해지고, 예리해질 필요가 있다. 예상수익률을 서로 비교해보고 자신의 목표수익률과도 맞춰보아야 한다. 가장 먼저 할 일은 2년 후 8500만 원(미래가치) 나가는 토지를 지금 5000만 원이라는 현재가치를 지불한다고 하면 수익률은 얼마일까를 계산해야 한다. 앞서 배웠던 현가마인드를 적용해보면,

5000만 원(현재가치)=8500만 원(미래가치)/(1+수익률)$^{2(기간)}$

이렇게 수익률을 계산하면 된다. 약 연 30%의 수익률이 발생하는 것을 알 수 있다. 그런데 같은 기간 주식에 투자했을 때 연 25%의 수익률을 얻을 수 있다고 했기 때문에 여러분은 당연히 토지투자를 결정해야 할 것이다. 물론 현실에서는 토지 5000만 원을 투자해 8500만 원을 확실하게 받을 수 있다고 예측하는 자체가 불가능하다. 하지만 바꿔 생각해보면 그렇게 예측하는 자체가 재테크의 능력이 되는 게 사실이다. 마찬가지로 주식시장이 어디까지 오를지 예상하는 능력 자체가 투자 성공의 최대관건이 될 것이다. 그러나 이에 앞서 예상수익률을 비교할 줄 아는 능력과 습관은 반드시 갖추고 있어야 한다. 수익률 비교도 못하는 상황에서 정확한 예측이 도대체 무슨 필요가 있겠는가.

자신의 목표수익률을 설정하는 것도 중요하다. 결코 어렵지 않다. "나는 이 투자를 통해서 대략 몇 % 이상의 수익은 올려야겠다"고 스스로 정하면 이게 바로 목표수익률이 된다.

여러분은 이제 다양한 투자처를 놓고 무조건 고민할 게 아니라 A 프로젝트 투자할 때 예상수익률, B 프로젝트의 예상수익률, C 프로젝트 예상수익률, 그리고 자신의 목표수익률을 비교해 판단해야 한다. 물론 예상수익률은 말 그대로 '예상'이기 때문에 무조건 수익률 지상주의로 나가선 안 된다. 어떤 경우에는 목표수익률과 다소 거리가 있더라도 실현 가능성이 높은 투자 안을 선택할 필요도 있다.

대한민국 20대,
재테크에 미쳐라

02.
목돈 만들기는 습관의 예술이다

'습관'이 '인격'이라는 말들을 많이 한다. 무의식적으로, 자신의 의지와는 상관없이 움직이는 몸과 마음을 습관이라고 한다면 분명 좋은 습관은 좋은 인격으로 평가 받을 수 있다.

포수 미트까지 채 1초도 걸리지 않는 시속 150km의 빠른 공을 쳐내는 메이저리그 강타자들은 과연 커브인지, 직구인지, 인코너인지, 아웃코스인지 계산하면서 방망이를 휘두를까. 그렇지 않다. 꾸준한 훈련을 통해서 평소 몸에 익힌 대로, 몸이 기억한 대로 반사적으로 스윙을 한다. 습관이다.

돈을 모으는 재테크에도 습관이 존재한다. 스타일이라고 할 수도 있는데 분명 각 개인에게는 '재테크 습관'이 있다. 실전 목돈 만들기에 뛰어들면 알겠지만 매순간마다 피 말리는 결정을 하는 것은 아니다. 특출한 판단력과 센스가 필요할 때도 있겠지만 오히려 '지루하다'는 느낌을 더 많이 가질 것이다. 좋은 재테크 습관들은 이런 지루한 목돈 만들기 경주에서 우리를 바로 잡아주는 역할을 한다. 확실하게 길들여진, 반사적으로 행해지는 습관들은 본의 아니게 재테크의 성공확률을 높여주기도 한다. 아니, 습관 자체가 재테크라고 해도 좋다. 적절한 재테크 습관은 마법처럼 목돈 만들기 전반을 주도해나갈 것이다.

무엇보다 좋은 재테크 습관은 여러분의 최대 무기인 '시간'이라는 보너스와 맞물려 엄청난 시너지 효과를 일으킨다. 지금 담배를 끊고 하루에 2500원씩 30년간 연 4% 복리로 투자한다면 30년 뒤에는 5200만 원에 가까운 금액이 모인다. 비싼 로열티를 지불하는 테이크아웃 커피를 마시는 습관을 고친다면 30년간 5500만 원을 절약할 수 있고 아무 은행에서나 수수료를 내고 현금을 인출하지 않는다면 연간 20만 원이란 쓸데없는 돈의 낭비를 막을 수 있다.

힘겨운 투쟁 없이 넘쳐나는 시간을 활용할 방법을 찾는다거나, 숨 막히는 결정 대신 차근차근 돈을 모으고 싶어 하는 사람에게 재테크 습관은 더욱 요긴하다. 처음 몇 번만 신경 쓰고 정신차려 몇 가지 습관만 익혀둔 채 세월에 몸을 맡겨 두자. 목돈 만들기에 엄청난 강점으로 작용할 것이다. 뼈를 깎는 아픔을 수반하는 것도 아니다. 아침에 일어나 양치질하는 것처럼, 밥 먹고 물 마시는 것처럼 재테크 습관을 익혀두자.

주위에서 펑펑 놀다가 단박에 주식으로 대박을 터뜨렸다는 선배가 참 대단하게 느껴진다. 돈 많은 부모를 둬 지갑에서 십만 원 짜리 수표를 턱턱 꺼내는 친구가 부러울 수도 있다. 몸에 밴 재테크 습관들이 혹시 나를 쫀쫀한 놈으로 보이게 하는 것은 아닐까 걱정이 앞설 수도 있다. 연인과 근사한 저녁을 먹고 여러 개의 할인카드를 꺼내 계산하는 자신의 모습이 초라하게 느껴질 수도 있다.

하지만 이제부터는 이런 쓸데없는 걱정이나 부러움을 버리고 현실을 직시하자. 주식으로 대박을 터뜨리고 싶다면 하루에 한 꼭지씩 주식 관련 기사를 읽는 습관을 익히는 게 더 현실적이다. 매월 외식비 20만 원을 절약해 현대자동차 주식을 사 모으는 습관을 들인다면 맛도 없는 프랜차이즈 음식을 먹는 것보다 자신의 인생을 더욱 풍요롭게 만들 수 있다.

"인생 뭐 있어? 즐기면 되지"라는 말을 한다. 특히 40대, 50대보다 훨씬 젊은 여러분에게 이 말은 더욱 달콤하게 들린다. 그렇다. 인생을 즐겨라. 하지만 몇 가지 습관만 익혀둔다면 '즐기면서 남기는' 인생을 살 수 있다.

이번 장에서는 필수적인 몇 가지 습관이 소개된다. 반드시 익혀 여러분 것으로 만들고 그대로 따라하기를 바란다. 습관과 함께 꼭 알아두어야 할 관련 재테크 상식과 상품 정보도 함께 담았다.

습관이 인격을 만든다. 습관이 나를 만든다. 그리고 습관이 돈을 만든다.

부자들, 자수성가했다는 사람들, 30대 후반에 스스로의 힘으로 몇십 억을 모았다는 사람들, 20대 후반에 이미 몇 억을 모으는 '정상의 경험'을 해봤다는 사람들 사이에는 공통점이 있다. 이것저것 경험담을 말하지만 딱 까놓고 보면 바로 '절약' '저축' 그리고 '투자'다.

일단, 처음 종자돈을 마련하기까지는 온갖 욕 다 들어 먹으면서 근검절약했다. 그리고 절약과 저축, 투자를 병행하면서 그 종자돈을 모으고 불렸다. 어느 정도 시간이 흐른 뒤에는 대범한 결단력을 겸비한 투자를 통해 목표수익을 달성하는 '정상의 경험'을 맛보았고 이후 대출을 섞어 다시 투자의 폭을 넓혀갔다. 그리고 뚜렷한 투자기법을 구사하지 않거나 잠시 쉴 때는 근검절약 모드로 전환해 후일을 기약한다.

특별하지도 복잡하지도 않다. 시중의 부자관련 서적들을 보면 이것저것 드라마틱한 이야기를 펼쳐놓지만 현실은 그리 화려하지 않다. 원래 목표의식이 뚜렷했고 긍정적인 사고로 세상을 바라봤다느니, 기회를 놓치지 않았다느니 등 이야기가 많지만 결론은 '절약-저축-투자-대출-절약-저축-투자-대출-절약…'의 반복이다. 결국 우리도 가장 성공확률 높은 이 패턴을 따라야 한다. 조금 더 절약하고, 조금 더 이자를 주는 쪽으로 저축하고, 조금 더 큰 위험을 떠안고 돈을 불리는 투자를 하면 된다. 그리고 더 큰 투자를 위해 조금 더 낮은 이자를 찾아 대출을 받고 다시 더 절약하면서 저축과 투자의 열매를 기다리면 된다.

우리의 재테크 습관도 여기에 맞춰나가게 된다. 절약과 저축, 투자에는 다양한 기법이 있지만 이 기법은 결국 하나의 습관이기도 하다. 분명 엄청난 주식투자 테크닉을 통해 돈 버는 것보다 확실한 손절매 습관을 통해 수익을 남길 확률이 훨씬 더 높다.

일부 습관들은 곧바로 대단한 수익으로 이어지지 않을 수 있다. 하지만 간단한 수고만으로 확실한 이익을 남기는 당첨 확률이 매우 높은 경품인 것만은 확실하다.

01

절약하는 습관

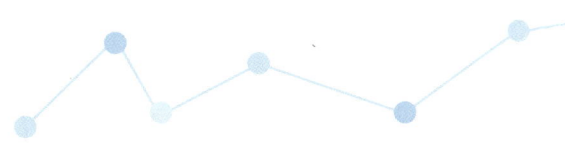

'오마하의 현인'으로 불리는 전설적인 투자의 귀재 워렌 버핏은 지난 1958년에 구입한 오마하 저택에서 아직도 살고 있다. 점심은 거의 매일 햄버거나 싸구려 스테이크로 해결하고 음료수는 자신의 투자기업인 코카콜라만 골라서 마신다. 누군가 왜 이렇게 늙은 나이까지 궁상을 떠느냐고 물으면 항상 "40년간 습관이 돼 버려서 바꿔지지가 않는데 어쩌라구"라며 웃으며 반문하기 일쑤다. 수십조 원의 재산을 갖고 있기 때문에 이처럼 검소하게 사는 걸까. 아니면 절약하는 습관이 몸에 뱄기 때문에 엄청난 재산을 모은 걸까.

생활 속에서 활용할 수 있는 '절약'의 방법은 수천 가지가 넘는다. 또 이미 사회생활을 시작한 여러분에게 돈 안 쓰는 습관에 대해 구구절절이 말하고 싶지도 않다. 다만 지금 여러분들에게는 절대 포기해서는 안 될 아주 기본적인 절약 습관들이 있다. 반드시 지금 익혀야 할 습관들이다. 그래야만 소리 없이 새나가는 눈먼 돈을 알뜰하게 챙길 수 있으니까 말이다. 물론 40대부터, 50대부터 절약해도 된다. 하지만 흘러간 시간만큼 목돈 만들기의 꿈에는 큰 구멍이 생기게 된다.

워렌 버핏 버크셔해서웨이 회장은 지난 2006년 7월 자신의 재산 중 37조 원에 이르는 거액을 사회에 환원할 것을 밝혔다. 그동안 워렌 버핏의 궁상떠는 생활에 대해 공개적으로 비웃고 비난을 일삼던 월 스트리트의 몇몇 재산가들은 이 순간 무슨 생각을 떠올렸을지 궁금하다.

은행수수료를 아껴라

부자들은 오히려 중산층이나 서민보다 푼돈에 더 벌벌 떤다. 은행 송금수수료 더 싸게 준다는 곳이 있으면 바로 그 곳으로 예금을 옮겨 버린다. 혹시 밤늦게 현금인출기를 통해 주로 돈을 찾는가? 많게는 1000원 이상을 수수료로 내는 현금 인출. 그냥 점심시간에 주거래은행에서 찾아두면 될 텐데 습관적으로 오후 6시가 넘어 인출기로 향한다. 깜빡 잊고 납부기한을 넘겨 연체료를 지불할 필요도 없는데다가 할인혜택도 있는 공과금 자동 납부도 죽어라고 하지 않는다. 모두 다 습관이다.

직장 2년차인 차승덕(29세) 씨가 은행 현금인출기를 찾는 것은 1주일에 두 번. 대부분 현금이 떨어져서인데 습관적으로 퇴근길에 돈을 찾는다. 최근에는 지방에 사시는 부모님께 매월 용돈을 보내드리기 시작했다. 원룸 월세나 각종 경조사비 등과 합쳐 주로 저녁 때 이체한다. 차 씨의 경우 1주일에 두 번씩 현금인출기에서 돈을 찾고 있어 수수료만 1년에 10만 원 가까이 나간다. 이체수수료도 연간 8만 원 정도니까 1년에 18만 원을 완벽하게 바닥에 버리고 있는 셈이다. 18만 원이란 돈. 그렇게 작지 않은 규모다. 은행수수료는 어떻게 해서든 무조건적으로 아끼는 것을 습관화해야 한다.

일단 가장 먼저 해야 할 일은 지금 바로 '인터넷뱅킹' 서비스에 가입하는 것이다. 은행에 한 번은 직접 찾아가야 하는 수고가 있지만 여기서 얻는 보너스 수익은 정말 대단하다. 불과 5만 원 정도만 은행 창구에서 송금하면 같은 은행이라도 송금수수료가 1000~1500원 된다. 다른 은행으로 송금할 때는 3000원까지 들어간다. 하지만 인터넷

(2008년 말 기준)

순위	같은 은행			다른 은행			인터넷뱅킹	폰뱅킹
	창구	현금자동입출금기		창구	현금자동입출금기			
		영업시간	영업외시간		영업시간	영업외시간		
신한	0	0	0	3000	600	800	500	500
우리	500	0	0	1000	〃	1100	300	〃
외환	1500	0	0	3000	1000	1600	500	〃
한국씨티	1000	0	600	2000	〃	〃	〃	〃
SC제일	1500	0	〃	3000	〃	1500	〃	〃
하나	〃	0	〃	〃	600	1200	〃	〃
국민	0	0	300	1000	〃	1000	〃	〃
대구	〃	0	0	2000	900	1400	600	600
경남	〃	0	600	〃	1000	1500	〃	〃
기업	500	0	0	1000	600	1000	500	500
부산	1000	0	300	2000	500	〃	〃	〃
광주	0	0	0	1500	1000	1600	〃	600
제주	800	0	500	〃	800	1200	〃	500
전북	1000	0	0	2000	1000	1600	〃	〃
농협	800	0	400	1500	800	1200	〃	〃
수협	1000	0	500	2000	1000	1500	〃	〃

※ 송금액은 10만 원 기준 (자료 : 각 은행, 한나라당 권택기 의원)

〈표 2〉 은행의 송금수수료

뱅킹을 이용할 경우 같은 은행 간 송금은 수수료가 면제될 때가 많고 타 은행 송금수수료도 상대적으로 적다. 특히 무통장거래를 우대해 인터넷뱅킹 서비스를 이용할 경우 이체수수료를 아예 면제해주는 시중은행도 찾아보면 꽤 된다.

앞서 차 씨는 은행수수료를 최대한으로 최소화할 필요가 있다. 귀찮더라도 익힐 만한 습관이다. 1년에 15~30만 원이 우습게 느껴질지 모르지만 사랑하는 연인의 생일에 꽤 근사한 선물을 해줄 정도는 되지 않는가.

하루 담뱃값으로 코스닥 주식을

담배를 안 피우는 습관만큼 편한 재테크 습관은 없는 것 같다. 혹시 담배를 피우고 있다면 조금 고생하더라도 지금 당장 끊는 게 좋겠다. 지금 우리는 건강 이야기를 하는 게 아니다. 바로 돈 이야기를 하고 있기 때문에 금연의 필요성은 더욱 절실하다. 짧게는 5년간, 아니 길게는 평생 돈 모으기를 하려고 냉혹한 맘을 먹어 놓고는 막상 "담배는 그냥 피우지 뭐"라고 스스로에게 핑계를 대는 것만큼 모순된 행동은 없다.

우리는 앞서 '복리'에 대해 살펴봤다. 만약 담배를 끊고 하루에 2500원씩 30년간 연 4%로 복리로 적립했다고 하면 30년 뒤엔 5117만 원이 될 것이다. 큰돈이 아니라고 생각할 수 있다. 인플레이션을 감안한 '현가'로 치면 별거 아니라고 과소평가할 수도 있다. 하지만 그렇게 쉽게 무시할 만한 문제는 아니다.

무슨 몇천 원 밖에 안 하는 담뱃값이 목돈 만들기에 그렇게 큰 영향을 미치느냐고 가볍게 치부해서는 안 된다. 무엇보다 지금 가정한 연 4%는 어느 순간 연 8%가 될 수 있고 또 언제든 10%가 될 수도 있기 때문이다. 게다가 여러분이 담뱃값에 쓰는 돈은 하루 2500원이 아니라 하루 1만 원이 될 수도 있다. 이럴 경우 여러분이 담배를 피우지 않음으로써 얻는 '뭉칫돈'은 엄청난 규모로 커질 수 있게 된다. 이처럼 절약의 가치는 단순히 아껴서 남는 돈에 한정되지 않는다. 그 돈을 갖고 다시 다양하게 굴릴 수 있기 때문에 무서운 파워를 갖는 것이다.

국내 코스닥 시장에는 주가가 1만 원 미만이지만 쓸 만한 기업들이 꽤 된다. 만약 하루에 쓰는 담뱃값을 가지고 매일 코스닥 주식 하나씩을 모은다고 해보자. 반드시 수익이 난다고 할 수는 없겠지만 담뱃값으로 허공에 돈을 날리는 것과는 비교도 안 될 만큼의 재테크 가치가 있다. 이것이 바로 '절약의 힘'이다.

담뱃값과 함께 여러분이 통제해야 할 또 한 가지 중요한 절약 포인트가 있다. 바로 외식비다. 지금 당장 외식비를 최소화하는 습관을 들이자. 밥 먹는 데 돈 쓰는 행위만큼 정확하게 습관이 '지배'하는 영역도 드물다. 습관 하나만으로 한 달에 10만 원, 20만 원 이상을 챙길 수 있다. 그렇다고 사랑하는 연인과 함께 손잡고 굶으라는 말이 아니다. 쓸데없이 프랜차이즈 식당에서 7~10만 원씩 쓰는 대신, 좋은 맛집을 찾아다니면 2만 원 선에서 깔끔하게 해결된다. 해보면 알겠지만 소문난 맛집일수록 비싼 집은 없다. 인터넷을 뒤져 맛집을 찾는 수고가 싫어서 그냥 편한 프랜차이즈를 가겠다고? 의외로 여러분의 재테크는 바로 이런 작은 부분에서부터 구멍이 생기기 시작할 것이다.

연애가 아니라면 집에서 밥 먹으면 되고 회사 구내식당을 이용하면 된다. 초라해지는 일이 아니다. 오히려 돈 없는 30대로 빌빌대며 살아가는 게 더 구차해지는 일이다. 일찍 집에 들어가서 밥 먹는 습관만 들이면 된다. 거창하지는 않지만 이 습관 하나로 여러분은 남보다 두 배 빨리 원하는 목돈 만들기에 성공할 수 있다.

솔직히 말해 지금부터 5년간은 아예 연애도 하지 말라는 이야기를 하고 싶다. 어떤 연애든지 돈 안 드는 연애는 없으니까 말이다. 하지만 연애는 재테크를 위한 '독한 맘'을 갖게 하는 힘도 갖고 있다. 돈 없는 남자가 사랑하는 여인 앞에서 얼마나 초라해지는지, 변변한 옷 한 벌 없어서 맘에 드는 남자의 데이트 신청을 번번이 거절하는 여대생의 마음은 경험해본 사람만 안다.

자주 접하는 성공사례 가운데 하나는 사랑하는 여인과 결혼을 하기 위해 알토란 같이 결혼자금을 모으는 경우다. 분명 '연애의 힘'을 지혜롭게 이용하는 습관도 필수항목이라 할 수 있겠다.

술값 절약=1억 정기예금 가입효과

술을 즐기지 않는 습관만큼 절약에 관해, 재테크에 관해 결정적 역할을 하는 것도 없다. 오늘 술을 마실까 말까 하는 선택이 한 달 재테크 계획을 붕괴시키는 '바로 그 순간'이 되기도 한다.

하지만 현실에서는 술을 마시지 않는 습관은커녕 '즐기지 않는' 습관도 실천하기가 불가능한 게 사실이다. 이미 대한민국 사회에서 술은 하나의 일상이 돼 버렸기 때문이다. 2005년 통계청이 발표한 '2005 한국의 사회지표'에 따르면 2004년에 19세 이상 성인 1인당 평균 술 소비량은 소주 71.1병, 맥주 140여 병이었다. 한 달에 소주 6

병, 맥주 12병 정도를 마신 꼴이다. 한 달 지출 술값으로 보면 5~6만 원 정도지만 안주 값까지 합치면 규모는 훨씬 커진다. 눈앞에서 새나가는 돈이지만 그렇다고 모든 술자리를 피할 수도 없는 노릇이다. 그렇다면 이건 어떨까. 바로 '내 돈 들여서 술 마시지 않는 습관'을 익히는 것이다.

이 방법은 아직 초보 직장인, 새내기 신입사원이기에 가능한 일이다. 언제까지 술을 얻어먹을 수는 없다. 팀장, 부장이 되면 크게 쏠 일도 많다. 하지만 지금 그 때 걱정을 미리 할 필요는 없다. 지금부터 3~5년 정도만 이 술값 절약방법을 사용하라는 이야기다.

스스로 술을 너무나 즐겨 친구들과 혹은 동료들과 무리한 술판을 벌이지만 않는다면 술값으로 인한 재테크 계획의 펑크는 별로 없을 것이다. 그래도 여러분 중 상당수는 바로 이 부분에서 큰 좌절을 겪게 될 것이다. 그만큼 술의 유혹은 강력하다. '짠돌이' '짠순이'로 살면서 모아둔 피 같은 돈을 '술값'으로 한 방에 날려버리는 건 식은 죽 먹기다. 술 한 잔 하는 데 5만 원이라고 치고 한 달에 여섯 번을 마신다면 벌써 30만 원 정도가 축난다.

평소 친분이 있는 한 프라이빗 뱅커(PB)는 이런 유혹의 순간 "1억을 날린다고 생각하라"고 조언한다. 요즘 은행금리로는 정기예금 1억을 저축하면 한 달에 겨우 30~40만 원 정도 받는다는 건데 이것을 한번 술값으로 날린다고 생각하라는 것이다. "술 안마시고 한 달에 30만 원 절약하면 은행에 1억 넣어둔 것과 똑같은 효과를 내는 것 아닙니까. 이렇게 스스로를 다잡아야죠"라는 말도 덧붙인다.

요즘 유행처럼 번져가는 부자되기 종류의 한 인터넷 사이트에선 절약에 관한 노하우 공유가 많다. 핸드폰을 끄면서 종료 버튼을 누르면 10초 통화료를 절약할 수 있다, 10분 먼저 나가있어 카풀을 알토 란 같이 챙긴다, 연인과 남의 결혼식에서 점심을 먹는다 등 참으로 다양한 절약방법이 소개된다. 그 중 30대 중반의 박 모 과장의 한 마디가 가장 눈에 들어왔다.

"남자, 아니 남자만의 문제는 아니죠. 참 별 희한한 방법 다해도 한 달에 30만 원 어치 절약하기는 힘들어요. 근데 술만 조절하면 30만 원, 아니 50만 원 절약도 식은 죽 먹기입니다. 이보다 더 손쉬운 절약방법이 어디 있겠습니까?"

개인 재무제표를 만들어라

과거 우리 부모님 시절, 절약의 하이라이트는 바로 가계부 쓰기였다. 가계부 쓰기에 담긴 취지는 지출(소비)의 패턴을 파악하고 쓸데없는 부분을 최소화하자는 것으로 부모님들은 '보고 또 보면서' 절약하는 마음을 다잡았다.

우리에게도 가계부의 존재가 필요하다. 하지만 이번엔 한층 더 업그레이드된 버전이 필요하다. 이것이 바로 개인 재무제표(대차대조표＋손익계산서)다. 여러분은 지금부터 개인 대차대조표와 손익계산서를 작성하는 습관을 익혀야 한다. 기업의 회계를 기록하는 재무제표를 이제 개인 차원으로 승화시키는 것이다.

어렵지 않다. 핵심 개념만 잡으면 된다. 대차대조표는 다음 그림에서 나온 것처럼 자산과 부채, 자본 항목으로 구성된다. 작성하는 기본 원칙은 '자산＝부채＋자본'이다. 은행 정기예금이 3000만 원 있다면 자산 항목에 3000만 원, 자본에 3000만 원을 기록하면 된다. 그

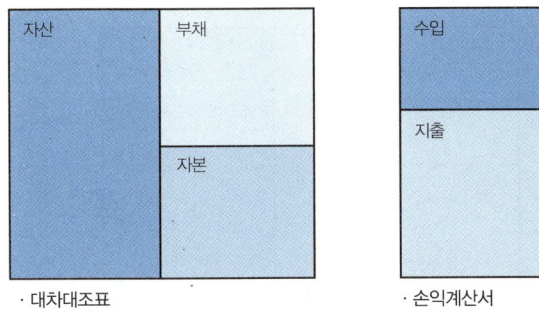

〈그림 3〉 대차대조표와 손익계산서

리고 이 3000만 원과 대출금 3000만 원을 합쳐 6000만 원 하는 상가에 투자했다면 이제 자산은 6000만 원으로, 부채 3000만 원, 자본 3000만 원으로 기록하면 된다. 만약 자동차를 소유하고 있다면 이는 자산과 자본 항목으로 기록해둬야 한다(이때는 구입가격 대신 현재 중고차 가격을 적용하는 것이 좋다). 특히 자동차 구매와 관련한 대출이 있다면 자산과 자본, 부채 항목에 각각 기록하자.

이처럼 언제나 자산은 부채와 자본의 합이라는 원칙에 충실하면 된다. 쉽게 기억하기 위해서 '빚(부채)도 넓은 의미에서는 내 자산이다'라는 생각을 잊지 말자.

손익계산서는 작성하기가 더 수월하다. 수입과 지출 상황을 그날 그날 기록하면 된다. 물론 수입과 지출은 같지 않아도 상관없다. 상황을 정확하게 기록하는 게 관건이다. 과거 우리 어머님의 가계부는 이 손익계산서와 많이 닮아있다.

일반적으로 기업 재무제표는 연간 단위로 발표하지만 개인 재무제표는 한 달 간격으로 재정리하는 게 좋다. 앞으로 펼쳐질 우리의 재테크는 주로 한 달 단위로 행해지기 때문이다. 이른바 '월별 개인재

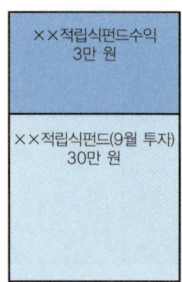

〈그림 4〉 개인 재무제표는 월 단위로 정하는 게 좋다.

무제표'인 셈이다. 대신 손익계산서는 매일 기록해야 한다. 한 달을 마치는 시점에서 남겨진 수익 또는 손실은 이제 대차대조표 상으로 넘겨 개인자산 현주소를 정확히 반영하도록 해야 한다.

가령 매달 30만 원씩 적립식펀드에 투자하고 있다고 하자. 이 사람의 월별 재무제표 중 손익계산서에서 먼저 지출항목에 30만 원이 기록될 것이다. 다음 대차대조표 자산항목과 자본항목에 증가로 잡히게 된다. 하지만 여기서 주의할 점이 하나 있다. 적립식펀드의 경우 수익률이 확정되지 않는 실적상품이므로 여기에 대한 증감 상황을 정확히 적어주는 게 좋다.

업그레이드된 가계부를 쓴다고 하지만 기본 목적은 가계부와 크게 다르지 않다. 매일 체크하면서 스스로의 현재 상황을 정확히 파악하고 이를 바탕으로 재테크에 개선을 가져오는 것이다. 앞서 6000만 원을 투자한 상가를 예로 들어보자. 먼저 여러분은 상가투자를 위한 대출금에 대한 이자를 내야 한다. 이는 손익계산서 지출항목에 잡힌다. 반면 상가 임대수입은 당연히 수입항목에 표기해야 할 것이다.

그런데 문제가 발생했다. 상가 임대수입이 대출이자도 형편없이 못 미칠 정도로 하락하는 상황이 발생한 것이다. 이 뿐만이 아니다. 매입한 상가 가격을 물어보니 구입할 당시와 크게 차이가 없었다. 오히려 가격하락의 조짐도 보인다고 한다. 이럴 경우 이달 말 대차대조표 자산가격의 감소분을 정확히 표기해야 할 뿐만 아니라 임대수입의 하락 분을 함께 표시하게 된다. 만약 이런 상황이 3~5개월 이상 지속된다면 먼저 대출을 털어 부채를 줄이는 쪽이 현명하다. 자산의 규모는 줄겠지만 현금흐름은 크게 개선되니까 말이다.

대차대조표를 쓸 정도로 자산이 많은 것도 아니고, 손익계산서를 만들 정도로 버는 돈과 쓰는 돈이 빈번하지 않을 수도 있다. 그렇다고 해도 꼭 시도해보자. 매일 밤마다 '개인 재무제표'를 쓰면서 적어도 여러분의 절약에 대한, 아니 목돈 만들기에 대한 처절한 느끼기는 더욱 강해질 것이기 때문이다.

재테크 일기를 쓰자

개인재무제표와 함께 반드시 병행해야 할 것이 바로 재테크 일기다. 재테크 일기는 하루하루 쓰는 것이 좋다. 물론 손익계산서를 통해 그날 지출과 수입을 기록하지만 재테크 일기에는 좀 더 정교한 내용이 담겨야 한다.

첫째, 그날 실천했던 재테크 내용을 구체적으로 기록해야 한다. 주식투자를 한다면 참 유용하게 활용할 수 있을 것이다. 실제 거래를 했을 경우 언제 무슨 종목 몇 주를 얼마에 샀는지를 꼼꼼히 기록하자. 놀랍게도 현재 주식투자를 하는 직장인 중 80% 이상이 자신이 갖고 있는 종목들의 정확한 수익률을 알지 못한다고 한다. 어제 7000원 하던 주식이 1만 원으로 올랐다고 좋아하지만 실제 자기가 얼마에 샀는지도 모를뿐더러 언제부터 투자했는지도 가물가물하다. 총 투자원금이 얼마인지 모르는 사람도 거의 대부분이다. 초기투자금도 투자기간도 수익금도 모르는 채 주식투자에 목을 매고 있는 상황이다. 직접 주식투자가 아니라 펀드투자를 했다면 매일 수익률 체크를 할 필요는 없다. 다만 대형 이벤트로 인해 주식시장이 급등락을 경험할 때는 바로 체크해 자신의 펀드가 어떤 수익 패턴을 보였는지 기록으로 남기는 자세가 필요하다.

둘째, 그날 경제신문 등에 소개된 재테크 관련 기사를 꼼꼼히 읽고 스크랩 해둬야 한다. 요즘은 젊은이들 사이에 블로그 문화가 보편화돼 있어 자신들의 블로그를 재테크 일기로 활용해도 좋을 듯하다. 신문 재테크 기사는 아주 정교하지는 않지만 트렌드를 따라잡는 데 있어서는 타의 추종을 불허한다. 짧게는 3개월, 더 짧게는 일주일 동안 히트를 치고 있는 재테크 상품들에 대해 소개하는 경우가 많으니까 말이다.

셋째, 공부한 내용을 담는 일이다. 재테크도 어느 정도 공부가 필요하다. 이 경우 먼저 자신이 궁금한 내용을 질문 형식으로 적고 짬짬이 시간을 내 이 문제를 해결하는 식이 좋다. S은행 2005년 신입사원들의 설문 결과 '모기지론'이 뭔지를 정확히 설명하는 사람이 5%도 안 됐다고 한다. 전세등기와 확정일자의 차이는 무엇이고 확정일자는 어떻게 받는지를 알고 있는 초보 직장인도 매우 드문 것이 사실이다.

모두 일기에 담고 학습하라. 유용하게 활용할 때가 반드시 올 것이다.

A씨의 재테크 일기

2006년 9월 11일

① 한진해운 100주 매입 매입평균가 19,900원 총 매입비용 1,993,000원

→ 10% 수익률이면 바로 매도하자!

② ××적립식펀드 수익률 체크(월투자금 30만 원)

→ 전일종가대비 1.3% 증가한 14.5% 기록중

→ 7월 11일 가입 감안하면 2개월 수익률 14.5%로 훌륭한 편

→ 6개월(6번) 적립식펀드 유지. 현재 평가액 2,060,000원

③ 〈CMA계좌에 직장인 홀렸다〉 (매일경제신문 기사)

→ 이미 90만 계좌가 넘었다고 함.

→ 이체·결제기능도 있고 연 3.5~4.5% 수익률을 지급함. 이자가 매일 붙기 때문에 보통예금통장에 비해 월등함.

→ 내일 점심시간에 급여이체통장을 CMA계좌로 바꾸어보자.

02

저축하는 습관

집필 과정에서 다수의 대학생들을 만나보았다. 동대문 시장에서 어린 나이에 장사를 시작한 친구들과의 인터뷰도 진행했고 어려운 취업 관문을 뚫고 입사에 성공한 20대 후반 남자 신입사원들과도 많은 이야기를 나눠봤다. 벌써 직장경력 5년이 넘는 여자 대리, 과장들의 재테크 방법도 들어봤다. 이 과정에서 느낀 아주 중요한 사실 한 가지가 있었다. 순진한 대학생이건, 이미 제법 큰돈을 만져봤다는 당찬 20대건, 실전 재테크에 몰두하고 있는 직장인이건 간에 모두들 한결같이 '저축'에 대한 맹신(盲信)을 갖고 있다는 점이다.

저축과 돼지 저금통. 아마 아주 어릴 때부터 저축에 대한 이야기는 귀에 못이 박히도록 들었을 것이다. 용돈을 받으면 절반을 저축한다든가, 대학시절 아르바이트로 번 돈은 고스란히 자신의 은행통장에 넣어두는 친구들도 많다. 사회 초년병이야말로 저축에 대해 드높은

열의를 보이는 대표적인 시기인 것 같다. 월급을 받자마자 절반을 뚝 떼어내 저축부터 하는 건 말할 것도 없고 독한 친구들은 몇 개씩 정기적금에 가입한다. 하루치 교통비와 외식비를 아껴 바로 다음날 은행 통장에 집어넣는 엄청난 집중력을 보이는 사람들도 많다. 적어도 저축에 있어선, 저축습관에 있어선 모두들 일가를 이룬 듯한 모습이다.

이와 같은 맹신은 어떤 상황에서도 내 저축원금이 깨지지 않는다는 사실에서 비롯된 것일 게다. 또한 처음 저축하는 시점에서부터 이자가 확정돼있어 향후 현금흐름 예측이 100% 가능하다는 점도 중요한 이유 중의 하나일 것이다.

하지만 과연 우리 초보 직장인들이 '저축'의 정체에 대해서 정말 확실히 알고 있는가에 대해선 많은 의문을 갖게 한다. 가령 저자가 만나본 재테크 초보자들의 절반은 은행이자에 15.4%(이자소득세 14%＋주민세 1.4%)의 세금이 부과된다는 사실조차 모르고 있었다. 비과세 상품이 아니라면 4% 이자를 약속한 경우라도 4% 이자를 고스란히 받을 수 없다. 이 4%의 15.4%가 세금으로 나가게 되므로 실제 이자는 3.8%로 줄어든다.

과연 20대 후반의 젊은이들이 저축을 신봉해야 하는가에 대해서도 재테크 전문가들 사이에서 논란이 뜨겁다. 저축은 분명 목돈 만들기의 최선봉에 서는 테크닉이지만 '매력'이라는 측면에서는 진지한 고민이 필요하다는 이야기다. 무엇보다 시간이 최대 무기인 여러분들에겐 더욱 그렇다. 위험을 감수하면서 좀 더 높은 수익을 올릴 수 있는 시기임에도 불구하고 저축을 재테크의 전부인양 생각하는 게 과연 옳은 자세인지 심각하게 고민해볼 때다.

보통예금통장을 버리고 통장을 쪼개라

번 돈의 절반은 먼저 저축부터 한다는 이른바 '50% 저축률'은 이젠 신입사원들에게 십계명과 같은 룰이다. 이것만 해도 목돈 만들기에 성공할 확률은 크게 높아지는 것이 사실이다. 하지만 이것은 하느냐 마느냐의 문제이지 '잘' 하고 못하고의 문제는 아니다.

실전 재테크를 1년 이상 몰두한 재테크 선배들도 이 '50% 저축률'에 대해서는 한결같이 "불가능한 일은 아니다"라고 말한다. 특히 첫 직장에 입사한 뒤 3년 정도의 이른바 '막내시절'에는 더욱 쉽다고들 한다. 식사, 커피, 술 등 각종 지출은 선배의 지갑에서 해결되고, 부양가족도 없는데다 경조사비도 적게 들기 때문이다. 부모님과 함께 사는 경우라면 생활비가 절약되기 때문에 '70% 저축'도 가능하다고 말하는 친구들도 있다.

반면 지금부터 여러분에게 말하려는 저축습관은 좀 다른 차원의 것이다. 저축에 있어서도 '어떻게'라는 전략이 필요하고 여기에 맞춰 일찍부터 효율적인 저축습관을 갖자는 취지에서 이야기를 펼쳐간다. "무턱대고 절약하는 건 정말 최선이지만 무턱대고 저축하는 건 현대사회에서 결코 최선은 아니다"라는 말이 있다. 혹시 수중에 생긴 돈을 '아무 생각 없이' 보통예금통장에 입금하는 악바리 같은 습관을 갖고 있는가. 정말 대표적으로 잘못된 저축습관일 수도 있다.

통장 쪼개기의 마법

혹 1억 원을 수시 입출금이 가능한 은행 보통예금통장에 넣어두면 1년 뒤 얼마만큼 이자가 떨어지는지 알고 있는가? 0.2% 정도의 시중

이자율을 감안하면 약 20만 원 정도를 손에 쥘 수 있지만 물가상승을 감안한 실질 체감이자는 거의 '제로'에 가깝다. 아니, 1년짜리 정기예금에 1억을 넣어두었다고 하자. 정기예금 금리를 연 4.5%선 정도로 잡으면 1년 뒤 이자는 450만 원 정도가 될 것이다. 하지만 만약 약속된 1년을 지키지 못하고 돈을 찾으면 그나마 이 정도 이자도 받지 못한다.

  원금 보장의 장점에도 불구하고 은행에 돈을 묻어두는 행위가 한 달란트를 받아 땅속에 묻어두는 게으름으로 취급 받는 세상이 왔다. 꾸준히 저축하는 것과 돈을 쓸데없이 묵히는 것을 구분하는 습관이 필요한 시기가 도래했다.

  은행 저축과 관련해 가장 먼저 익혀야 할 습관은 일명 '통장 쪼개기'로 불리는 통장관리다. '통장 쪼개기'는 한 푼이라도 더 많은 이자를 받기 위해 단기·중기·장기 등 자금 성격에 따라 각각 다른 통장(상품)을 이용하는 방식을 말한다. 단기로 굴릴 자금, 중장기로 굴릴 자금, 또 저축이 아닌 '투자'로 굴릴 자금 등의 규모를 예측하고 이를 각각 다른 재테크 상품에 배분해 관리하라는 이야기다. '주머닛돈이 쌈짓돈'이라는 생각도 들겠지만 통장 쪼개기 습관이 실전 재테크에서 발휘하는 효과는 상당하다. '제로' 이자를 주는 보통예금통장에 500만 원씩 묵혀두고 있는 사람도 생각보다 많다. 보통예금통장은 아예 버린다고 생각하면 좋겠다.

  자, 그럼 지금부터 '통장 쪼개기'를 시작해보자.

  먼저 카드값 결제, 공과금 납부 등 급하게 써야 하는 돈을 제외하고 6개월 내에 확실한 재테크를 시작할 계획이 없다면 이 자금은 수시입출금이 가능한 단기 금융상품통장에 넣어두는 게 좋다. 대표적인 단기 금융상품으로는 은행의 수시입출금식예금(MMDA), 증권사의 머니마켓펀드(MMF)·종합자산관리통장(CMA) 등을 꼽을 수 있다. 요즘 이들 상품은 결제기능까지 갖고 있어 보통예금통장을 완전히 대체할 수 있다.

은행의 MMDA는 예금자보호대상 상품이라는 특징을 갖는다(반면 증권사 MMF나 CMA는 예금자보호대상은 아니다). 다만 액수와 기간에 따라 이자가 크게 차이가 난다. 이자율은 예금 규모에 따라 연 0.9~4% 정도로 하루 기준으로 이자가 붙기 때문에 정기예금처럼 일정기간 묵혀야 하는 것도 아니다.

MMDA, MMF, CMA의 장점과 단점

수시입출금식예금(MMDA), 머니마켓펀드(MMF), 종합자산관리통장(CMA)에 대한 이야기를 조금 더 해보자.

3개 모두 성격은 비슷하다. 보통예금처럼 수시로 넣었다 뺏다를 반복할 수 있지만 이자율은 훨씬 높고 일 기준으로 붙는다는 것. 대체 이들 상품은 왜 우리에게 이런 혜택을 줄 수 있는 걸까. 이유는 간단하다. 이들은 고객의 자금을 모아 하루짜리 콜론(Call Loan), CP(기업어음), CD(양도성예금증서), RP(환매조건부채권) 등과 같은 기존 단기상품에 집중 투자한 다음 운용성과로 생긴 이익을 고객에게 돌려주는 구조를 갖기 때문이다. 즉, 스스로가 단기로 자금을 운용하고 있어 시시각각 변하는 고객의 입금과 출금에도 즉각 대응할 수 있다. 하지만 차이는 있다.

먼저 MMDA는 은행에서 지난 1997년 4단계 금리자유화 조치를 계기로 생긴 예금상품으로 예치금액에 따라 금리가 달라지지만 확정금리로 이자를 지급한다. 예금자보호대상 상품으로 원금을 까먹을 일도 없다.

그러나 소액계좌 무이자 제도에 따라 500만 원 미만의 금액에는 이자를 지급하지 않는 은행도 있다. 또 적어도 7일 이상은 예치해두어야 이자를 챙길 수 있다. 무엇보다 확정금리상품이란 무위험 때문에 이자율은 MMF보다 떨어진다. 금리는 기준금리 수준에 따라 결정되며 또한 금액별로 차이가 있다는 점도 염두에 둬야 한다. 만약 1년 이상 '확실히' 묶어둘 자금이라면 정기예금을 활용하는 편이 좋을 것이다.

MMF는 원래 증권사들의 대표적인 초단기 상품이었으나 요즘엔 은행에서 더 잘 팔린다(은행에 가서도 가입할 수 있다는 뜻이다). 확정금리가 아닌 실적 배당으로 예금자보호대상이 아니라는 점도 알고 있어야 한다. 대신 실적배당상품인 만큼 수익률은 MMDA에 비해 높다. 특히 MMDA와 달리 가입금액별로 차등금리가 적용되지 않기 때문에 1억 이하의 자금을 담아둘 계획이라면 MMDA보다 유리하다. 수익률은 상품별로 차이가 있지만 기준금리 대비 0.5~1.5%포인트 정도 높다고 보면 된다(금융기관별 차이도 존재함).

MMF와 관련해서 재테크 초보들이 가장 많이 던지는 질문은 "위험하지 않나?"라는 것이다. 실제로 2003년 3월 SK글로벌 사태가 터졌을 때는 MMF 수익률 급락뿐 아니라 환매정지 조치까지 이어져 원금손실이 발생한 적이 있다. 그러나 현재 MMF 원금손실을 걱정하는 건 다소 과한 우려다. 이미 운용규정이 바뀌고 법규상 안전성은 크게 강화됐기 때문이다.

오히려 MMF의 최대 약점으로 꼽히는 부분은 결제기능이 없어 공과금 결제가 되지 않는다는 사실이다. 자동이체 계좌로도 사용할 수 없어 가계자금 관리에는 불편한 점이 있다.

증권사 CMA는 수익성과 안전성을 동시에 갖고 있다는 평가다. MMDA나 MMF와 마찬가지로 자유롭게 입출금이 가능하며 이자수익 규모는 MMF 수준과 비슷하다. 특히 종금사에서 판매하는 CMA는 예금자보호법에 적용을 받아 1인당 5000만 원까지 원금이 보장되기도 한다. (증권사의 RP형 CMA는 원칙적으로는 원금보장이 안 된다. 그러나 이들 역시 국공채 등 우량채권이나 단기성 자산을 통해 운용하기 때문에 원금손실 우려는 거의 없다고 보면 된다.)

특히 자본시장통합법 시행으로 공과금 및 보험료 결제나 현금인출기를 통한 입출금이 매우 자유로워 급여이체통장으로 활용하기에 상당히 유용해졌다.

상품명	취급 금융기관	예금자보호	이율	상품 특징	이체 및 결제 가능
MMDA	은행	보호	확정금리	금액별로 차등금리	가능
MMF	은행, 증권사	비보호	실적배당	인출시 원금과 배당금 지급	불가능
CMA	종금사, 증권사	일부보호	실적배당	종금사 상품만 예금자보호	가능

〈표 3〉 입출금이 자유로운 단기상품 특징

'통장 쪼개기'의 첫 번째 실행방법으로 급여이체통장은 반드시 CMA로 바꾸도록 하자.

증권사들이 지난 2004년 상반기부터 본격적으로 판매하기 시작한 CMA 상품은 그간 급속도로 진화하고 있으며 현금자동입출금기(ATM)를 통한 수시입출금은 물론 신용카드와 연계된 상품도 등장했다. 수익률(이자율) 수준은 각 증권사 CMA마다 다르지만 기준금리 대비 1~1.5%포인트 정도 높게 형성돼 있는 상태다.

이처럼 보통예금통장 기능을 수행하면서도 훨씬 더 많은 이자를 챙길 수 있기 때문에 CMA의 효용가치는 매우 높다. 가령 종자돈 1000만 원을 은행 보통예금통장에 묻어두었을 때 3개월 후 이자는 2500원 정도지만 CMA는(연 3.7% 이자율을 감안할 경우) 3개월 후 9만 2500원 정도의 이자가 붙는다. 애인과 함께 하루 저녁 짜릿한 이벤트를 즐길 정도는 된다.

일각에서 "향후 은행대출을 위해 은행 주거래통장을 반드시 갖고 있어야 한다"고 지적하기도 한다. 또한 "월급통장 계좌 평균 잔고가 얼마 되지 않는 보통의 직장인이라면 자신의 월급 계좌를 CMA로 바꿔도 별다른 실익이 없을 것"이라고도 한다. 맞는 이야기지만 5년 정도 미쳐 목돈 만들기에 몰입하는 상황이라면 CMA 월급통장을 이용하는 게 더 남는 장사가 된다. CMA는 투자의 시발점이 된다는 상징적인 의미도 갖고 있기 때문이다. 또한 자본시장통합법이 어느 정도 궤도에 오를 경우 여러분이 사용하는 CMA 월급통장 기록이 자신의 신용도를 입증해주는 자료로 활용될 수도 있다.

저축은행, 생각보다 안전하다

'통장 쪼개기'에 대한 이야기는 계속된다.

이번엔 전세자금·결혼자금 등 3년 정도 비교적 긴 기간을 목표로 돈을 모을 경우다. 이때도 물론 통장관리를 따로 하는 것이 좋다. 이럴 경우 시중 일반은행보다 상호저축은행·신협·새마을금고 등 제2금융권 금융기관을 이용하는 것이 좋다. 일반은행보다 금리가 훨씬 높기 때문이다. 단적으로 말하기는 힘들지만 1000만 원 정기예금으로 비교하면 상호저축은행이 시중은행보다 연간 10만 원 이상 이자를 더 받는다고 생각하면 된다.

하지만 이들에 대해 아직 '안전성'에 대한 두려움이 많은 게 사실이다. 젊은이들 중에는 'OO저축은행'을 TV광고에서 '전화 한 통화로 돈 빌려줍니다'라고 선전하는 대출기관과 비슷한 종류로 오해하는 사람이 많다. 'OO금고'라는 이름만 들어도 돈 떼먹는 대표적 기관으로 인식하는 경우도 많다. 그러나 이들 제2금융권 금융기관은 분명 예금자보호법이나 자체 기관 법률(새마을금고법 등)의 적용을 받아 5000만 원까지 원리금이 보장된다. 이들에 대한 정보도 많다. 조금만 찾아보면 실적 좋고 안전한 제2금융권 기관을 쉽게 만날 수 있다. BIS기준 자기자본비율, 부실여신비율을 살피거나 지급능력여건은 어떤지 경영공시 내용이나 감독당국의 경영평가결과 등 경영상태 등도 점검하면 된다.

가장 편한 방법은 역시 BIS비율을 확인하는 것이다. BIS비율은 위험에 대비해 자기자본이 얼마나 튼실한가를 나타내는 지표로 당국은 시중은행은 8% 이상, 상호저축은행은 5% 이상으로 기준을 정해놓았다. 따라서 상호저축은행의 경우 BIS 비율이 6~8%정도면 충분히 안전하다고 할 수 있다.

인터넷 사이트를 이용할 수도 있다. 상호저축은행중앙회(www.sanghobank.co.kr)에서는 상호저축은행별 경영공시를 확인하거나 정보를 얻을 수 있다. 상호저축은행 현황과 취급상품별 금리에 대해서는 상호저축은행중앙회 홈페이지를 참조(www.fsb.or.kr)하면 된다. 그래도 정 불안하다면 한 금융기관에 원리금 기준으로 5000만 원씩 분산 예치하며 발품을 팔면 된다. 5000만 원까지는 예금 전액이 보호되니까 말이다(이자를 감안하면 약 4500~4800만 원 정도의 원금투자가 적정하다).

한편, 보험통장(증서)이나 7~10년 이상 유지하는 장기주택마련저축 등 장기 저축하는 통장도 따로 떼어놓고 관리하자. 웃을지 모르지만 이런 장기 상품은 기간이 너무 길어 만기가 얼마나 남았는지 헷갈리는 경우도 정말 많다. 적어도 2~3달에 한 번쯤은 이들 장기로 유지되는 통장을 꺼내보며 향후 필요한 현금 흐름을 체크해 보고 전반적인 재테크 계획에 대해 구상하는 것이 좋다.

실적배당통장은 따로 관리한다

펀드투자를 시작한다면 '펀드통장'이라는 것도 갖게 될 것이다. 은행에서 주식형적립식펀드를 가입할 때도 여러분은 적립식펀드통장을 받게 된다. 하지만 이들 통장은 기존 은행의 정기예금통장과 확연히 다르다. 여러분의 투자금과 수익이 하루마다 바뀌는 이른바 '실적배당상품'이기 때문이다.

앞서 저축과 투자에 대한 개념 차이에서 배운 것처럼 이들 투자상품은 수익이 확정돼 있지 않다. 따라서 반드시 저축상품과는 따로 관리하면서 본인의 수익 추이를 지켜보는 자세가 필요하다. 그렇다고 해서 매일 은행이나 증권사에 가서 자신의 펀드통장을 찍어볼 정도까지 예민할 필요는 없다. 처음 펀드통장을 갖게 되는 사람들은 매일 수익을 체크하지 않으면 답답해하는 현상을 거의 공통적으로 경험하게 된다. 그래서 주가가 오르는 날엔 너무나 즐거워하고 반대로 주가가 빠지면 펀드통장 수익률 하락에 낙담하기도 한다. 그러나 절대로 이처럼 '일희일비'할 필요가 없다. 이러면 굳이 일정액의 운용보수를 지불하고 전문가에게 운용을 맡기는 펀드투자에 대한 의미가 없어진다. '일희일비'는 펀드매니저에게 맡기고 인생을 편하게 즐기시길.

다만 앞서 말한 것처럼 주가가 심한 급등락을 보일 때는 재테크 일기에 기록 차원에서 가입한 펀드의 수익률 변화(민감도)를 남기는 것이 좋다. 왜 그랬는지에 대한 이유도 포함시키자.

청약통장은 실적배당상품은 아니지만 향후 내집마련을 위한 분양에 사용되는 '기능성통장'으로 분류할 수 있다. 따로 관리하며 최소한 자신이 언제부터 가입했는지 정도는 정확히 '암기'해야 한다. 청약통장은 '유지기간'이 상당히 중요한 의미를 갖고 있기 때문이다.

주택청약통장에 대한 고민

상당수 재테크 고수들은 일련의 종자돈 만들기의 중간 역을 '내집마련하기'로 꼽는다. 그리고 내집마련에 좀 더 빨리 도착할수록 향후 이어지는 재테크에도 숨통이 트인다고 토로한다. 집 한 채 마련하고 나면 심리적 안정감에 게을러질 수도 있지만 '정상의 경험'으로 얻어지는 자신감에 오히려 탄력을 받는 경우가 많다.

따라서 이제 막 재테크 전쟁에 뛰어든 초보자들도 처음 '처절하게 느끼기'의 내용은 다르겠지만 항상 '어떻게든 빨리 내 집을 장만한다' 혹은 '내 소유의 부동산을 갖는다'는 마음은 다잡고 있어야 할 것이다.

현재 시중은행에서는 주택 마련 관련 저축상품이 절찬리에 판매되고 있다. 현존하는 저축상품은 크게 장기주택마련저축과 주택청약저축 등 2가지로 재테크 선배들 중 아마도 여기에 가입하지 않은 사람을 찾기 힘들 정도다. 결국 내집마련을 위한 핵심 저축습관은 이 상품에 보다 일찍 가입해서 열심히 유지하면 되는 것이라고 할 수 있겠다.

그러나 최근 일부 전문가들 사이에서 이들 상품에 대해 회의적인 반응들이 나오고 있다. 특히 2007년 말부터 시행된 '청약가점제'로 인해 젊은 친구들이 과연 이 상품을 택하는 게 옳은 건지에 대해서도 의견이 분분하다.

일단 한 가지 확실한 것은 청약저축 상품에 저축하지 않는 것보다 저축하는 것이 백번 좋다는 것이다. 그러나 이제부터는 저축만으로 만족하면 안 될 것 같다. 전략도 필요하다.

내 나이 20세, 장기주택마련저축에 집중

장기주택마련저축이란 상품은 너무나도 널리 알려져 이젠 직장인의 필수품으로까지 인식돼 있는 상태다. 처음 이 상품이 나왔을 땐 "돈 찾으면 꼭 주택 마련하는 데만 써야 하나요?"라는 문의가 쇄도했다는 에피소드도 있었다. 이름에만 '주택'이 들어갔을 뿐이지 별다른 관련은 없다. 열심히 해서 주택 마련에 보탬이 되라는 취지다.

만 18세 이상 무주택 세대주이거나, 전용면적 85㎡(25.7평) 이하 주택 보유자, 소유 주택 공시가격이 2억 이하인 사람은 누구나 가입할 수 있고 계약기간이 7년 이상이면 비과세와 소득공제 혜택(연간 납입액의 40%로 최고 300만 원 한도)도 주어진다. 월 100만 원(분기별 300만 원)까지 저축할 수 있으며 일반 정기적금에 비해 금리도 1~2%포인트가량 높은 수준이다. 하지만 7년 이상의 장기상품이기 때문에 대부분의 은행에서는 시중금리가 급변하는 경우 조정된 이자율을 적용하게 된다. 금리가 상승하는 경우 혜택을 받을 수 있지만, 금리 하락기엔 예상수익을 얻을 수 없다는 단점도 있다.

직장인들 사이에선 소득공제 혜택을 최고로 높이기 위해 한때 월

62만 5000원을 맞춰 넣는 것이 당연한 것으로 받아들여졌을 정도로 인기는 최고다. 연봉이 4600만 원 이하(근로소득세율 17% 구간)의 샐러리맨은 1년간 750만 원, 즉 300만 원 한도의 소득공제를 모두 채우면 약 50만 원대의 세금을 돌려받을 수 있다.

개인적으로 장기주택마련저축 상품은 그간 많은 샐러리맨들에게 큰 도움을 줬다고 생각한다. 이자율과 소득공제를 통해서 한때 연 9~10%대 수익(5%대 이자율 기준)을 남겨줬고 상품 특성 또한 참 간단하고 깔끔했다. 하지만 결정적인 문제가 발생했다. 이 상품은 2009년 12월까지만 신규 가입할 수 있다는 사실이다. 자칫 대한민국 재테크 최고 인기상품이 역사의 뒤안길로 사라질 가능성이 높다는 이야기다. 물론 이 상품의 탁월한 효과성 때문에 그간 몇 차례 신규 가입 연장이 이뤄졌고 이번에도 가입기간 연장에 대한 목소리가 높지만 아직까지 결정된 것은 없다.

그러나 여기에 대해 땅을 치고 통곡할 정도로 안타까워 할 필요는 없어 보인다. 가령 현재 27살 청년이 지금부터 이 상품을 시작하려 한다면 몇 가지 고민해볼 문제가 있기 때문이다. 첫째 단점은 바로 7년간 현금흐름이 묶인다는 사실이다. 20대 후반으로만 넘어가도 7년간 현금을 어디에 묶어둔다는 게 상당히 부담스럽게 된다. 결혼, 독립 등 대규모 이벤트들이 언제 터질지 모르기 때문이다.

무엇보다 이 상품은 중간에 해약할 경우 중도해약 추징이 있고 소득공제 받았던 세금도 다시 내야 한다. 비과세 혜택이 사라지는 것은 말할 것도 없다.

특히 투자가 아닌 저축이라서 더욱 7년이라는 시간이 아까워 보인다. 시간이라는 여러분의 최대 무기를 확정금리 상품에 쏟는다는 것은 버리는 것과 마찬가지의 행위라고 해도 과언이 아니기 때문이다. 다시 한 번 말하지만 장기주택마련저축이 사라졌다고 슬퍼할 필요는 없다. 또 기존에 가입한 사람들도 우쭐해 할 필요는 없을 것이다.

장기주택마련펀드

장기주택마련펀드는 은행권 장기주택마련저축과 비과세기간 및 소득공제 혜택 등이 동일한 상품이다. 2006년 12월까지만 한정판매 예정이었으나 2009년 12월 까지로 연장된 것도 똑같다. 다만 실적배당상품으로 원금보장이 안 되고 증권사에서 가입이 가능하다는 점만 다르다. 하지만 일반인들에게는 장기주택마련저축과 전혀 상관이 없는 상품으로 취급당하기 일쑤다. 베테랑 재테크 고수들도 이 상품의 존재를 잘 모른다.

장기주택마련펀드는 매월 일정한 적립액을 펀드에 투자해 운용하는 구조로 일종의 적립식펀드라고 생각하면 된다. 다만 주식에 60% 이상 투자하는 공격적인 운용을 하는 펀드는 없다. 펀드투자이긴 하지만 안정성이 최고 고려 대상이기 때문에 펀드 내 주식의 편입 비중을 크게 낮춘 것이다.

시중엔 크게 은행상품과 거의 차이가 없는 채권형과 주식에 40% 정도만 투자하는 혼합형, 그리고 주식 비중이 60%가 넘는 주식형 등 3가지 유형의 장기주택마련펀드가 판매되고 있다. 주식형 중에는 해외증시에 투자하는 상품도 등장했다. 장기주택마련펀드는 앞서 장기주택마련저축과는 달리 상품별로 수익률이 크게 차이가 날 수 있다. 극단적으로 말해 상하 10% 정도 이상 받는 돈이 벌어질 수 있다는 이야기다. 따라서 반드시 해당 상품을 직접 운용하는 곳이 어딘가를 확인하고 과거 수익률 추이도 체크해야 한다.

장기주택마련저축과 유사한 단점을 갖고 있는 것 또한 사실이다. 7년 이상 유지해야만 상품 고유의 보너스를 탈 수 있기 때문이다. 반면 혹자는 "단기적인 시황에 신경 쓰지 않게 억지로라도 장기투자를 시키는 효과가 있어 좋지 않느냐"라며 장기주택마련펀드의 우월성을 꼽기도 한다. 재테크 고수들 사이에선 장기주택마련저축과 펀드를 동시에 가입해서 유지하는 테크닉도 많이 소개된다. 장기주택마련펀드를 노후자금마련을 위한 연금상품으로 활용하는 경우도 종종 있다. 적어도 분산투자를 통해 펀드투자의, 아니 재테크의 안정성을 높인다는 효과는 있을 수 있겠다.

(2009년 6월 25일 현재가 기준) (단위 : %)

펀드명	운용사	수익률		
		1년	2년	3년
하나UBS장기주택마련증권투자신탁1[채권혼합]	하나UBS	-2.79	23.17	61.96
KB장기주택마련혼합1	KB운용	1.95	21.04	52.1
대신마이홈장기주택마련증권투자신탁1[채권혼합]	대신운용	-3.71	17.97	51.24
삼성장기주택마련45증권투자신탁1[채권혼합]	삼성운용	-3.58	15.73	48.18
프랭클린템플턴장기주택마련증권투자신탁[채권혼합]1	프랭클린템플턴	-0.39	19.94	47.3
미래에셋장기주택마련증권투자신탁1[채권혼합]	미래에셋자산	-0.48	13.32	45.76
우리프런티어장기주택마련증권투자신탁[채권혼합]	우리자산운용	-0.63	15.36	38.59
푸르덴셜드림장기주택마련45전환투자신탁KM1(채권혼합)	푸르덴셜운용	-8.46	7.39	36.71
한국투자장기주택마련정통저편입증권투자신탁1(채권혼합)	한국운용	-1.06	19.46	36.35
푸르덴셜드림장기주택마련증권전환투자신탁KM1(채권)	푸르덴셜운용	8.49	17.24	23.9

※ 5년 수익률 순, 자료 : 제로인
〈표 4〉 주요 장기주택마련펀드 수익률 현황

청약저축, 청약예금, 청약부금 그리고 주택청약종합저축

"열심히 저축하라. 그러면 아파트 신규분양할 때 너에게 1순위를 주마."

바로 주택청약저축에 관한 이야기다. 일정기간 저축을 하게 되면 신규분양 아파트에 1순위 청약자격을 준다는 게 바로 주택청약저축의 핵심이다. 저축 상품 중 본의 아니게 투자효과까지 겸비된 상품이다(물론 여기서 말하는 투자효과는 낮은 분양가로 1순위에 당첨돼 부동산 시세차익을 올린다는 관점에서 비롯된 이야기다).

최근 청약통장 가입자가 많아지면서 '무용론'을 제기하는 사람도 있지만 분명 '1인 1청약통장 갖기'는 확률상 반드시 실행에 옮겨야 할 재테크 습관이다. 하지만 주택청약저축의 내부를 들여다보면 조금 복잡하다. 일반인들 중 상당수가 잘못된 지식을 갖고 있는 것 또한 사실이다.

우리는 보통 '주택청약통장'이라고 부르지만 실은 크게 4가지로 나눌 수 있다. 바로 청약저축과 청약예금, 청약부금, 그리고 2009년 5월부터 판매를 시작한 주택청약종합저축 등이다. (안타까운 이야기지만 신입사원 중 절반 이상은 아직 주택청약통장이 뭔지도 모를뿐더러 90% 이상은 이들의 차이를 전혀 구별하지 못한다.)

4개의 주택청약 상품 모두 2년 이상 가입하면 아파트 청약 1순위 자격이 주어진다는 공통점이 있다. 또한 모두 민간건설 중형국민주택(민간건설업체가 국민주택기금의 지원을 받아 공급하는 전용면적 60㎡〔약 18평〕초과 85㎡〔약 25.7평〕이하의 주택) 청약에서도 동등한 위치를 확보한다. 그러나 이외에 각각의 통장엔 확연한 차이가 있으니 반드시 꼼꼼히 확인해야 한다.

먼저 청약저축은 20세 이상 무주택 가구주만 가입할 수 있으며 공기업에서 분양하는 전용 85㎡ 이하의 공공분양아파트와 공공임대, 국민임대(전용 15.1평 이상~18.1평 이하)아파트에 청약이 가능하다.

국민주택	민영주택	민간건설 중형 국민주택
국민주택기금을 지원받아 건설되는 주택으로 주로 주택공사, 도시개발공사 등에서 공급하는 전용면적 85㎡의 주택을 말한다.	국민주택기금의 지원 없이 민간 사업자가 건설하는 주택과 주택공사, 도시개발공사 등이 국민주택기금의 지원 없이 공급하는 전용면적 85㎡를 초과하는 주택을 말한다.	민간 건설업체가 국민주택 기금의 지원을 받아 공급하는 전용면적 60㎡ 초과 85㎡ 이하의 주택을 말한다.

〈표 5〉 아파트의 종류

매월 2만 원부터 10만 원까지 5000원 단위로 자유롭게 납부할 수 있고 연말정산 때 납입액의 40%까지 소득공제가 가능하다.

두 번째 청약부금은 만 20세 이상이면 누구나 가입할 수 있고 월 50만 원 범위 내에서 적립할 수 있는 상품이다. 청약 1순위 대상은 25.7평 이하 민영주택과 민간건설 중형 국민주택으로 한정된다(민영주택이란 국민주택기금의 지원 없이 민간건설업자가 건설하는 주택과 국가·지방자치단체 및 대한주택공사 등이 국민주택기금 지원 없이 공급하는 전용 면적 85㎡(약 25.7평)을 초과하는 주택을 말한다. '국민주택기금' 지원이 없다는 점에서 앞서 말한 민간건설 중형국민주택과 차이가 있다).

쉽게 말해 25.7평형대(약 30~34평형) 이하 삼성 래미안 아파트는 청약할 때 1순위를 받을 수 있지만 주공(대한주택공사)에서 분양하는 아파트에는 청약 1순위를 받지 못한다는 뜻이다. 월 50만 원 내에서 자유롭게 부을 수 있다고는 하지만 이자율이 크지 않아 다 채울 필요는 없다. 어차피 2년간 저축을 지속해서 '자격'을 취득하는 것이니까 말이다. 가령 월 15만 원 씩만 부어도 2년 이상이면 1순위 청약 자격을 얻을 수 있다. 다만 서울, 부산 300만 원, 그 외 광역시 250만 원, 그 외 지역은 200만 원을 채워야 하기 때문에 이들 지역을 급하게 노린다면 2년 불입시 금액을 채우도록 하는 게 좋다.

세 번째 청약예금은 쉽게 말해 정기예금을 생각하면 된다. 목돈을 2년 이상만 묻어두면 1순위 자격이 생긴다. 청약예금의 장점은 대형 평형 아파트를 노릴 수 있다는 데 있다. 청약예금의 경우 25.7평 이상의 민영주택을 분양 받는 데 있어 최적의 상품이라고 할 수 있다. 물론 각 평형대에 따라 예치금액은 차이가 난다. 40평형대 이상의 대형

희망주택(전용면적)	예치금액		
	서울/부산	기타 광역시	기타 시군
85㎡ 이하(25.7평)	300만 원	250만 원	200만 원
102㎡ 이하(30.8평)	600만 원	400만 원	300만 원
102㎡ 초과 135㎡ 이하	1000만 원	700만 원	400만 원
135㎡ 초과(40.8평)	1500만 원	1000만 원	500만 원

〈표 6〉 청약예금과 청약1순위 가능 전용면적

아파트 청약을 노리려는 꿈을 갖고 있다면 1500만 원을 은행에 2년간 묻어두어야 한다.

그리고 네 번째는 바로 2009년 5월부터 판매를 시작한 '주택청약종합저축', 일명 '만능청약통장'이다. 그간 청약저축, 청약예금, 청약부금 등 3가지 형태의 주택통장을 하나로 통합해놓은 것이라고 생각하면 된다. 공공주택 및 민간주택 2가지 모두에 청약이 가능하고 평수에도 제한이 없다. 이뿐만이 아니다. 가입자격에도 제한이 없다. 무주택자는 물론이고 유주택자, 미성년자 등 모두가 '1인 1통장'을 만들 수 있다. 여기에 일단 금융당국은 연 4.5%의 금리를 제공할 것을 약속했다.

소득공제 혜택도 일부 주어진다. 정부는 주택청약종합저축 가입자 중 무주택 가구주인 근로자로서 국민주택 규모(전용면적 85㎡ 이하) 주택에 청약한 경우에 한해 소득공제를 적용하기로 했다. 하지만 당첨된 주택이 국민주택 규모를 넘어서면 이미 받은 감면세액을 다 토해내야 하기 때문에 주의해야 한다. 소득공제액은 연간 불입액의 40%(한도 48만 원)로 기존 청약저축이 갖는 소득공제 혜택과 같은 수준으로 결정했다.

통장 종류	주택청약종합저축	청약저축	청약부금	청약예금
대상지역	전국	전국	시·군지역(103곳)	시·군지역(103곳)
가입대상	자격조건 없음	무주택 세대주	20세 이상 개인	20세 이상 개인
저축방식	일시불 예치 또는 일정액 불입	매월 일정액 불입	매월 일정액 불입	일시불 예치
저축금액	월 2~50만 원(저축에 청약할 경우 매월 10만 원까지만 불입으로 인정)	월 2~10만 원	월 5~50만 원	200만~1500만 원
청약대상 주택	모든 주택	전용 85㎡ 이하 공공건설 주택 등	전용 85㎡ 이하 민영주택	모든 민영주택
		민간건설 기금지원 중형주택(60~85㎡)		
1순위 자격	가입 2년 이상 24회 이상 납부	가입 2년 이상 24회 이상 납부	가입 2년 이상 (청약 예금 상당액 불입)	가입 2년 이상 (지역별 예치금 예치)

〈표 7〉 기존 청약통장과 주택청약종합저축의 차이

'주택청약종합저축', 장점이 많긴 한데…

만약 지금부터 새롭게 맘먹고 청약통장을 가질 생각이라면 아무런 갈등 없이 '주택청약종합저축(이하 만능청약통장)'에 가입하면 된다.

2년만 저축하면 국민주택과 민영주택 모두에 청약을 할 수 있고 30~40평형대 대형 아파트까지도 신규분양 청약 1순위가 가능하기 때문이다. (아파트 신규분양 당첨에 있어 청약 1순위와 후순위의 차이는 하늘과 땅 차이다. 1순위 자격이 주어지면 당첨 확률이 어마어마하게 높아지고 이어지는 프리미엄까지 공짜로 얻게 되니까 말이다.)

또한 안 그래도 '청약가점제'라는 것이 생겨서 머리가 더 복잡해졌는데 개인투자자들 입장에선 깔끔하기도 하다. 이제 막 사회에 진출하는 신입사원 역시 이 만능청약통장에 어서 빨리 가입할 것을 추천한다.

그런데 문제가 생겼다. 바로 이미 청약저축, 청약부금, 청약예금 등 기존 청약통장 보유자는 어떻게 하는 게 좋을지에 대한 문제다.

결론부터 말하면 이미 과거에 가입해둔 청약통장이 2년이 지나서 1순위 자격을 얻었다면, 그리고 그것이 자신의 투자목적과 맞는 것이었다면 굳이 새로운 만능청약통장에 가입할 필요는 없다. 이 상품은 85㎡ 이하 공공주택에 청약할 수 있을 뿐 아니라 민간 아파트에도 청약할 수 있는 장점이 있지만 기존 청약통장 가입자의 권리를 무시할 수 있다는 뜻은 아니기 때문이다.

기존 청약저축과 청약예금, 청약부금 가입자들은 자신의 가입기간과 자격, 권리 등을 그대로 보장받는다. 가령 한 개인이 전용면적 85㎡ 이하 국민주택에 청약하기 위해 2년 넘게 청약저축을 유지했다고 해보자. 혹시 맘이 바뀌어 더 큰 평수를 원하거나 민간건설 아파트에 도전해보려는 게 아니라면 이걸로 충분하다. 특히 만능청약통장과 관련해서는 "85㎡ 이하 국민주택 등에 청약할 경우 기존 청약저축 가입자의 순차가 유지될 수 있도록 월 납입액을 최고 10만 원까지만 인정하기로 했다"고 명시하고 있다. 즉 만능청약통장을 지금 만들어서 한 달에 50만 원씩 꾹꾹 눌러 2년을 넣어서 1200만 원이 되었다고 해도 국민주택에 청약하고자 한다면 한 달에 10만 원만 넣은 것으로 계산해 240만 원만 인정이 된다. 기존 청약저축 가입자들을 이길 수가 없다는 뜻이다.

또한 청약예금도 마찬가지다. 청약하고자 하는 게 국민주택이 아니라고 해도 기존 청약예금이 만능청약통장에 비해 뒤처지는 것은 아니다. 어차피 2개 모두 1순위가 되고 나면 이제 '가점제'라는 새로운 변수에 적용 받아야 하기 때문이다. 무엇보다 정부는 시장혼란을 피하기 위해 기존 청약통장을 주택청약종합저축으로 전환하는 것을 허용하지 않았다. 따라서 기존 청약통장 가입자가 주택청약종합저축에 가입하려면 기존 통장을 해지한 다음 새로 가입해야 한다. 이렇게 되면 그간 통장 가입기간과 금액은 무효가 되기 때문에 갈아타기에 신중을 기해야 한다.

다시 한 번 말하지만 납입기간이 길거나 청약가점이 높고 금액이 많은 가입자는 기존 통장을 보유하고 있는 게 유리하다. (새 통장의 혜택을 받고 싶으면 청약통장이 없는 가족의 다른 사람 이름으로 가입하는 방법이 있다.)

결국 만능청약통장은 모든 것이 '만능'은 아니다. 노리는 것이 국민주택이라면 어차피 얼마나 불입을 많이, 오래 했느냐를 따져야 하고, 중대형 평형 민영주택이라면 이제 청약가점제에 따라 점수를 또 따져야 한다. 하지만 일단 하나로 통합됐으니 편리하다는 것, 그리고 사전에 미리 평수를 정해놓고 어떤 통장에 들까 고민하지 않아도 된다는 점 등은 효과적이라고 볼 수 있겠다.

청약가점제를 제대로 이해하자

2007년 말부터 시작된 '청약가점제'로 인해 수십 년간 유지돼 오던 주택청약의 방법이 크게 바뀌었다. 일각에선 '과연 청약통장을 꼭 갖고 있어야 하는가' 라는 근원적인 물음이 제기될 정도다. 특히 젊은 친구들은 많이들 당황하고 있다.

청약가점제는 연령, 부양가족 수·무주택기간, 가입기간, 보유자산 규모 등에 따라 차등적 가점을 부여해 아파트 당첨자를 가리는 방식이다. 같은 1순위라고 하더라도 동등한 위치에서 맞서는 게 아니라 추가적인 '가점'이 당락을 결정하게 된다.

가령 부양가족 수가 많고, 무주택기간이 길며, 나이가 많은 1순위

자(2년 이상 가입자)의 경우 청약 경쟁을 할 필요가 없을 정도로 당첨 확률이 높아진다. 무주택기간은 1년 미만에서부터 15년 이상까지 최저 2점에서 최고 32점, 16등급으로 분류되고 부양가족 수는 0명에서 6명까지 최저 5점부터 최고 35점으로 나뉜다. 이 때문에 만 45세 이상, 10년 이상 무주택, 3자녀 이상 등이면 '무조건 당첨'이라고 해도 과언이 아니다.

연령에 있어 열세(?)에 몰린 20대 여러분은 이 사실에 꽤 많은 실망을 했을지 모른다. 자, 그럼 이제 청약통장은 완전히 '무용지물'이 돼버린 것일까. 이에 대해 다수의 부동산 전문가들은 "그렇지 않다"고 전한다. 무엇보다 기회비용 측면에서 그렇다. 청약상품의 경우 묶이는 돈이 상대적으로 적어 그리 손해 보는 장사는 아니라는 평가다. 또 적절하게 대응하면 최선은 아니더라도 차선의 방법이 존재한다고 충고하고 있다.

특히 85㎡ 이하 공공주택에 있어서는 가점제가 해당되지 않는다는 점을 명심해야 한다. 즉 국민주택에 있어서는 5년 이상 무주택 세대주로서 납입횟수 및 저축총액이 많은 자, 3년 이상 무주택 세대주로서 납입횟수 및 저축총액이 많은 자, 저축총액이 많은 자, 납입횟수가 많은 자, 부양가족이 많은 자, 당해 주택건설지역에 장기 거주자 등 오히려 납입횟수나 납입총액에 의해 당락이 결정되게 된다.

결국 기존 청약저축 가입자나 만능청약통장 가입자 중에서 85㎡ 이하 공공주택에 도전하려고 한다면 청약가점제가 큰 걸림돌이 되지 않는다.

민간 아파트 역시 마찬가지다. 민영주택 전용면적 85㎡ 이하는 가점제 75%, 추첨제 25%를 적용한다. 25% 비중만큼은 추첨제의 여지가 있는 것이다. 또한 85㎡ 초과 민영주택은 분양 신청할 때 본인이 매수할 채권액을 사전에 약정하는 채권입찰제(분양가 상한제로 공급된 중대형 아파트의 분양가가 주변 시세보다 저렴할 경우 분양가와 채권을 합쳐 시세의 80%에 맞춘 금액만큼 채권을 매입하도록 하는 제도)가 적용된다. 채권액을 많이 써낸 순서에 따라 당첨자가 결정된다는 이야기다. 하지만 이 역시도 기존 청약예금이나 만능청약통장에 가입하고 있어야 한다.

결국 이처럼 청약통장은 하나의 '기본'이 된다. 20대 여러분은 반드시 이 기본을 갖추는 게 좋다. 경험적으로도, 확률적으로도 그렇다.

저축하지 않는 습관이 필요하다!

딱 여기까지다. 여러분에게 더 이상의 저축습관은 필요 없다. 좀 더 냉정하게 말해 현 시점에서 여러분이 은행에 자주 들락날락 거릴 이유는 전혀 없다. 혹시 어릴 때부터 단돈 5000원만 생겨도 은행에 저금하는 습관에 길들여져 있다면 당장 버리는 게 좋다. 정말 나쁜 '저축습관'이다. 향후 대출을 받을 때 주거래은행 이용실적에 따라 몇 가지 혜택을 볼 수도 있겠지만 젊은 여러분이 지금부터 걱정해야 할 만큼 대단하지는 않다.

돈 모으는 저축습관의 하이라이트는 누가 뭐래도 '월급 50% 우선 저축'이다. 하지만 이 말을 좀 더 곰곰이 살펴봐야 한다. 분명 월급의 50%를 먼저 떼어놓고 재테크를 준비하라는 뜻이지 은행 저축상품에 몰아넣으라는 말은 아니다.

우리는 이미 저축과 투자의 개념을 살펴봤다. 일평생, 재테크의 매순간마다 '저축'과 '투자'를 놓고 선택의 문제에 놓이게 될 것이라는 것도 알고 있다. "달걀을 한 바구니에 담지 않는다"라는 말처럼 저축과 투자를 골고루 섞어서 위험을 분산해야 한다는 말은 귀에 못이 박히도록 들어왔다. 그러나 20대라면 이 모든 이야기는 조금 달라진다. '넘쳐나는 시간'이라는 변수 때문이다. 우리에겐 '넘쳐나는 시간+저축'이라는 조합 대신 '넘쳐나는 시간+투자'라는 공식이 몇 배 더 큰 시너지 효과를 발휘한다.

은행을 떠나라, 잠시만

"저축으로 돈 모은 사람은 많아도 주식 투자해 돈 모았다는 사람은 없어요"라든가 "부모님은 정말 열심히 저축하셔서 자수성가 했어요"라고 반문하는 사람이 정말 많다. 분명 우리 부모님의 20대엔 알뜰하게 저축해서 자수성가한다는 공식이 진리처럼 들어맞았다. 15년, 20년 전, 아니 불과 10년 전만 돌이켜봐도 저축의 파워에 토를 달 수는 없었다. 원금을 보장해주는 은행 저축 이자율이 15~20%에 달하는 상황에서 저축만큼 대단한 것이 이 세상에 어디 있겠는가. 원금보장 프리미엄까지 감안하면 거의 30%대의 이자를 받았다고 해도 과언이 아니다.

그러나 지금 세상은 완전히 변했다. 웬만한 선진국 은행 이자율은 2%대에 불과하다. 일본은 0% 이자율에 물가상승을 감안하면 체감금리는 마이너스에 달한다. 우리도 안심할 수 없다. 대한민국 금융시장(자본시장)이 선진화될 것을 믿는다면 무위험 자산인 저축에 대한 이자율도 결국 선진국을 그대로 답습할 것이기 때문이다. 이런 상황에서 저축을 재테크의 핵심으로 삼는다는 건 정말 바보 같은 소리다.

지금도 "형, 난 그냥 묵묵히 저축 할래요. 집 한 채 마련하고 결혼해서 살면 되지요. 재테크가 별 거 있어요"라고 말하는 후배가 상당수다. 그러나 막상 구체적인 저축계획을 물어보면 '100만 원씩 7년 반 저축해서 1억 모으는 것'이라는 답변 일색이다. 그럴 경우 이제 "야, 그럼 그 1억은 어떻게 할래"하고 되물어 본다. 후배는 그제야 "부동산이나 해외펀드투자를 해서 돈 불려야죠"라고 답한다. 아예 "종자돈을 모으는 건 가장 안전하게 해야 되요. 덩치를 부풀린 후에 공격적으로 투자하는 게 정석입니다"라고 전문가처럼 말하는 후배도 있다. 정말 사실일까. 젊을 땐 안전하게 조심조심 종자돈을 모으고, 나이가 들면서는 위험을 무릎쓰면서 공격적으로 돈을 불리는 게 정말 재테크의 정석일까?

20대의 최대 무기는 '시간'이라고 했다. 이 '시간'이라는 놈은 묘해서 투자의 위험성을 커버해주는 상당한 파워를 갖고 있다는 점도 확인했다. 50대와 20대가 각각 500만 원을 주식에 투자했다고 가정해보자. 20대에게 주식시장의 하락위험은 위험이 아니다. 폭락했다고 하더라도 다시 상승할 때까지 기다릴 수 있는 시간이 상대적으로 많기 때문이다. 여기에 높은 수익에 대한 가능성도 있어 기다림에 대한 보상은 상당하다.

물론 20대인 여러분이니까 가능한 이야기다. 50대에게 주식투자란 '없어도 되는 돈'을 굴린다는 의미에 지나지 않는다. 그런데 종자돈을 모으는 젊은 시기에 가장 안전한 재테크 방법을 선택해야 한다는 주장이 과연 설득력이 있겠는가.

미국의 50년간 수익률 : 주식 > 채권 > 예금 > 물가

　금융시장에 있어 거의 돈의 수요와 공급이 완벽하다고 평가 받는 미국의 경우 지난 50년간 예금 수익률이 연 5.4%였다. 반면 1955년부터 2004년까지 50년 동안 주식투자 수익률(S&P500지수 기준)은 연 10.9%였다고 한다. 또 채권(미국 정부채권)투자가 연 6.7%를 기록했고 이 기간 미국의 평균 물가상승률은 연 4% 수준이었다. 수익률로 순위를 매기면 1위 주식, 2위 채권, 3위 예금, 4위 물가상승률이 된다. 대표적인 투자상품인 주식과 채권이 모두 은행예금저축을 눌렀다는 이야기다.

　20대를 마감하고 30세가 되는 첫 해에 1000만 원을 각각 정기예금과 주식형펀드에 투자한 두 명의 친구가 있었다고 해보자. 50년이 지난 80세 때 이들의 운명은 어떻게 달라졌을까. 은행저축을 택한 친구는 연 이자율 5%대 정기예금에 1000만 원을 넣었으므로 50년 뒤 3500만 원으로 불어났다. 반면 연 수익률 10%대인 주식에 투자한 친구는 50년 뒤 11억 7400만 원 정도를 손에 쥘 수 있다. 왜 이렇게 큰 차이가 난 걸까. 바로 앞서 살펴본 복리와 비슷한 효과가 적용됐기 때문이다. 불어난 돈을 다시 재투자할 수 있었기 때문에 이자율(수익률)은 은행보다 5% 밖에 많지 않지만 실제 수익 차이는 엄청나게 커진다. 연 10.9% 수익률로 매년 재투자하면서 스스로 복리효과를 만들어낸다는 이야기다.

　물론 주식투자는 상승과 하락을 반복하기 때문에 정확한 비교는 아니다. 또 50년 내내 정확한 타이밍에 재투자를 성공했을 리도 만무하다. 힘든 가정일 수 있다. 또 미국과 대한민국 금융시장은 태생적으로 다르기 때문에 결코 투자가 저축보다 우월하다고 할 수 없다고

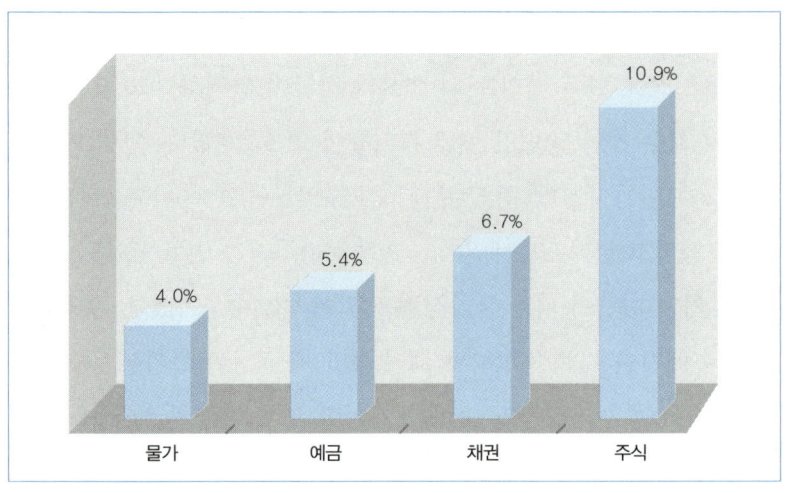

〈그림 5〉 50년 동안의 연 평균 수익률(1955~2004년, 미국)

하면 더 이상 할 말은 없다.

하지만 한 가지는 확실하다. 여러분은 지금 투자를 시작할 때라는 사실이다. 무엇보다 주식투자나, 펀드투자, 부동산 투자 자체에 좋고 나쁨을 부여하는 선입견을 가져서는 안 된다는 말이다. 스스로가 주식의 투기적 거래와 주식투자를 헷갈려 해서 '투자'에 대한 근거 없는 적대감을 갖고 있지는 않는지 살펴보아야 할 때다. 지금부터라도 저축에 대한 맹신을 버려야 한다. 일정기간 '저축하지 않는 습관'이 필요하다. '투자의 고수'가 되려고 노력해야지 '저축의 고수'가 되겠다고 결심할 필요는 없다.

평생 재테크에 있어 20대의 재테크는 상당히 독특한 측면을 갖고 있다. '절약-저축-투자'라는 3마리 토끼를 잡는 대신 '절약-투자'라는 조합으로 목돈 만들기 속도를 높일 수 있는 유일한 순간이기 때문이다. 은행을 아주 잠시만 떠나라. 5년 뒤 두둑한 목돈을 들고 다시 은행으로 돌아오면 된다. 그래도 은행은, 아니 저축은 여러분을 따뜻하게 반겨줄 것이다.

보험, 저축인가 투자인가

각종 경제신문이나 재테크관련 잡지 등의 재테크 상담코너를 보면 전문가들의 대답 중 빠지지 않는 구절이 있다.

"현재 귀하의 자산 포트폴리오 중 보험의 비중이 너무 많습니다. 보험료의 비중을 줄이는 것이 현명한 방법입니다…" 실제로 젊은 여성 직장인 중 상당수는 3개 이상 정도 보험을 들고 있다는 통계가 있다. 월 보험료만 50만 원에 육박하는 사례도 흔하다. 하지만 이런 사람들일수록 정작 재테크의 한 수단으로서 보험을 생각하는 것 같지는 않다. 대부분 모호한 개념뿐이다.

"보장도 되고 납입한 보험료는 돌려받으니까 저축도 되는 일석이조 아닌가요?" "아플 때나, 아니면 죽을 때를 위한 일종의 투자죠" "돈이 없을수록 보험부터 들어야 해요" 등 각각 보험을 받아들이는 생각들은 다르다.

대체 보험의 정체는 무엇인가. 저축인가? 투자인가? 무엇보다 새내기 직장인의 재테크 수단으로서 보험이 차지하는 위치는 어디일까. 어떻게 활용해야 할까.

보장성 종신보험 1개는 필수다

보험은 매월 일정액을 꼬박꼬박 불입한다는 측면에서 꾸준한 저축 습관을 필요로 한다. 그러나 그 효과성은 투자는 말할 것도 없고 저축에 비해서도 턱없이 부족하다. 물론 '사건(?)'이 벌어졌을 때 엄청난 목돈이 생긴다는 특징 때문에 일각에선 투자와 헷갈려 하기도 한다. 하지만 확률을 중시하는 재테크에서 보험 속에 담긴 이 투자적 특성은 별 의미가 없다. 가령 내가 죽을 확률, 내가 간암에 걸릴 확률, 내가 자동차 사고로 다리를 잃을 확률 등을 계산해 낼 수 없기 때문이다.

하지만 보험을 완전히 포기할 수는 없다. 여러분의 경우 반드시 하루라도 빨리 종신보험 1개를 가입해서 유지해야 한다. 왜냐하면 일단 종신보험은 나이가 들어 가입하면 값이 비싸지기 때문이다. 보험사마다 보험료는 조금씩 다르지만 26세 남성이 종신보험에 가입할 때와 36세 남성이 가입한다고 할 때 심하면 두 배까지 월 보험료 차이가 난다.

한 살이라도 어릴 때 들어두면 '시간의 보너스'를 빼먹을 수 있어 지금 여러분에겐 더할 나위 없이 매력적이다. 이뿐만이 아니다. 요즘엔 사망보험금뿐 아니라 과거 특약(특별계약)을 따로 들어야만 보장받을 수 있던 질병 등에 대한 보장도 한꺼번에 포함된다. 따라서 요즘 종신보험은 바로 나 자신을 위해 돈을 쓴다고 생각하면 된다. 특히 재테크의 한 수단으로 보험을 파악하는 데 있어 여러분은 어설프게 내재돼있는 저축의 이미지를 완전히 지워버려야 한다. 보험을 유지하는 데는 좋은 저축습관이 필요하지만 보험은 저축과 완전하게 다르다. 바로 이 점 때문에 여러분은 종신보험 가입시 무조건 순수 보장성(소멸성) 보험 형태로 가입해야만 한다.

어떤 보험상품이든지 보험료는 크게 '보장을 위한 보험료'와 '적립을 위한 보험료', 그리고 사업비로 구성된다. 보장성 상품을 선택하게 되면 적립을 위한 보험료가 필요 없기 때문에 당연히 보험료는 줄어들고 보장의 폭은 강화된다. 그런데 문제는 여기서 부터다. 보험사는 운용에 있어 안전성을 최고로 하고 있기 때문에 적립에 대한 성과가 극히 미미할 수밖에 없다. 즉 보장성이 아닌 저축성(환급형) 보험을 든다고 하면 시중은행 수준 또는 그 이하의 이자율 정도만 얻을 수 있다. 게다가 몇십 년 뒤에 몇천만 원을 돌려받는다고 해도 그 가치는 인플레이션 등의 영향으로 엄청 절하돼 있게 된다.

특히 보험의 경우 초반에 해약해버리면 원금을 절대로 찾지 못한다. 여러분이 초반 5개월~1년 정도에 납입한 보험료를 갖고 보험설계사 수당 및 기타 사업비를 지불하기 때문이다. 어떤 경우는 5년 넘게 사업비가 빠지는 상품도 있다. 따라서 이제부터 여러분은 '적립을 위한 보험료' 부분을 굳이 보험사에 내지 말고 다른 상품에 투자해 수익률을 높여야 한다. 확실히 그게 더 남는 장사다. 다시 한 번 말하지만 보험에 있어 저축성 보험은 심리적 안정 외에 아무런 장점이 없다. 특히 저축성(환급형) 보험은 막상 환급을 받고 난 다음도 문제다. 다시 재가입하지 않는다면 모르겠지만 재가입하려고 한다면 이미 나이가 상당히 들게 되기 때문에 보험료는 급증하게 된다.

종신보험에 대해 오해도 있다. 세간에는 월 보험료를 죽을 때까지 내는 것으로 알고 있는데 그렇지 않다. 20년 또는 25년 등 일정 기간 보험료 납입기간을 선택할 수 있다.

보험에 대한 이해

혹시 보험에 대해 전혀 지식이 없는 독자를 위해 한 생명보험사의 교육 교재 일부를 발췌해 소개한다. 적어도 보장성 보험과 저축성 보험의 차이가 무엇인지에 대해서는 확실하게 알아둘 필요가 있다.

생명보험 상품의 종류 및 상품별 가입시 유의사항

1. 생명보험은 생존시에 지급되는 보험금의 합계액이 이미 납입한 보험료를 초과하지 않는 보장성 보험과 그 이외의 저축성 보험으로 구분되므로 보험상품 가입시 참고하시기 바랍니다.

가. 보장성보험 : 재해 및 질병 등 각종 위험보장에 적합한 상품으로 사망보험금은 물론 입원비와 수술비 등 다양한 보험금이 지급됩니다.

◆ 종신보험 : 보장기간이 평생(종신)인 상품으로 자신과 유가족을 위한 재정설계를 할 수 있는 상품

◯ 가입시 유의사항 : 종신보험에 부가되는 대부분의 특약은 주보험과 달리 보험기간이 종신이 아니므로 가입시 특약의 보험기간(예 : 70세 만기, 80세 만기 등)을 확인하시기 바랍니다.

◆ 질병보험 : 암, 성인병질환 등의 각종 질병으로 인한 진단, 입원, 수술시 보험금을 지급하는 상품

◆ 장기간병보험 : 재해 또는 질병으로 항상 타인의 완전한 도움이 필요한 장기간병 상태가 되었을 때, 장기간병비용을 보조하기 위한 상품

◯ 가입시 유의사항 : 암, 중대한 질병 및 장기간병상태 등에 대한 보장개시일은 해당 보험약관에서 제1회 보험료 납입일이 아닌 날(예 : 계약일로부터 계약일을 포함하여 90일이 지난날의 다음날 등)로 정할 수 있으니 확인하시기 바랍니다. 이 외에도 상품마다 일정기간 동안 보장하지 않는 기간을 설정할 수 있습니다.

◆ 상해보험 : 교통재해 및 각종사고 발생시 보험금을 지급하는 상품

◯ 가입시 유의사항 : 생명보험사가 판매하고 있는 상해보험은 보험대상자(피보험자)의 재해 이외에 보험대상자(피보험자)의 책임 있는 사유로 타인에게 상해 등을 입힌 경우는 보장하지 않습니다.

◆ 어린이보험 : 자녀들의 종합적인 질병 및 재해 발생시 보험금을 지급하는

상품

◐ 가입시 유의사항 : 상법 제732조에 따라 만15세 미만 보험대상자(피보험자)의 사망에 대해서는 보장이 되지 않습니다. 다만, 이미 납입한 보험료 또는 해당시점의 적립액(또는 해약환급금)을 돌려드립니다.

나. 저축성보험 : 보장성보험을 제외한 보험으로서 위험보장보다는 생존시의 저축기능을 강화한 상품으로 중·단기간에 목돈을 마련하거나, 노후를 대비할 수 있는 상품입니다.

◆ **연금보험** : 노후생활에 필요한 자금을 연금으로 지급하는 상품이며, 연금지급개시 전에 사망보험금, 장해연금 등 다양한 보장 설계가 가능한 상품

◐ 가입시 유의사항 : 보험료납입이 완료되어 연금지급이 시작되면 연금계약은 해지할 수 없으며(확정연금형 제외), 약정한 지급방식대로 연금을 받으실 수 있습니다.

◆ **저축보험** : 만기시의 목돈마련 및 재정설계에 따른 생활에 필요한 중도자금마련을 위한 상품

◐ 가입시 유의사항 : 보험기간 동안 보장에 필요한 일부의 보험료는 만기까지 적립되지 않고 소멸됩니다.

◆ **교육보험** : 예기치 못한 부모의 경제적 능력상실 등에 대비하여 장래의 자녀교육에 필요한 학자금 마련을 위한 상품

◐ 가입시 유의사항 : 부모와 자녀의 보장내역이 서로 다르므로 보장내역을 잘 확인하시기 바랍니다.

2. 생명보험은 보험금 등의 지급을 위해 납입된 보험료의 일정액을 적립하는데, 이를 적립하는 방식에 따라 아래와 같이 구분됩니다.

◆ **금리확정형보험** : 최초 계약시의 확정된 예정이율이 보험계약 종료시까지 유지되는 보험

◆ **금리연동형보험** : 보험회사의 자산운용이익률, 시장금리 등에 따라 이율이 변동되어 계약자적립금도 변동되는 보험

○ 가입시 유의사항 : 시장금리 변동에 따라 장단점이 있으므로, 가입시 향후 시장금리 예측이 중요합니다.

◆ **변액보험** : 계약자가 납입한 보험료로 펀드를 조성하여 특별계정으로 운영하고, 그 특별계정의 운용실적에 따라 계약자에게 투자이익을 배분함으로써 보험기간 중에 보험금액, 해약환급금 등이 변동하는 보험

○ 가입시 유의사항 : 변액보험은 실적배당형 상품으로 주보험은 예금자보호법에 의해 보장되지 않으며, 특별계정의 운용실적에 따라 계약해지시 원금손실이 발생할 수 있습니다.

※ 시중금리추이 및 경제상황에 따라 적립방식에 장단점이 있으니 충분한 검토 후에 가입하시기 바랍니다.
※ 실제 보험상품에서는 위에 예시된 각각의 보험급부들이 결합되어 판매될 수 있습니다. 예) 금리연동형 종신보험, 금리확정형 종신보험

처음 직장에 입사했을 때 여러분을 유혹하는 또 하나의 보험상품이 있다. 바로 '연금보험'이다. 연금보험도 종신보험과 마찬가지로 빨리 가입할수록 유리하다. 하지만 연금보험에는 치명적인 약점이 있다. 여러분이 20년 또는 30년 후 받게 되는 연금이 미리 연금보험 가입 시점에 확정된다는 점이다. 현가에 대해서 미리 배웠지만 지금 200만 원과 30년 후 200만 원은 큰 차이가 있을 것이다. 또 20~30년이란 시간 속에 상황이 급박하게 바뀌는 위험도 가정해야 한다. 자칫 여러분의 최대 무기인 시간이 위험을 상쇄하는 것이 아니라 증폭시키는 역할을 하게 된다.

변액보험, 정말 대단한 재테크 상품일까

요즘 변액종신보험, 변액유니버셜보험 등 '변액'이라는 단어가 붙은 보험상품이 큰 인기다. 혹자는 은행 저축상품보다 좋다고 하고 보험 기능도 있어 펀드투자상품보다 우월하다고 한다. 정말 사실일까.

앞서 이야기를 했지만 그 어떤 대단한 보험도 현가 문제를 들이대면 할 말이 없어진다. 받을 보험금이 미리 확정되는 저축성보험의 태생적 한계 때문이다. 가령 종신보험 주 계약부분에서 정한 사망보험금은 30~40년 후에도 변동이 없다. 만약 사망보험금 1억을 36년 후에 생존한 아내가 받았다고 가정해보자. 아마도 그 시점에서 1억의 가치는 물가상승률 4%를 적용할 때 약 2500만 원 정도로 감소한다. 사태가 이쯤에 달하자 좀 영리한 재테크 선수들은 간단한 보장성 보험 1개 정도를 들 뿐 아예 보험상품 자체를 멀리하기 시작했다. 보험업자들은 분명 이 위기를 극복할 획기적인 히트상품이 필요했다.

'변액'이라는 단어가 붙은 보험은 바로 이런 한계를 극복하기 위해 등장한 신종 보험상품이다. 컨셉트는 상당히 명확하다. 저축성 보험의 경우 받게 되는 적립금이 확정된다는 단점을 극복하기 위해 보험료 일부를 주식형펀드 등 실적배당상품에 투자한 것이다. 결국 이 투자부분이 상당히 높은 수익을 올릴 경우 전체적인 환급금이 증가하기 때문에 기존 보험의 한계를 극복할 수 있다. '변액'이라는 명칭처럼 받는 보험금의 '액수가 변하게' 되는 것이다. 현재 국내에서 판매중인 변액보험은 변액종신보험, 변액유니버셜보험, 변액연금보험, 변액CI보험 등 4가지가 있다.

앞서 우리는 보장성 형태의 종신보험을 하나 정도는 유지하자고 배웠다. 하지만 이 변액보험은 보장성보험이 아닌 환급을 전제로 하는 저축성보험이다. 그렇다면 과연 이 보험을 재테크 수단으로 삼아야 할까. 이에 대한 물음에 답하기 전에 먼저 각 변액보험의 특징을 먼저 살펴보기로 하자. 분명 아는 만큼 힘이 되니까 말이다.

먼저 변액종신보험은 보험료 일부를 적립식펀드에 투자해 펀드 실적에 따라 배당을 해준다. 실적에 따라 사망보험금과 적립금이 변동되므로 투자 실적이 좋아지면 발생한 수익금을 사망보험금에 얹어 돌려주게 된다. 물론 원금보장이 되지 않는다. 따라서 운용실적이 0%이거나 마이너스면 계약시 정했던 최저사망보험금만 받게 된다.

변액보험은 아니지만 사람들이 많이 혼동하는 유니버셜종신보험이라는 것도 있다. 이름에서 '변액'이라는 말이 빠져있다는 점에서 알 수 있듯 받는 환급금이 변하는 상품은 아니다. 대신 보험료 납입에 있어 융통성을 허락하는 보험이다. 가령 일반적으로 우리는 매월 정기적으로 보험료를 납입해야 하는 의무를 갖는다. 자칫 자금 상황이 좋지 않아 두 달 정도만 납입을 하지 못해도 보험은 실효가 되어 보장을 받을 수가 없게 된다. 특히 이 기간 불의의 사고가 발생하면 안타까움은 말로 할 수 없다. 유니버셜종신보험은 바로 이 점에 착안했다. 의무납입기간(보통 2년)이 지나면 그 다음부터는 자유로운 납입이 가능하게 만든 것이다. 매월 납입하지 않더라도 의무납입기간 중 적립해둔 돈이 있기 때문에 이 돈으로 월 보험료가 자동적으로 대체된다. 또 긴급하게 자금이 필요할 경우 중도인출도 가능하다.

요즘 가장 인기가 좋다는 변액유니버셜(종신)보험은 기존 변액종신보험과 유니버셜종신보험의 장점을 합친 형태다. 보험료 일부를 실적상품에 투자해 인플레이션에 따른 환급금의 가치하락을 막고 '유니버셜'의 특징을 살려 자유납입, 추가납입, 중도인출 등 납입의 유연성도 갖추고 있다. 하지만 적립원금이 보장되지는 않는다. 다만 최저사망보험금은 받을 수 있다.

변액연금보험은 투자실적에 따라 지급되는 연금액이 달라지게 되는 반면 중도해약시는 원금이 보장되지 않는다는 특성을 갖고 있다. 변액CI보험은 암 등 치명적 질병(CI : Critical Illness)에 걸렸을 경우 지급하는 보험금이 투자 수익률에 따라 달라진다.

보험은 '보장'이다!

변액보험은 분명 현대 보험업의 최고 히트상품이다. 미국에서도 90년대 후반부터 팔린 보험상품의 60% 가량이 바로 '변액유니버설' 스타일이었다고 한다. 그러나 여러분이 지금 고민해야 할 문제는 과연 이 변액상품을 재테크에 이용할지 말지, 또 이용하면 어떻게 이용할까에 대한 부분이다.

현재 여러분의 수입규모로는 여러 개의 보험을 들 수 없기 때문에 선택의 문제는 더욱 절실하게 느껴진다. 우리는 앞서 보장성 형태로 종신보험 1개는 반드시 드는 것이 재테크에 도움이 된다고 배웠다.

따라서 이제는 과연 일반 종신보험과 '변액' 스타일의 종신보험을 비교해 우월한 상품에 가입하면 되는 것이다. 먼저 같은 나이, 동일한 월 적립금을 전제할 경우 일반종신보험을 가입함으로써 받아내는 보험금이 '변액' 보다는 크다. 물론 국내 증시가 폭등세를 기록해 '변액' 스타일로 운용한 보험에서 수익이 크게 증가할 수도 있다. 하지만 이 경우에도 대박을 터뜨릴 확률은 0%에 가깝다. 앞서 말한 것처럼 변액보험의 경우 보험료 일부를 실적배당상품에 투자한다고 하더라도 채권 등 극히 안정된 자산에 집중하기 때문이다. 또 변액보험과 관련 "2년 동안 납입하면 무조건 원금이 보장됩니다"라고 말하는 사람들도 있는데 결코 사실이 아니다. 해약환급금과 만기보험금에는 결코 '최저 보증금'이 없다.

따라서 굳이 여러분은 변액보험에 현혹될 필요가 없다. 보장은 값싸게 일반 보장성종신보험에 가입하고 나머지 돈 굴리기는 보험이 아닌 다른 상품을 이용하는 게 훨씬 유리하기 때문이다. 조금 신경 써서 주위를 둘러보면 알겠지만 정말 '보험 중독자'들이 많다. 입사와 함께 50만 원이 넘는 연금보험에 가입하는 친구들도 있다. 정말 위험한 선택이다. 보험을 유지하는 노력을 가지고 훨씬 더 수익률이 높은 재테크를 선택할 수 있으니까 말이다. '보험은 보장'이다. 어설프게 재테크와 연관 지어선 안 된다.

보험회사가 알려주지 않은 비밀

우리는 일반적으로 보험상품을 참 쉽게 생각하는 경향이 많다. 어디 아프면 얼마를 받고, 죽으면 얼마를 받고, 그러기 위해선 한 달에 얼마 정도를 내야 하고, 만기 후에 돈을 돌려받거나 아니면 그냥 받지 못하는 상품 정도로만 인식한다.

물론 파생상품 직접투자처럼 수개월간의 공부가 필요하지는 않지만 적어도 몇 가지 개념들은 상식적으로 알고 있어야 한다. 특히 정작 보험금이 필요한 상황에 처해서 몇 가지 실수로 안타까운 일을 겪지 않기 위해선 더욱더 만반의 준비가 필요하다. 잘 보면 알겠지만 보험사들은 모든 사실을 언제나 다 공개한다. 중요한 건 모든 사실을 동등하게 강조하지는 않는다는 데 있다. 그래서 여러분이 기본은 갖추고 있어야 한다.

첫째는 고지의무다. 보험가입과 관련 가입자들은 보험사가 원하는 정보에 대해 솔직하게 고지해야 한다. 보험계약은 고객의 청약과 보험회사의 승낙을 통해 완성된다. 그 과정에서 청약서, 상품설명서, 건강 고지의무 관련 서류 등 다양한 서류작업을 거치게 된다. 그런데 이 과정에서 가입자들은 무조건 솔직해야 한다. 3개월 내 치료 사실이라든지 5년 내 입원, 한 달 이상 투약 사실 등에 대해 모두 고지해야 한다. 아예 디스크 등 척추 관련 질병은 전 기간에 걸친 발병 사실을 알려야 한다. 혹시 "보험회사가 어떻게 알아?"라고 할지 모르지만 그렇지 않다. 보험회사는 절대로 호락호락하지 않다. 고지의무를 어길 경우 정작 보험금이 필요한 순간 해약환급금에 해당되는 돈만 받고 강제해지를 당하게 될 수도 있다. 여기서 잠깐, 보험청약계약서에 직접 자필서명을 해야 한다는 것은 정말 기본 중 기본이다.

둘째는 비례보상(실손보장)과 중복보장에 대한 개념 정리다. 가령 이런 것이다. 어떤 사람이 있는데 암 보험 100개를 들었다고 해보자. 총 보험금 규모는 100억 원(진단비 기준)이다. 그러던 어느날 실제로 암에 걸렸다. 그런데 치료를 통해 완치가 됐는데 그간 들었던 병원비는 2억 정도라고 한다. 바로 이때 이 사람은 보험사들로부터 병원비 2억만 받을 수 있을까. 아니면 당초 100억을 모두 받을 수 있을까.

정답은 '100억을 모두 받을 수 있다'이다. 기존 보험사의 모든 상품들은 중복적으로 보장받을 수 있다. 사망은 물론이고 진단, 수술, 후유장애 등이 모두 해당된다.

하지만 예외적으로 중복보장이 안 되는 경우가 있다. 바로 손해보험사의 '실손의료비(상해의료비, 질병입원의료비, 질병통원의료비) 담보 특약' '벌금 담보 특약' '일상생활 중 배상책임 담보 특약' 등 3가지다. 가령 의료실비보험을 3개 들고 총 보험금이 1200만 원이라고 해보자. 그런데 병원비가 600만 원이 나왔다고 한다. 이 경우 1200만 원을 모두 받는 것이 아니라 3곳에서 비례해 200만 원씩 총 600만 원을 받게 된다. 따라서 자신의 의료실비보험이 과도하게 많은 경우 이를 정리하는 게 좋다.

셋째는 저축성 보험은 대표적인 변동금리 상품이라는 점이다. 즉 금리가 상승하는 시기엔 높은 금리를 적용받고, 반대로 금리가 하락하면 낮은 금리가 적용된다. 물론 잘 아는 이야기일 수 있다. 하지만 종종 보험에 가입할 때면 이런 사실을 순간 잊어버리게 된다.

'40세부터 월 100만 원씩 10년을 납입하면 만기 환급금 2억 4000여만 원(원금 1억 2000만 원 포함)을 보장한다'는 한 저축성 보험 상품에 대한 카피가 있다고 해보자. 하지만 좀 더 눈을 크게 뜨고 보면 조그맣게 '변동금리(연복리 5.6%) 적용'이라는 대목을 확인할 수 있을 것이다. 만약 금리가 떨어진다면 당연히 만기 환급금 규모도 줄어들게 된다.

이뿐만이 아니다. 혹시 여러분은 '28세부터 월 30만 원씩 7년 납입시 약 1억 원(원금 2520만 원)'이라는 카피도 접할지 모르겠다. 월 100만 원도 아니고, 30만 원으로 1억이라니, 정말 대단하다는 생각이 들 것이다. 하지만 자세히 보면 '만기 환급금 지급은 60세'라는 대목을 볼 수 있다. 7년 만에 찾는 것이 아니고, 32년 후에 찾을 수 있다는 이야기다.

넷째는 '특약'에 대한 적절한 활용이다. 어떤 보험도 단박에 모든 질병을 다 보장해주지 않는다. 일반적으로 특약 없이 지급되는 수술비와 입원비는 보험사가 따로 정한 3대 질병(암, 뇌졸중 또는 뇌출혈, 급성심근경색증), 6대 질병 및 10대 질병 등으로 한정된다.

따라서 자신이 더 많은 질병을 보장받기 위해선 추가 보험료를 내고 별도의 특약에 가입해야 한다. 반대로 3대 질병은 고액의 비용이 드는 경우가 많기 때문에 '진단비' 위주로 충분한 보장을 받을 수 있도록 전략적으로 행동하는 게 좋다.

다섯째는 끝까지, 이해될 때까지 꼬치꼬치 캐물어야 한다는 것이다. 헷갈린다 싶으면 무조건 물어서 확인하는 습관을 기르자. 가령 변비가 심한 사람이라면 "치질까지 보장되나요?"라고 물어봐야 한다. 이걸 확인 안 했다가 자칫 직장에 생긴 용종 제거 수술을 받았는데도 해당 상품이 항문 관련 질병을 보장하지 않는다는 이유로 보험금을 받지 못할 수 있다. 이뿐만이 아니다. 자신은 암 보험에 가입했다고 생각하는데 전립선암 진단을 받고 보험사에 전화를 걸었다가 "님의 암 보험상품에는 전립선암이 포함돼 있지 않습니다"라는 말을 들을 수 있다.

하나씩 따져봐야 한다. '자필서명'은 바로 더 많이 물어보라고 보험사가 여러분에게 준 특권이다.

03

투자하는 습관

현존하는 갑부들의 대표적인 공통점은 바로 "투자의 귀재였다"는 것이다. 결코 '소비의 귀재였다' '저축의 귀재였다' 가 아니다. 엄밀한 의미에서 '절약의 귀재' 나 '저축의 귀재' 는 틀린 말이다. 꾸준한 절약과 지독스런 저축에는 정말 피땀 어린 노력이 필요하지만 '귀재' 라는 말은 어울리지 않는다. 그러나 '투자' 는 다르다. 기술이 필요하고 공부가 필요하다. 결단력도 갖춰야 한다. 그래서 '투자의 귀재' '투자의 고수' 란 말이 있는 것이다.

반대로 가난한 사람들의 대표적인 공통점 중 하나는 아예 '투자' 라는 말 자체를 모른다는 것이다. 원래 가진 게 없어 주식투자, 채권투자, 부동산 투자, 달러투자 등은 꿈도 못 꾼다고 항변할지 모르겠지만 틀린 이야기다. 투자는 일정 규모 이상 종자돈이 모이면 바로 실행할 수 있는 재테크로, 100만 원만 있어도 투자가 가능하다. 특히

20대~30대 초반에게 있어 '투자'는 하나의 특권이기도 하다. 40대, 50대가 되면 자신의 재테크 일기에 '투자'라는 단어는 거의 찾아보기 힘들게 될 테니까 말이다. 나이가 들면 확률적으로 안정성 높은 재테크에 더 많은 점수를 둬야 한다.

여러분은 아직 젊다. 지속적으로 강조하겠지만 '시간'이라는 결코 어떤 금액으로도 평가할 수 없는 막강한 '기초자산'을 갖고 있다. 시간이 있기에 더 자신 있게 '투자'할 수 있다. 1억이 있어야만 투자할 수 있는 것도 아니다. 하지만 절약이나 저축과는 달리 투자에는 더 많은 공부가 필요하다. 더 많은 수익을 올리려고 한다면 그만큼 책임도 따른다. 이 책임과 위험을 헤징(hedging: 손실을 미연에 방지하는 방법이나 행위)하기 위해 공부해야 하며 다시 투자해야 한다.

지금 이 순간 여러분에게 돈 버는 가장 좋은 습관은 바로 '습관적으로 투자하는 것'이다.

투자고수가 되는 습관

지난 1996년 7월 세계적 헤지펀드인 '타이거펀드'를 이끄는 줄리안 로버트슨은 태국의 바트화를 투매할 것을 결정한다. 이들은 의도적으로 바트화를 팔면서 외환선물시장에서도 매도 포지션을 유지해 바트화 가치를 급격하게 떨어뜨렸다. 결국 태국 정부는 극복할 수 없는 외환위기에 직면했고 태국의 경제는 회복될 수 없는 나락으로 빠져들었다. 여기서부터 시작된 아시아시장의 달러 유동성 부족 위기는 한국으로까지 이어져 IMF라는 거대 외환위기를 야기시키게 된다. 이 과정에서 한발 앞서 외환선물 매도포지션을 쌓아뒀던 타이거펀드는 엄청난 액수의 수익을 챙겼다.

물론 아직도 당시 태국 바트화가 그렇게 고평가되어 있었는지, 정말 태국 경제가 붕괴조짐에 있었는지, 헤지펀드의 의도적인 투기가 아니었는지에 대한 논쟁은 끝나지 않았다. 그러나 이에 대한 타이거펀드의 입장은 단호하다.

"태국 신문에는 당시 중고차 판매가 급감하고 있다는 기사 일색이었다. 관광수입으로 지탱하는 태국 경제인데 중고차 수요가 없다는 건 분명 큰 문제 아닌가. 우리는 이에 한발 앞서 태국 경제 붕괴에 배팅을, 아니 투자를 한 것이다"라는 게 그들 주장이다.

여러분은 지금부터 '투자고수'가 되는 습관을 익히려고 한다. 아주 하찮은 습관일 수 있지만 투자수익 증대에 큰 역할을 하게 될 것이다. 혹시 신문에 난 경제관련기사를 꼼꼼히 읽는가. 아니 적어도 경제관련기사를 별 무리 없이 읽어내려 갈 수 있는가.

경제관련기사를 읽고 이해하고 음미하고 내 것으로 만들자. 웬만한 '투자귀재'들에게서 발견되는 공통적인 투자습관이다. '투자'만큼은 세계 최고수준인 타이거펀드 사장도 신문을 통해 투자를 결정하고 있다.

경제신문의 행간을 읽어라

경제관련기사, 또는 경제신문을 읽는 습관이 필요하다. 재테크 투자성공의 50%는 타이밍이고 나머지 50%는 정보에 달렸다고 한다. 경제신문을 읽는 습관은 타이밍과 정보 모두에 큰 도움이 된다.

이제 막 경제신문을 읽기 시작한 경우라면 우선 증권면과 부동산면을 꼼꼼히 살펴야 한다. 주로 정보를 캐치하는 연습을 하는 것이 좋다. 어떤 주식(종목)에 대한 정보, 또 어느 지역 부동산에 대한 정보를 편하게 쭉쭉 읽어나가는 연습이다. 이 과정에서 어려운 용어는 공부하고 유용한 정보는 스크랩 해두는 정성을 들이는 것도 좋다. 요즘엔 신문마다 재테크면을 따로 두는 경우가 많다. 반드시 놓치지 말고, 지겹더라도 끝까지 읽어내는 연습을 하자.

어느 정도 경제기사가 눈에 익게 되면 이제 경제관련정책에 관심을 갖는 것이 좋다. 가령 한국은행 금융통화위원회의 콜금리 정책이 어떻게 되는지, 부동산 규제정책과 양도소득세는 어떤 방향으로 흘러갈지, 대기업 순환출자는 허용되는지 등 경제정책 하나하나를 짚고 넘어가야 한다.

먼저 정책 자체를 이해하고 다음으로는 파급효과에 집중하는 식으로 사고의 폭을 넓혀가자. 만약 금리를 인상한다면 짧게는 대출금리가 높아져 은행대출이 많은 경우 상당한 부담으로 다가올 것이다. 다음으론 왜 금리를 올렸는지 생각해야 한다. 경기가 과열돼 이를 안정시키기 위해 금리를 올렸다면 향후 6개월~1년 정도 후에는 과열경기가 진정된다고 전망할 수 있다. 그럼 경기를 선반영하는 주식시장은 지금부터 위축될 수 있다고 해석하는 게 정석이다.

부동산 투자에 대한 규제가 강해졌다고 해서 무조건 부동산 투자의 매력이 없어지고 상대적으로 시중자금이 증시로 유입된다고 단정 지을 수는 없다. 정부 규제의 내용을 잘 살펴 만약 부동산 투자자(또는 투기꾼)들이 오히려 역공세를 펼 수도 있기 때문이다. 신문에서 읽은 몇 줄의 기사를 갖고 여러분이 생각하고 분석하고 한발 더 나아가 직접 현장에 뛰어들어가 분위기를 살필 수도 있다. 이런 과정 속에 여러분은 점점 더 '투자의 고수'에 가까워 질 수 있다.

경제신문 제대로 읽는 법

종종 갓 직장에 입사한 신입사원들이 경제신문을 1면부터 마지막 면까지 〈타임〉지 보듯 열독하는 경우가 종종 있다. 그 열성은 정말 대단하지만 효율성 측면에서는 추천할만한 행태가 아니다. 막상 다 읽고 머리에 뭐가 남았나를 돌이켜 보면 '멍' 한 상태뿐일 것이다.

처음에는 몇 개 면에 집중하자. 가령 한 경제신문의 증권면만 석 달간 꾸준히 읽는다면 현재 국내 증시에 대해서 어느 정도 감각을 익힐 수 있게 된다. 산업섹션을 집중적으로 파는 것도 좋다. 어느 그룹의 가계구도가 어떻게 되는지, 삼성전자의 연 매출액과 영업이익은 얼마나 되는지에서부터 현대차가 내년 말에 출시할 신차 모델은 무엇인지를 재미 삼아 살피는 것도 좋다.

이런 연습을 마치면 이제 본격적인 경제신문 행간읽기를 시작해야 한다. 지금까지 주로 '정보 얻기'에 주력했다면 이제는 스스로 정보를 분석해가는 과정이다. '타이밍'을 잡아내는 과정이라고 해도 좋다.

수출비중이 매출액의 90%를 차지하는 A기업의 4분기 매출액과 영업이익이 크게 개선됐다는 기사가 있다. 만약 이 기사를 읽고 A기업 주식을 대량 매수한 사람이 있다면 주식투자에 있어 성공보다는 실패할 확률이 높다. 기업실적과 관련된 기사(정보)는 발표시점에 벌써 주가에 반영돼 있기 때문이다.

그러나 이 기사와 함께 "최근 달러가 다시 귀해지면서 원/달러 환율이 점점 상승하고 있다(원화값이 절하되고 있다)"는 기사가 또 다른 면에 함께 나왔다고 하자. 그렇다면 여러분은 이제 바로 이 기사를 보고 A기업 주식을 사야 한다. 기업 내적인 요소와 별도로 수출이 주종목인 A기업에게 경제 거시환경이 향후 유리하게 돌아가고 있기 때문이다. 원화 값이 싸지면 달러로 표시되는 상품가격은 낮아지기 때문에 수출이 증가할 수 있다. 당연히 수출기업인 A기업에게는 호재다.

요즘 해외펀드투자가 인기를 끌면서 인도펀드나 차이나펀드 수익률 추이에 대한 기사가 자주 보도된다. 만약 어느 날 인도펀드 수익률이 좋아졌다는 기사가 나왔다면 이를 '정보'로 받아들여야 한다. 하지만 결코 투자 '타이밍'으로 잡아선 안 된다. 이미 수익률이 높다는 게 향후 수익률 상승을 보장하지 않기 때문이다. 그러나 한 달 전 신문 국제면에 앞으로 인도증시에서 상당수 인수합병(M&A) 건이 나올 것이란 기사를 봤다면 이때를 비로소 투자 타이밍으로 잡아야 할 것이다. M&A가 몰린다는 것은 해당 증시에 돈이 엄청나게 풀린다는 걸 의미하기 때문이다.

경제신문을 꼼꼼히 읽고 그 행간을 분석하는 게 거의 습관적으로 이뤄지기만 한다면 분명 투자정보 확보와 타이밍 잡기 모두에서 큰 도움을 받을 수 있다. '투자의 귀재'가 되는 기초 중의 기초라고 할 수 있다.

경제변수	주가와의 관계
경기	- 경기 상승시 주가 상승. 6개월 선행 - 경기 사이클 중 재고순환은 1~4년의 주가순환을 결정함
금리	- 금리 상승시 주가 하락 - 금리는 경기 회복이 어느 정도 진행된 이후 상승
통화량	- 통화량 증가 초기에는 유동성이 확대되어 주가 상승, 이후 물가를 자극해 주가에 부정적인 영향
물가	- 소폭의 물가 상승은 제품 단가 상승을 통해 주가에 긍정적 영향을 선호하고 물가가 큰 폭으로 상승하면 실물자산 긴축통화정책으로 주가에 부정적인 영향을 미침
부동산	- 경기 호황 후반에 추가 상승이 나타난 이후 부동산 가격 상승 - 초기에는 주가와 부동산이 동반 상승, 상승률이 높아질수록 유동성이 부동산으로 대체되어 주가에 부정적인 영향
환율	- 원화절상시 외화부채가 많은 기업이 수익성 개선으로 주가 상승 - 원화절하시 수출 비중이 높은 기업의 주가 상승 - 원화절하 예상시 외국인 매도증가 - 원화절상 예상시 외국인 매수증가

〈표 8〉 경제변수와 주가와의 관계

아는 것, 확인한 만큼 투자한다

제주도에 위치한 유명 호텔 전문경영인으로 활동하다 은퇴한 김 모 씨. 호텔에서 오랜 기간 근무한 만큼 사교성도 뛰어나 도움을 받을 수 있는 지인도 많이 있다. 그는 은행과 증권사 프라이빗 뱅커(PB)들과도 자주 연락하고 재테크에 대한 자문도 자주 주고받는다. 하지만 그는 최종 투자결정만큼은 철저하게 본인이 판단한다. 특히 "투자를 설득하는 전문가를 믿지 말라"고 공공연하게 말한다. 대신 재테크에 대한 정보를 전해주는 사람들에게 항상 "해당 투자건을 자세히 이해시켜달라"고 주문한다. 어차피 내 돈 투자하는 거 정확히 알고 투자하겠다는 게 그의 지론이다. 부동산은 제외하고 현금성 자산만 약 20억 원 정도니까 그의 지론이 분명 투자에 큰 힘은 됐던 것 같다.

서울 강남구 삼성동에 위치한 한 주상복합아파트에 투자하려다 포기했던 시중의 한 자산운용사 사장은 지금도 땅을 치고 후회한다. 9억 원대 초반이었던 집값이 불과 2년 만에 16억 원에 육박하고 있기 때문이다.

"당시 거기 살고 있는 친구한테 물어봤더니 출구가 하나 밖에 없어 출퇴근 시간대는 거의 정체가 된다는 거예요. 살기도 나쁘고. 그래서 그냥 포기하고 딴 데 돈을 돌렸죠. 그런데 다음 주에 그 친구가 그러는 거예요. 출구 구멍을 5개나 뚫어서 이젠 진짜 살기 편하다고. 아, 땅을 쳤죠. 한 번이라도 가볼걸. 난 무슨 큰 공사라도 해야 되는 줄 알았는데… 그리고는 한 달 만에 집값이 튀어버리는 거예요."

'보는 만큼 투자한다'는 격언이 있다. 바꿔 말해 더 잘 투자하려면 더 많이 보고 확인해야 한다는 뜻이다.

확실히 보자. 내 눈으로 직접 확인하자. 이게 불가능하다면 그냥 워렌 버핏처럼 '아는 기업(대상)'에만 투자하는 게 최선이다.

위기와 두려움, 그 실체를 확인하라

직장동료들끼리 모이면 이런 말을 자주 한다. "새가슴들은 투자해서 돈 못 벌어. 그냥 닥치고 정기적금만 들어야지"

여러분은 앞으로 수많은 투자 기회를 만날 것이다. 전혀 위험이 없는 것처럼 보이는 제안도 있고, 누가 봐도 망하기 딱 좋은 경우도 접할 수 있다. 그러나 진정한 투자고수가 되려면 그 위험의 '실체'를 파악할 줄 알아야 한다. 이 능력은 선천적으로 타고나는 것이 아니다. 학습하고 연습해서 습관화하면 자동적으로 발현되는 능력이다. 하지만 대부분의 사람들은 언제나 투자를 앞두고 긴장한다. 원금 날릴 걱정에 밤잠도 설친다.

지난 2004년 LG카드채권에 투자했던 사람들은 많게는 연 18~20%의 이자를 받아갔다. 당시 LG카드채권은 요주의 등급으로 분리될 만큼 투자 위험성이 높았다. 이자가 이렇게 많이 지급된 것도 바로 이 때문이다. 지금은 회사가 정상화되고 힘차게 돌아가고 있지만 당시는 회생가능성이 의문시되던 상황이었다(채권이자율도 지금은 3%대로 내려앉았다). 채권투자의 경우 잘 아는 것처럼 회사가 망하면 갖고 있는 채권은 휴지조각이 된다. 이자를 지급할 주체가 없어지기 때문이다.

자, 이 경우 LG카드채권에 투자하는 게 과연 위험이었을까. 정말로 두려움을 느낄만한, 투기에 가까운 무모한 투자였을까. 당시 투자고수들은 "정부가 과연 LG카드를 망하게 할까. 절대 그렇게는 못할 것이다. 설사 망하더라도 개인이 투자한 채권에 대해서 원금은 보장해줄 것이다"라는 자신감으로 채권을 사들였다고 한다. 물론 '도덕적 해이' 문제가 있을 수 있겠지만 어쨌든 위험의 실체를 자기 나름대로 재빠르게 분석했다고 볼 수 있다.

벤처기업 사업을 하는 박 모 사장은 2000년 말 용산역 근처에 투자해 대박을 터뜨렸다. 평당 3000만 원에 사들였는데 벌써 평당 1억이 넘는다. 당초 박 사장이 투자할 때만해도 용산역에 주변 미군부대 녹지공원 조성이나 주상복합빌딩이 세워진다는 사실 등은 모두 다 공개된 상태였다. 그러나 웬만한 사람들은 선뜻 도전하지 못했다. 용산역 주변에 있는 '창녀촌' 이미지 때문이었다. 이상하리만치 주변 부동산 업자들도 좋은 말을 내놓지 않았다고 한다. 어떤 업자는 "거기 공원 안 생겨요. 미군들이 안 내놓죠"라든가 "주상복합 생기는 거 맞아요?"라는 근거도 없는 부정적 의견을 펼쳤다고 한다.

하지만 바로 이 순간 오히려 박 사장은 투자를 확신했다고 했다. 이건 두려움이 아니라 확실한 희망이라고 느꼈다고 한다. 투자에는 항상 이상한 두려움이 따라붙는다. 하지만 반드시 그 실체를 파악해야 한다. 막연한 두려움인지, 고수익을 올릴 수 있는 확실한 기회인지 말이다.

저축 대신 주식저축으로

모 증권사 광고카피에 "주식으로 저축하세요"라는 구절이 있다. 투자의 대명사인 주식을 저축하라니. 선뜻 공감이 가지 않는다. 바로 적립식투자에 대한 이야기다. 최근 뜨거운 가입 열풍을 몰고 온 적립식펀드에 대한 설명이다.

적립식펀드는 주식형펀드, 채권형펀드 등 어떤 투자대상을 정의하는 펀드가 아니다. 바로 투자하는 방식, 즉 '투자행태'에서 비롯된 명칭이다. 어떤 펀드에 투자함에 있어 한 번에 많은 돈을 넣지 않고 일정기간 투자금을 나눠 적립형태로 투자할 경우 넓은 의미에서 모두 '적립식펀드'에 해당된다.

적립식펀드 상품(Regular Savings Plan, RSP)은 현재 전세계에서 수익성과 안정성이란 두 마리 토끼를 잡을 수 있는 새로운 돈 모으는 투자처로 평가 받고 있다. 특히 장기투자로 진행될수록 안정적인 수익창출 가능성이 높아진다는 특징 때문에 주식시장이 발달된 선진국에서는 이미 보편화돼 있다.

혹시 여러분은 지금 적립식펀드 통장을 몇 개나 갖고 있는지, 혹시 적립식펀드 통장보다 2~3개의 정기적금 통장을 갖고 뿌듯해하고 있지는 아닌지, 아직도 '펀드'라는 말에 경기부터 일으키는 건 아닌지 궁금하다.

대한민국 증시는 영원히 엉성하다?

아직도 많은 젊은이들은 적립식펀드투자에 대해 그리 확신을 갖고 있지 않다. 확신은커녕 오히려 부정적인 의식을 갖고 있는 경우가 훨씬 많은 것 같다. 몇몇 '부자되기' 사이트에서는 적립식펀드에 대한 불신론이 전체 의견을 압도하기도 한다. 2008년에 들어 새롭게 가입하고 다섯 달을 부었는데 원금이 깎였다는 의견에서부터 우리나라 증시는 결코 믿을 수 없다는 원론적인 비난도 많다. 주식이나 펀드는 모두 거기서 거기니까 '닥치고' 은행가서 적금 들든지, 연금보험이나 열심히 들으라는 충고도 보인다.

하지만 문제는 이러한 비난의 중심에 '적립식펀드'에 대한 올바른 이해가 없다는 것이다. '코스트 애버리징'이 무슨 말인지, 어떤 경우에 수익이 극대화되는지에 대해서도 설명하지 못한다. 무턱대고 대한민국 증시는 옛날부터 엉성하고 위험했고 그러니까 여기에 투자하는 건 바람직하지 않다는 이야기뿐이다. 자본주의 사회에서 주식시장은 한 나라의 경제를 반영하는 거울인데 그럼 앞으로 대한민국 경제는 계속해서 '엉성함'을 지속한다는 말인가.

적립식펀드 수익률의 비밀, 코스트 애버리징(평균투자효과)

적립식펀드의 어떤 점이 그렇게 매력적인 것일까. 적립식펀드도 결국 주식에 투자하는 것으로 주가등락 위험이 상존할 텐데 말이다. 적립식펀드 수익률의 비밀은 일명 '달러 코스트 애버리징(Dollar Cost Averaging : 평균투자효과 혹은 비용평균화효과)라 불리는 평균 매입단가 하락효과로 요약된다.

특정 주식형펀드의 경우 일정시점에 3억 원을 넣고 3년을 기다리는 것과 1억 원을 3번(년)에 걸쳐 넣는 쪽과 어디가 수익률이 더 높을까. 먼저 주가는 등락을 거듭하기 마련이라는 피할 수 없는 명제를 가장 최우선의 전제로 둔다. 그리고 가입할 때 시점의 주가는 1000, 이후 1년 뒤 주가는 1100, 2년째는 900, 그리고 3년 후에는 다시 1000으로 돌아왔다고 가정해보자. 주가지수와 똑같이 움직이는 인덱스펀드에 3억 원을 일시불로 넣고 3년을 기다렸던 투자자의 투자수익은 0이다. 주가가 1000에서 시작해 1000으로 끝났기 때문에 처음 일시불로 넣었던 3억 원은 그대로 3억 원으로 남는다. 50만 원에 삼성전자 1주를 사놓은 사람이 팔지 않고 3년을 버티고 있을 경우 그 사이 주가가 100만 원으로 올랐어도 다시 50만 원으로 돌아오면 차익이 전혀 없는 것과 같은 이치다.

하지만 1억 원씩 세 번에 나눠 넣은 투자자의 투자수익을 살펴보면 약 202만 원의 투자수익이 발생한다.

3억 202만 원(평가금액)=1억×(1100÷1000) (900÷1100) (1000÷900)+1억×(900÷1100) (1000÷900)+1억×(1000÷900)=3억 202만 원

어려운 수학공식이 쉽게 이해되지 않는다면 그냥 정성적인 판단을 해도 된다. 정기적으로 일정금액을 투자하게 되면 주가가 비쌀 때는 얼마 못 사지만 주가가 하락해 싸지게 되면 낮은 매입단가에 매입수량도 늘어나게 된다. 즉 주가가 쌀 때는 매입단가를 낮춰 매입수량이 늘어나고 주가가 비쌀 때는 매입단가가 높아 매입수량이 줄어들게 되는데 이를 반복하면 결국 평균매입단가는 떨어지게 된다.

가령 매달 1일 동일한 금액을 한 종목에 투자한다고 가정해보자. 물론 주가는 오를 수도 있고 반대로 떨어질 수도 있다. 만일 해당 종목의 주가가 그전 시점보다 떨어지면 같은 투자금액으로 단가가 낮아진 같은 종목을 더 많이 살 수 있게 된다. 반대로 가격이 오르면 단가가 높아진 같은 종목을 덜 사게 되는 효과가 발생한다. 결과적으로 평균 구입단가를 낮추게 돼 주가가 오르면 더욱 많은 수익을 올릴 수 있다. 특히 이 효과는 기간이 길면 길수록 더 극명하게 나타난다.

가령 2004년 1월 4일 800에서 출발했던 주가가 9월 4일 정확하게

다시 800으로 회귀했다고 가정해보자. 이때 시장 상황과 무관하게 매달 10일에 일정한 금액을 종합주가지수를 내용으로 하는 적립식펀드에 투자한 사람의 수익률을 살펴보자.

구분	1월 2일 시작	3월 1일 시작	4월 1일 시작	9월 4일(거치식 기준)
종합지가지수	800.3	883.42	882.75	800.6
수익률(9월 4일까지)	3.66%	-5.48%	-5.41%	0%

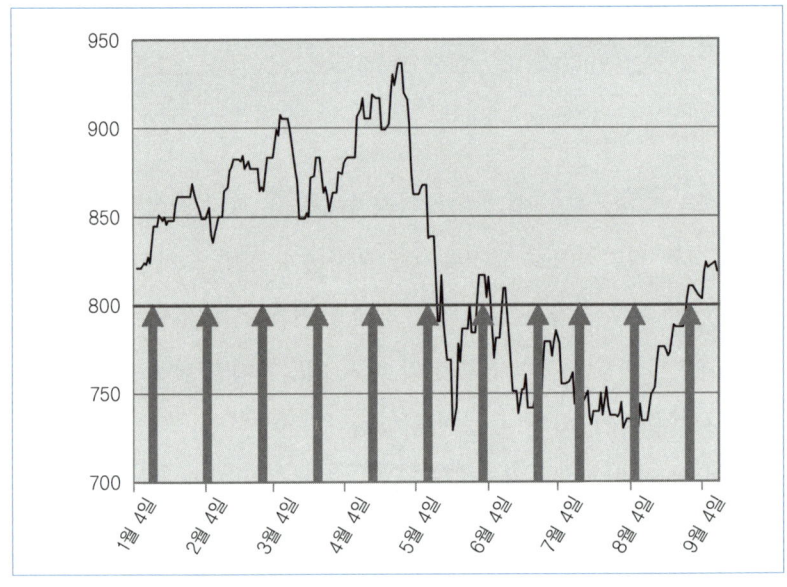

〈그림 6〉 달러 코스트 애버리징의 예

1월 2일에 적립식펀드투자를 시작한 사람은 9월 4일까지 수익률이 3.66%에 달한다. 반면 시기를 기다리다가 3월 1일부터 시작했다면 5.48%대로 떨어진다. 4월에 가입한 사람 역시 5.41%의 손실을 본다. 즉 가입기간이 가장 길었던 투자자의 경우 매입단가하락 효과를 가장 많이 보기 때문에 하락장에서도 버티는 힘이 커진다.

적립식 투자가 안전할 수밖에 없는 3가지 이유

정기적금을 3년간 지속해서 얻는 수익은 연간 4%씩 총 12%라고 해보자. 그렇다면 여러분이 투자한 적립식펀드 수익률이 3년간 12% 이상만 나오면 일단 효율적인 선택이라고 결론을 내릴 수 있다. 그런데 지난 2005년 한 해만 시중 적립식펀드의 연평균 수익률은 30%를 훌쩍 넘어섰다. 정기적금으로 따져서 7년 이상 유지해야 얻을 수 있는 수익률이다. 2007년에도 마찬가지였다. 눈 감고 아무 펀드만 찍어서 가입했어도 30% 수익률이 나왔다.

물론 2005년, 2007년의 한국 증시 폭등을 일반화시켜 생각해서는 결코 안 된다. 원금손실 위험은 상존하며 이런 급등은 오히려 이례적인 현상일 수 있다. 실제로 2008년 국내증시 및 세계증시는 100년 만에 최대 폭락을 경험하며 투자자들의 맘을 아프게 했다.

뭐, 적립식펀드 투자가 세계 최고의 투자상품이라는 이야기를 하려는 것도 아니다. 실제 '코스트 애버리징 효과'라는 것도 한국 증시가 향후 5년 이상 지속적으로 하락해버리면 거의 쓸모없는 것이 된다. 주가가 추세적으로 하락해버리면 매입단가 하락이라는 자체가 아무런 위력을 발휘하지 못한다.

그럼에도 불구하고 난 이제 20대인 여러분은 공격적으로 적립식 투자를 반드시 이용해야 한다고 강조하고 싶다. 어린 시절엔 돈만 생기면 은행에 저축했다면, 이제는 돈만 생기면 적립식펀드 통장에 집어넣는 습관을 가져야 한다고 간절하게 충고하려고 한다.

첫째 우리는 대한민국 경제에 대한 믿음을 갖고 있기 때문이다. 아니, 가져야만 하기 때문이다. 과거 1980년대 미국처럼 불과 10년 만에 증시가 8000포인트 이상 오른다고 보장하지는 못해도 현재 우리는 선진국으로 올라가는 문턱에 서 있다. 코스피가 3000에 간다고 장담할 순 없어도 다시 1000포인트를 깨고, 500으로 추락할 증시 붕괴 가능성은 희박해졌다는 뜻이다. 혹시 남북전쟁이 일어날 가능성에 배팅할지도 모르겠다. 그런데 이런 상황이라면 그 어떤 재테크도 힘을 발휘할 수 없다.

둘째는 세계경제 호황과 불황의 순환주기가 27개월을 기점으로 짧아지고 있다는 점이다. 과거 3~5년을 주기로 호황국면이 찾아왔다면 최근엔 빠르면 2년마다 경기가 최고조에 도달하고 있다. 결국 시장경기를 반영하는 주식시장의 상승과 하강 사이클 역시 급속도로 축소되고 있다는 뜻이다. 이것은 무엇을 의미하는가. 바로 적립식펀드의 코스트 애버리징 효과가 빛을 볼 수 있는 좋은 상황이라고 해석할 수 있다. 실제로도 그랬다. 지난 2008년 10월 증시가 급락했을 때 이후 10개월 넘게 꾸준히 적립을 했던 경우라면 이후 900포인트에서 1400선으로 올라오는 과정에서 상당한 수익을 낼 수 있었다. 오히려 문제는 적립을 포기했던 경우였다.

셋째는 '저출산·노령화' '기업퇴직연금 시대 개막' 등 피해 갈 수 없는 사회적 트렌드 때문에 적립식펀드에 대한 믿음은 더 커져간다.

인구가 줄면서 집에 대한 수요는 줄고 사람이 늘어가면서 유동성 확보를 더 선호하게 된다. 인플레이션에 대한 대응수단으로 부동산 대비 주식의 상대적 매력이 돋보이고 있다. 특히 최근에는 기업마다 퇴직금을 연금으로 주면서 돈 굴릴 곳으로 주식시장을 택하고 있다. 한마디로 주식시장으로 돈이 몰려가고 있다는 이야기다. 이것이 바로 국내증시 하방 경직성이 확보되는 근거다. 자금이 풍부해지기 때문에 웬만한 쇼크에 급락할 가능성은 매우 희박해졌다.

나를 붙잡아주는 은행이 좋다고?

이제부터는 좀 다른 각도로 적립식펀드를 바라보려고 한다. 인터뷰에 응해줬던 J홍보회사의 K과장(29, 여)은 이런 말을 전했다.

"은행적금은 한 번 들고 매월 안 넣으면 무슨 큰 죄를 저지르는 것처럼 맘이 무거워요. 그런데 적립식펀드는 몇 달 안 넣어도 그냥 그래요. 어차피 해도 그만, 안 해도 그만이라는 생각이 들어서요."

저자의 친한 후배 하나도 이와 비슷한 이야기를 한다.

"원래 투자라는 게 스스로 알아서 하는 거잖아요. 그래서 쉽게 포기하게 되요. 솔직히 말해 은행상품 대단하지 않죠. 이자도 쥐꼬리구. 그래도 뭐랄까. 학생주임처럼 나를 옥죄는 게 있어요. 그래서 자꾸 은행에 가는 거 아닐까요."

아예 "적립식펀드 몰라서 안 하는 거 아닙니다. 집중이 안 되니까, 몰두를 할 수 없으니까 안 하는 겁니다"라고 말하는 사람들도 많다. 요약하면 대부분 사람들이 상품의 차이 때문이 아니라 게을러지는 자신을 다잡아준다는 이유로 적립식펀드 대신 은행정기적금을 선택한다는 이야기다.

혹시 여러분도 이런 이유 때문에, 스스로를 통제하지 못할 것 같다는 자신 없음 때문에 몇 배의 수익을 포기하려고 하는가. 절대로 이런 오류를 따라 하면 안 된다. 크게 달라진 게 없다. 오로지 스스로의 마음가짐 문제다. 그 동안 꾸준히 은행저축을 해왔다면 그 꾸준함을 주식저축으로 바꾸면 된다. 확실히 길들여진 저축습관을 이제부터

'주식저축습관'으로 발전시키면 된다.

모두 습관이다. 자유롭다고 해서 주식저축을 게을리하면 안 된다. 주식저축이야말로 꾸준함에서 가장 큰 힘을 발휘할 수 있기 때문이다.

돈 버는 주식투자의 십계명

'투자' 하면 역시 주식투자를 빼놓을 수 없다. 이번엔 펀드투자(간접투자)가 아니라 직접 주식투자에 대한 이야기다.

재테크 전문가 백이면 백사람 모두 주식투자만큼은 처음 투자습관이 평생을 좌우한다고 말한다. 이미 대학생 시절부터 주식을 매매해본 사람도 있겠고 직장에 입사해 이제부터 주식공부를 시작했을 수도 있다. 아예 "난 주식 같은 거 절대 안 할거야"라는 신념을 가진 사람도 물론 있다. 주식투자습관에 대한 이야기를 하기 전에 꼭 해주고 싶은 말은 주식투자보다는 펀드투자를 이용하라는 충고다. 주식투자라는 게 웬만한 정성과 노력을 기울이지 않고는 성공하기 힘든데다 무엇보다 직장을 다니는 상황에서는 더 힘들어진다. 상사 몰래 홈트레이딩시스템(HTS)을 열고 닫고 하는 게 얼마나 피곤한 일인지 해본 사람은 다 알 것이다.

우량주를 사랑하라

그래도 꼭 주식투자를 해보고 싶다면 다음의 10가지 원칙은 반드시 '습관적'으로 지키길 바란다. 적어도 '전업 주식투자자'가 될 생각이 아니라면 말이다. 이른바 초보 주식투자자 십계명이다. 여러분이 지금 이 십계명만 습관으로 익혀도 주식투자를 통해 망할 확률은 거의 없을 것이라고 자신한다.

① 한 주를 사더라도 비싼 주식을 사라

이것저것 재지 말고 '우량주'를 무조건적으로 선호하라는 뜻이다. 우리나라를 대표하는 기업들은 한국경제가 망하지 않는 한 성장을 지속할 것이다.

삼성전자, 포스코, 현대차, SK텔레콤, KT 등과 같은 주식들인데 좀 비싼 게 흠이기는 하다. 일각에선 이들 주식이 성장을 멈췄다고들 이야기한다. 이미 가격이 비싸기 때문에 주식투자를 통해 많은 차익을 남길 수 없을 것이라고 설명한다. 하지만 오히려 한 차례 더 업그레이드할 가능성이 높다. 물론 1만 원 미만의 값싼 코스닥 종목 중에서도 숨겨진 보배들이 많다. 이것을 포기하라는 뜻은 아니다. 스스로 열정이 있고 관심이 있다면 당연히 적은 투자자금으로 도전해볼 만하다. 하지만 눈 딱 감고 우량주에 투자하는 것보다 상당히 피곤한 작업인 것만은 사실이다.

한국의 '니프티15 시대' 오나?

"미국은 니프티50(Nifty Fifty), 한국은 니프티15(Nifty Fifteen)."

최근 국내 증권업계 전반에 '지금 우량주를 사둬라'는 의견이 팽배하고 있다. 국내 증시에 과거 미국 증시의 '니프티50(매력적인 50종목)' 현상이 나타날 것이라는 전망 때문이다. '니프티50'이란 70년대 초 미국에서 증시 등락과 관계없이 GE, IBM, 코카콜라, 코닥, 제록스 등 명성 있는 기업의 블루

칩 50개 주가가 급등했던 현상을 말한다. 상대적으로 규모가 작은 국내 증시에서는(50개 종목은 아니더라도) 시가총액 상위종목, 업종 대표주 등으로 구성된 15개 종목 주가가 뛸 수 있다고 해 '니프티15(매력적인 15개 종목)'라는 말이 생겨난 것이다.

첫손에 꼽는 원인은 기업퇴직연금 도입과 기금관리기본법 개정을 통한 연기금의 매수 파워고 다음으로는 최근 불티나게 팔리고 있는 적립식펀드의 힘이다. 외국인들의 지분 매집을 통한 우량주 품귀현상은 이제 새로운 이야기가 아니다. 시가총액 상위 30개 기업 가운데 외국인 지분율이 높은 15개 이상 기업들의 실제 유통가능물량은 10% 수준에 그친다. 장기투자자나 연기금 등 안전성을 중시하는 기관들은 어쩔 수 없이 우량주나 업종 대표주에 매수를 집중시키기 마련인데 물량부족으로 주가가 한차례 급등할 가능성이 높다. 특히 국내 증시에서 연기금의 증시 영향력은 시간이 갈수록 커질 수밖에 없다. 국민연금을 중심으로 적립액이 빠른 속도로 늘고 있어 채권만으로 수요를 맞출 수 없기 때문이다. 국민연금은 현행 제도가 유지된다고 가정할 때 적립기금이 2035년 1715조 원까지 늘어난다. 삼성증권에 따르면 현재 국민연금은 장기계획에 따라 주식투자 비중을 단계적으로 늘리고 있으며 20%대까지 늘린다고 가정할 경우 2035년 주식투자 규모는 343조 원에 달한다.

요즘 일반 투자자들 사이에 열풍을 일으키고 있는 적립식펀드의 위력은 좀 더 빠르게 나타날 것으로 기대된다. 그런데 적립식펀드는 그 운용 한계상 자금이 시가총액 상위 블루칩에 집중될 수밖에 없다. 이래저래 이들 종목에 대한 수요는 커져만 갈 것이다.

② 주식 역시 장기적으로 투자하라

당장 수익이 날 것처럼 보이는 주식이나 작전주에 대한 투자는 절대 금물이다. 덧붙여 말하면 증권사에 다니는 친구가 소개하는 종목에 대해서는 '색안경'을 쓰고 보는 습관을 갖자.

③ 주식투자에 대해서 항상 공부하라

해당종목에 대한 공부도 좋고 전반적인 개념정리도 필요하다. 가령 현대모비스가 무엇을 만드는 회사인지도 모르는 채 이 종목을 매수하면 안 된다. 적어도 현대모비스를 분석하는 증권사 '애널리스트 리포트' 수십 편은 철저히 독파하는 자세가 필요하다. 이와 함께 주가수익비율(PER), 주가순자산비율(PBR) 등에 대한 용어설명이나 의미에 대한 공부도 필수다.

④ 매매에 대한 기록을 반드시 남겨라

HTS를 보면 과거 기록이나 수익률 등에 대한 정보를 살펴볼 수 있다. 하지만 상당히 번거롭고 나중에는 무슨 말인지 잘 모르게 된다. 주식투자를 할 경우 반드시 해당종목은 물론 자신이 매매를 한 날짜, 매수(도) 가격, 물량, 얻은 차익(손실) 등을 꼼꼼히 기록해야 한다.

수익이 날 때까지는 내 돈이 아니다

⑤ 손절매 습관을 들여라

초보 주식투자자들이 범하는 대표적인 오류인데 돈 10만 원 아까워하다 100만 원 손해 보는 경우가 많다. 팔 때는 반드시 팔아야 한다. 아까워할 필요가 없다. 분명 우리는 장기투자를 염두에 두고 있기 때문이다. 이때 필요한 것이 바로 '공부'와 '결단'이다. 가령 지난 2008년 미국발 금융위기와 같은 사건이 발생했을 때는 무조건 빨리 팔고 기다려야 한다. 주식과 펀드는 다르다. 기회는 반드시 또 온다.

최대한 빨리 털고 나와 사태의 추이를 지켜보자. 가장 비싼 값에 팔고 낮은 가격에 살 수는 없겠지만 적어도 그렇게 할 수 있는 기회는 만들 수 있다. '어차피 오를 건데 기다리지 뭐'라고 생각해서는 안 된다. 적어도 기다리는 그 기간만큼 여러분의 투자자금은 묶이기 때문이다.

⑥ 실제 수익을 올릴 때까지는 우쭐하지 말아라

근거 없는 자신감이나 알 수 없는 들뜸에 빠져서는 안 된다. 종종 겪게 되겠지만 자신이 투자한 주식가격이 오르는 날에는 왠지 모르게 '한턱' 쏘고 싶어진다. 하지만 이게 얼마나 허망한 일인가. 며칠 후 주식 가격이 하락한다면 여러분은 이제 삼중으로 손해를 보게 될 것이다. 오를 때 팔지 못해서 손해 본 것, 주식이 하락해서 발생한 손해, 그리고 아무 수익도 손에 쥐지 못했는데도 불구하고 한턱 쏴서 발생한 '피 같은 내 돈'이다. 수익을 실현하기 전까지 주가상승으로 오른 돈은 절대로 내 돈이 아니다.

목표수익률을 정해놓고 투자하라
⑦ 먼저 목표수익률을 정하고 매매하라
이 계명은 초보투자자들에게만 적용되는 사안이 아니다. 대부분의 고수들은 반드시 자신만의 목표수익률을 정해놓고 투자하는 게 습관화되어 있다. 주식을 사기 전에 얼마에 팔 것인지를 먼저 염두에 둔다는 뜻이다. 종목마다 다르겠지만 대략 10~15% 정도의 목표수익률이 적당하다는 의견이 많다. 가령 500만 원으로 한 주식을 샀는데 50만 원 정도 수익을 남겼다면 아무런 생각 말고 한 번 정도 수익을

실현해야 한다는 것이다.

펀드와는 달리 주식투자는 실제 수익실현이 중요한 관건이다. 그 포인트를 미리 확정해 놓지 않으면 쉽사리 주식을 팔기 어렵다. 인간인 이상 누구나 겪는 망설임이다. 그 망설임을 목표수익률이 도와줄 것이다.

⑧ 수익률 계산시 세금과 수수료 부분을 감안하라

주식거래에도 세금이 붙는다. 보통 거래대금의 0.3%~0.5%가 수수료 및 세금으로 떼이게 된다. HTS를 선택할 때도 수수료가 싼 증권사 프로그램을 찾아서 이용하자.

⑨ 주식도 적립식투자가 가능하다

철저한 분석 끝에 확신을 느낀 주식이 있다면 목돈이 없음을 한탄하지 말고 돈이 생기면 조금씩 바로 사 모으자. 스스로 적립식펀드의 펀드매니저라도 된 것처럼 말이다. 특히 최근에는 비싼 우량주의 경우 꼭 10주씩 아니라 1주도 매입이 가능하다.

⑩ 나누어 사고 팔아라

이 부분은 초보 투자자건 베테랑 투자자건 거의 습관적으로 범하는 실수라고 할 수 있다. 주식매매 HTS를 이용하면 알겠지만 보통 주식투자를 할 때는 먼저 매수 종목을 선택하고, 수량을 결정한 뒤 한 번에 주문을 내는 게 일반적이다. 매도할 때도 팔 가격을 정하고 수량을 입력한 뒤 한 번에 주문을 낸다. 하지만 조금 귀찮더라도 주가변동을 지켜보며 매수할 때 몇 번씩 나눠 사는 습관을 익히자. 대부분의 사람들에게 막상 살 때는 가격이 더 올라버리면 어떻게 할까 두려움이 앞서 어떻게든 빨리 사려고 하는 경향이 있다. 하지만 딱 계약이 체결되고 나면 곧바로 해당주식이 하락하는 경우가 비일비재하다. 조금만 숨 돌리고 기다리면서 천천히 하락한 가격에 분할 매수해도 결코 늦지 않는다.

팔 때도 마찬가지다. 무턱대고 매도가격에 모든 물량을 털어낼 것이 아니라 분할 매도를 통해 가격이 순간적으로 상승할 때 발생하는 손실을 보전해야 한다.

주식투자 십계명

1계명 : 한 주를 사더라도 비싼 주식을 사라.
2계명 : 주식도 장기적으로 투자하라.
3계명 : 주식투자에 대해 항상 공부하라.
4계명 : 매매에 대한 기록은 반드시 남겨라.
5계명 : 손절매 습관을 들여라.
6계명 : 실제 수익을 올릴 때까지 절대 자중하라.
7계명 : 먼저 목표수익률을 정하고 매매하라.
8계명 : 수익률을 계산할 때 세금과 수수료 부분을 감안하라.
9계명 : 필요하다면 주식도 적립식투자를 병행하라.
10계명 : 경우에 따라 주식을 나누어 팔고 나누어 사라.

결혼은 사랑, 그리고 '집'이다

유하 감독의 〈결혼은 미친 짓이다〉라는 영화를 보면 이런 장면이 나온다.

극중 연희(엄정화 분)가 준영(감우성 분)과 나누는 대화인데 "골치가 아파 죽겠어"라는 말로 장면이 시작된다.

연희 : 한 명은 의사. 두 명은 회사원. 한 명은 벤처 사업가. 그리고 너!
준영 : ?
연희 : 이 다섯 중에 누굴 골라야 할지 말야….
준영 : 난 빼줘.
연희 : 한 번 가정을 해보는 거야. (손가락을 꼽아가며)첫 번째는 의사 사모님이라 먹고 살 걱정은 별로 안 하겠지만 단조로운 생활에, 콧대 높은 시댁 식구들 꼴 봐야지, 또 못 생긴 신랑 얼굴에 정도 붙여야지….
준영 : ….
연희 : 다음은 샐러리맨의 아내. 이건 귀여운 연하의 남편과 잘 수 있어서 즐겁긴 한데, 너무 박봉이야. 집도 너무 가난한 것 같구…. 키는 또 왜 그렇게 작아? …그 다음 역시 같은 샐러리맨이긴 한데, 하지만 일류대 출신에다 분양받아 놓은 아파트도 있다고 하고, 무엇보다 한없이 선량해 보이는 그 눈! 근데, 좀 마마보이 기질이 있는 거 같아. 말끝마다 우리 엄마가 우리 엄마가….
준영 : (말을 자르며)난 왜 낀 거야?
연희 : 너? 너는…. 솔직한 구석이 있어 좋아. 어머님도 좋으신 것 같구.
준영 : 또?
연희 : (웃음)넌 테크닉이 뛰어나잖아.

요즘 젊은이들 사이에 '결혼은 미친 짓이다' 라는 말 못지않게 '결혼은 투자다' '결혼이야말로 인생 최대의 재테크다' 라는 말이 널리 퍼져 있는 것 같다. 어떻게 보면 '결혼을 투자로 보기 때문에 미친 짓이다' 라는 느낌도 종종 받게 된다.

부인하고 싶지는 않다. 결혼을 생각하고 있는 사람은 사랑 못지않게 반드시 고려해야 할 요소가 경제력이라는 사실을 말이다. 그런데 실은 좀 역겹기도 하다. 주위를 보면 아주 습관적으로 결혼을 마치 대박상품으로 생각하는 사람들이 너무 많아졌기 때문이다. 반드시 맞벌이를 해야 한다, 집은 갖고 시작해야 한다, 상대방 통장부터 확인해야 한다는 등 이미 결혼이 재테크의 일부분으로 자리잡은 게 우리네 현주소다.

굳이 '투자하는 습관'에 대한 이야기를 하면서 결혼이야기를 꺼낸 건 어느 정도 현실을 반영하자는 이유에서다. 역겹긴 해도 결혼은 분명 확실한 투자상품이라는 걸 부인할 수 없기 때문이기도 하다. 아마도 '결혼투자'와 관련된 가장 환상적인 시나리오는 이런 식이다.

일찍 결혼해 쓸데없는 데이트 비용 절약하고, 여기에 맞벌이를 통해 남보다 두 배 빨리 종자돈을 모으고 아기 낳는 건 조금 미룬 뒤 확실한 내 집을 장만한다. 그리고 아이를 낳고 집을 이사해 가면서 부동산 자산을 증대시킨다…. 실제로 많은, 독하게 맘먹은 사람들은 이런 패턴을 고스란히 일상에서 실현하고 있다. 남편과 아내가 호흡만 잘 맞으면 돈 불리는 속도는 기하급수적으로 빨라지기도 한다.

하지만 또 많은 사람들은 연애부터 좌절하기 시작한다. 한 번 데이트 비용에 10만 원 넘게 쓰기는 일쑤고, 선물 하나에 20만 원 정도는 써야 한다. 어려움은 이뿐만이 아니다. 맞벌이 부부가 됐다고 해도 저절로 종자돈이 모아지는 게 아니다. 부부 모두가 처절하게 맘먹고 달려들지 않으면 풍족한 수입에 만족하면서 인생 즐기기에 바빠질 것이다. 아이라도 생겨버리면 이제 맞벌이 자체가 위협을 받을 뿐 아니라 아이를 맡기는 비용이 배우자 중 한 사람이 버는 돈보다 더 많을 때도 있다. 이래서 결국 의사나 처음부터 돈 많은 재벌 집 자제가 배우자 상대로 각광을 받는 것 같다. 결혼을 하나의 재테크로 여긴다고 할 때 이들과 결혼할 경우 성공 확률이 매우 높아지는 게 사실이다.

하지만 우리는 결코 '결혼'을 이렇게 만들어 버릴 수 없다. 결혼을 미친 짓으로 몰아세워서는 안 된다. 분명 방법은 있다. 우리는 '사랑'이 전제되면서도 '투자'가 될 수 있는 결혼을 만들 수 있다. 반드시 이대로 따라 하라고 강요할 수는 없지만 지금 결혼을 앞두고 있다면 딱 3가지만 생각하자. '결혼은 사랑' '결혼은 재테크 스타일' 그리고 '결혼은 부동산'이라고. 사랑과 배우자 상호 간의 재테크에 대한 인식과 실천, 그리고 부동산 자산에 대한 선취효과 등 '3가지 축'은 분명 결혼을 더 행복한 길로 인도할 수 있을 것이다.

먼저 결혼이 사랑이라는 것, 사랑의 완성이라는 건 그 누구도 부정할 수 없다. 종종 어른들은 "사랑이 밥 먹여주냐?" "결혼은 사랑만으로 되는 건 아니란다" 등과 같은 말을 전한다. 틀린 말이 아니다. 사랑은 결코 밥을 먹여주지 않는다. 또 사랑만 갖고 결혼을 할 수도 없다. 하지만 여기서 중요한 건 결혼의 기본은, 대전제는 사랑이 돼야 한다는 점이다. 사랑은 결혼의 100% 필요조건이 될 수는 없지만 적어도 60% 이상의 비중을 차지하는 충분조건이다. 최소한 사랑이 있는 결혼이 사랑 없는 결혼보다는 백배 더 행복하다는 사실은 그 누구도 부인할 수 없다.

그런데 사랑과 함께 결혼을 더욱 살 떨릴 만큼 행복하게 만들어주는 두 번째 요소가 있다. 그것은 바로 재테크에 대한 부부의 태도이다. '경제관념'이라고 해도 좋고, 돈을 바라보는 자세 및 습관이라고 해도 좋다. 보통 평균적으로 대한민국 부부들을 보면 남편이 돈을 움켜쥐고 있다거나, 아니면 부인이 재테크를 완전히 전담하는 경우가 대부분이다. 남편이 회사에서 돈을 '벌어다' 주면, 부인이 집에서 돈을 '모으는' 스타일은 정말 보편화돼 있는 경우다. 하지만 여기서 한 걸음 더 나아가 부부가 서로 머리를 맞대고, 힘을 합쳐 재테크를 이뤄나갈 경우 성공확률은 꽤 많이 높아질 수 있다. 다만 여기서 중요한 사안이 있다. 바로 서로 간의 재테크 스타일이다. 남편은 휴가 갈 때 돈이 아까워서 KTX 대신 일반열차를 타는 '절약 마니아'인 반면, 부인은 자산가격 대비 40~60%의 대출도 두려워하지 않는 공격적인 부동산 투자 스타일을 갖고 있다면 오히려 이들의 부부생활은 괴로움의 나날일 수 있다. 그래서 결혼 전에 서로 각각의 재테크 스타일이나 돈에 대한 생각을 허심탄회하게 나눠보는 과정이 필요하다. '뭐, 그렇게까지…'라고 생각할지 모르겠다. 하지만 그렇게까지 해봐야 나중에 행복해진다.

앞서 재테크와 관련된 결혼의 세 번째 요소로 '결혼은 부동산이다'라고 했다. 좀 세속적으로 느껴질지 모르겠지만 주위를 둘러보면 결혼과 함께 자기 집을 장만한 채 시작한 부부는 재테크에 확실히 많은 여유가 생긴다. 특히 대출 없이 집을 마련했다면 정말 금상첨화라고 할 수 있다. 결혼할 때야 월세 단칸방에서 살아도 행복할 것 같지만 막상 그게 꼭 그렇지만도 않기 때문이다. 안정된 공간, 나아가 편안한 공간, 그것도 매월 힘겨운 대출이자 부담도 없는 그런 공간은 결혼생활에 많은 이점을 줄 것이다.

　여기서 잠깐. 지금 말하는 집은 꼭 서울 강남의 30평형대 아파트를 말하는 것이 아니다. 자기 수준에 맞는 '부동산 자산'의 개념을 설명하는 것이다. 굳이 집이 아니라도 좋다. 혹시 "집을 왜 사냐?"라는 입장이라면 집을 안 사도 된다. 선진국에서는 좀처럼 드문 '전세 제도'를 활용하면 된다. 그러나 집이 아니더라도 부동산은 재테크에 있어 꼭 필요한 요소다. 그래서 결혼생활 초기에 정말 '코딱지' 만큼 적은 규모라도 임대수입이 발생하는 부동산을 확보할 수 있다면, 정말 이것만 실천할 수 있다면 의외로 결혼은 미친 짓이 아닐 수 있다는 이야기다. 서로 사랑하는 신랑과 신부가 결혼 전에 죽도록 일해 각각 1억씩 모은다면 2억 나가는 부동산을 살 수 있다. 결혼 전에 둘이 합쳐 1억 5000만 원 이상만 모아도 대출과 함께 내 '부동산 갖기'에 도전해볼 수 있다.

　혹시 "집 없으면 결혼하지 말라는 이야기냐?" "1억 없으면 결혼도 못 하냐?" "맞벌이가 자녀 교육에 얼마나 나쁜 줄 아냐?" 그리고 "왜 그렇게 돈돈 하냐, 결혼이 돈이냐?"라고 비난한다면 할 말은 없다. 실제로도 그렇다. 결혼에 있어 대전제는 역시 사랑이다. 사랑이 없으면 그 어떤 것도 아무런 유익이 없다. 또한 일단 결혼부터 하고 나서 나중에 알토란같이 돈 모아서 하나씩 하나씩 집 사고 주식투자 하겠다고 하면 어쩔 수 없다. 하지만 노골적으로 말해 확률이 너무 떨어진다. 사랑 하나만으로 버티기엔 현대 경제는, 현대 문명은 우리에게 참 많은 태클을 걸어오기 때문이다. 무엇보다 경제적인 트러블로 인해 중간에 결혼생활이 무너져버리면, 꼬여버리면 정말 끝장이 된다.

대한민국 20대, 재테크에 미쳐라

03. 잘 쓰고 잘 빌려야 성공한다

기획부 김 대리는 한턱 잘 내기로 정평이 자자하다. 여직원 사이에서는 거침없는 씀씀이로 인해 인기도 상당하다. 하지만 김 대리의 입사동기로 아직 대리 승진을 못한 박 주임은 그를 이중인격자라고 생각한다. 박 주임은 그가 없을 때마다 험담을 늘어놓곤 한다.

"동기끼리 있을 때는 김 대리 돈 한 푼 안 써요. 담배도 얻어 피고, 얻어먹는 데는 도가 텄어요. 완전 짠돌이죠. 그런데 공적인 자리나 표가 나는 순간에는 언제 그랬냐 싶게 돈을 아끼지 않아요. 근데 그렇게 큰 지출이 아닐 때 더 적극적이죠. 처세술이 좋다고 하나, 돈을 잘 쓴다고 해야 하나. 거 참"

주위에서 종종 목격하겠지만 어떤 사람은 비싼 음식 사주고도 욕 먹는데 또 어떤 사람은 떡볶이와 순대만으로도 인심을 얻는다. 넓은 의미로 보면 이렇게 '표 나게' 돈 쓰는 김 대리의 습관은 돈 버는 습관이라 할 수 있다. 요즘 세상에 자신의 좋은 이미지 구축은 돈 주고도 못 사는 것이니까 말이다.

생활하면서 돈을 잘 써야 할 순간이 참 많다. 월 15만 원 하는 영어학원비가 비싸 절약하겠다고 하지만 오히려 이 돈 내고 외국인 강사가 귀찮도록 쫓아다니며 한 마디라도 더 하는 게 남는 장사다. 신용카드를 척척 긁는 게 언제부터인가 그리 멋있어 보이지 않는 세상이 왔다. 카드 쓰는 방식도 많이 진화됐다. 명품을 제값 주고 사면 바보 취급 받고, 평소 영수증만 잘 챙겨두면 안경은 공짜로 구입할 수 있다.

빌딩주인 중에서 대출 하나 없이 모두 자기 돈으로 건물을 구입한 사람은 찾기 힘들다. 그래도 임대수입이 대출이자를 크게 웃돌고 있어 부자 소리 들으며 떵떵거리며 살아간다.

부동산 투자로 성공한 강남아줌마들을 만나면 공통적으로 전하는 노하우가 있다. "당연히 빌릴 수 있을 만큼 빌려서 아파트 사야지. 그게 무슨 빌린 돈이야, 내 돈이지. 결국 갚을 거 아냐? 그리고 그렇게라도 저질러야 죽어라고 일해서 빚 갚을 거 아냐. 인간이란 원래 그런 순간에 초능력이 발휘되는 거야."

일반적으로 사회생활을 시작해 한 5년 정도는 '대출'의 필요성을 잘 느끼지 못할 것이다. 하지만 결혼 또는 내집마련 계획과 함께 본격적인 대출 상황에 직면하게 된다. 이때 당황하거나 부담스러워할 필요는 없다. 앞서 강남아줌마의 말처럼 '내 돈이려니' 생각하면 된다. 하지만 돈을 '잘' 빌릴 필요는 있다. 또 잘 갚는 습관도 필요하다. 돈 잘 쓰는 것과 돈 잘 빌리는 것. 여기에 관한 효율적인 테크닉이 습관화된다면 재테크의 공든 탑은 더욱 공고해 질 것이다.

01

돈 잘 쓰는 습관

우리는 앞서 돈 버는 습관의 하나로 '절약'을 살펴봤다. 담배를 피우지 않는다든가 쓸데없는 외식 안 하는 게 무슨 재테크냐고 비웃고 있을지 모르겠지만 아무리 봐도 그만큼 확률 높은 재테크 습관은 분명 없다. 특히 여러분은 버는 돈도, 쓸 돈도 많지 않은 터라 술값 외식비만 컨트롤하면 절약에 관해서는 더 이상 할 게 없다. 그러나 40대 중반의 회사 중역이라면 이야기는 완전히 달라진다. 외식비를 아끼기보다 비즈니스 상대의 마음을 사로잡을 수 있는 고급 식당을 찾는 게 더 중요할 수도 있기 때문이다.

이제부터 우리는 돈을 어떻게 쓰느냐에 대해 살펴보려고 한다. 돈을 잘 쓰면서 절약하는 습관이라는 말이 적절할 것 같다. 이번 장은 짠돌이, 짠순이로 살아가는 여러분을 짠돌이, 짠순이로 안 보이게 하는 방법을 담고 있다. 또 어떻게 하면 가장 적은 돈을 쓰면서 최대효과를 챙겨갈 수 있나에 대해서 고민해보려고 한다. 절약하는 게 습관이듯이 돈 쓰는 것도 습관에 좌우되기 때문에 몇 가지만 확실하게 고쳐 두면 효율적인 돈 쓰기가 가능해질 것이다.

일년 365일을 단벌신사로 살아가는 절약생활이 최선이겠지만, 10만 원대의 깔끔한 양복으로 뭇 여사원의 맘을 설레게 하는 것도 절대로 나쁘지 않다. 직장생활은 하나의 사회이기 때문에 '호감'이야말로 정말 좋은 장점이 된다. 오히려 이런 사람이 "저는 신용카드 안 써요. 현금 체질이거든요"라고 말하면 모두 고개를 끄덕이며 '참 좋은 청년'이라는 칭찬도 아끼지 않을 것이다.

절약을 하면 할수록 사람들에게 칭찬을 듣는다니 이 얼마나 좋은 일인가. 바로 그러한 방법을 여러분에게 소개하고자 한다.

신용카드, 만들까 말까

직장에 입사하면 반드시 거치는 통과의례가 있다. 바로 신용카드 만들기다. 날렵하게 생긴 플라스틱을 지갑에 꽂고 있으면 왠지 모를 자신감이 샘솟는다.

신용카드. 현대인의 필수품이다. 무엇보다 현재 지출한 돈이 30일 간 수중에서 빠져나가지 않는다는 점은 엄청난 혜택이다. 이 돈을 갖고 주식투자를 해 차익을 챙길 수도 있고, 적어도 결제일까지 지출 대금의 이자만큼은 챙길 수 있으니 분명 확실한 이득이다. 하지만 신용카드야말로 재테크 성공의 가장 큰 '괴물'이다. 여러분의 '정상의 경험'을 단박에 무너뜨리는 '악마'라고 표현해도 과언이 아니다. 경제학적으로 문제가 있는 것이 아니라 바로 인간본성의 나약함을 파고들기 때문이다.

대부분의 사람들은 지금 지출한 500만 원이 당장 빠져나가지 않는다는 점을 장점으로 여기기보다 500만 원을 추가로 소비할 수 있는 기회로 생각한다. 아니, 카드한도라는 현실적 제약이 없다면 무한대의 소비를 시도할 태세다. 하나의 카드로 만족 못해 결제일을 달리한 3~4개의 카드를 갖고 현금서비스를 통해 순환 결제하는 '카드 돌려막기'는 거부할 수 없는 치명적 유혹이다.

사람의 성격이 좋고 나쁘고의 문제가 아니고 절제를 잘하느냐 못하느냐의 문제도 아니다. 친구와의 의리 때문에 능력 이상의 카드를 긁는 경우도 정말 허다하다.

신용카드 한 장 없는 당신이 바로 멋진 사람

카드를 통한 돈 잘 쓰는 가장 좋은 습관은 카드를 안 만드는 것이다. 오히려 요즘이기에 이런 시도가 가능하다. 불과 5~6년 전만 하더라도 신용카드 없으면 '촌놈' 취급 받기 일쑤였지만 지금은 "신용카드 없어요"라고 말하는 게 더 멋지게 보인다. 좀 멋쩍으면 "옛날에 신용카드 때문에 아픈 경험이 있어서 그냥 없이 지내요"라고 살짝 거짓말 아닌 거짓말을 해도 좋다.

물론 신용카드를 정말 알뜰살뜰 사용하는 친구들도 많다. 카드 회사에서 주는 서비스를 꼼꼼하게 찾아먹는 사람도 많다. 신용카드 서비스를 활용해 영화관 입장료나 놀이공원, 음식점 등에서 적잖은 금액을 할인받는다는 사실은 현대인의 상식이 된 지 오래다. 차량주유 할인은 물론이고 각 신용카드마다 별 희한한, 한편으론 유용한 서비스를 차별적으로 제공하고 있다. 놀이공원 50% 할인, 극장 2,000원

할인, 프랜차이즈 20% 할인, 모든 카드가맹점 3개월 무이자 할부, 휴대폰요금 2%할인…. 연회비가 없는 신용카드라면 여러 개 만들어 이런 서비스만 빼먹는 것도 꽤 괜찮은 돈 쓰는 습관이다. 단, '카드 돌려막기' 유혹에서 자유로울 수만 있다면 말이다.

백화점이나 음식점, 쇼핑센터 등 계산대에서 "나한테 ○○카드 있는데, 그거 가져올걸"이라는 탄식을 자주 들을 수 있다. 카드사가 주는 보너스 찾아먹기도 아무나 할 수 있는 일은 아닌 것 같다. 습관화되지 않으면 뻔히 보고도 2~3만 원 날리는 경우가 허다하다.

현금서비스는 죄악이다

어떤 이유로든 신용카드가 반드시 있어야 한다는 입장이라면 죽어도 현금서비스를 이용하지 않는다는 철칙을 갖고 있어야 한다. 처음 신용카드를 이용하는 경우 습관적으로 카드 현금서비스를 받아 사용하는 경우가 많다. 특히 사회초년병 시절 한 번 여기에 맛들이면 재테크는 고사하고 인생 말아먹기도 어렵지 않다. 술 취한 새벽, 근처 편의점에서 신용카드를 통해 50~60만 원 정도 현금서비스를 받아 동기들에게 한턱 쏘는 습관은 한 번 맛들이면 평생 고치기 힘들다. 더 큰 문제는 이런 악마의 유혹에 몇 번 빠지다 보면 스스로에 대한 자괴감과 패배감에 빠져들게 돼 처음 목표한 재테크 계획을 단박에 포기한다는 데 있다.

겉으로 보기에 신용카드 현금서비스는 아무런 문제가 없다. 급한 일이 터져 미리 돈을 당겨쓰고 월급 타서 갚으면 되기 때문이다. 만약 연 이자가 7~8% 정도만 된다면 어느 정도 일리가 있다고 볼 수도 있겠다. 그러나 지금 시중 카드업체 현금서비스의 경우 취급수수료를 포함해 평균 연 31%의 이자율이 적용되고 있는 게 현실이다. 연 30%! 정말 강도가 따로 없다. 악덕 고리대금업자에게서나 볼 수 있는 높은 이자율이다. '불패신화'를 자랑하는 강남아파트에 투자해도 이 정도 확정수익률을 받아내기는 힘들다.

신용카드는 분명 재무관리 이론적 측면에서 많은 장점을 갖고 있는 상품이지만 카드사의 현금서비스는 여기에 해당되지 않는다. 여러분은 이제부터 절대로 신용카드 결제와 신용카드 현금서비스를 혼동하는 오류를 범하지 말자. 만약 신용카드를 새로 지급받아 멋지게 사용하려고 한다면 지금 바로 카드회사에 연락해 자신의 신용카드 현금서비스 가능금액을 '0원'으로 조정해달라고 요청하라. 대개의 경우 카드사는 카드별(개인별)로 월 지급한도와 현금서비스 한도를 미리 책정한다. 따라서 카드사에 현금서비스 한도를 0원으로 낮춰달라고 말하면 현금서비스 이용이 원천적으로 봉쇄된다. 아예 한발 더 나아가 카드의 월 지급한도도 적절하게 낮추는 것이 좋다.

평생 카드사의 현금서비스를 받지 않고 살아가는 습관을 몸에 익히는 것. 아마 이것만 해도 돈 잘 쓰는 습관의 절반 이상은 마스터한 셈이다.

(단위 : %)

신용카드사	수수료율	취급수수료율 (연평균 환산)	계	취급수수료 변경 일자
현대카드	7.90~27.50	4.76	12.66~32.26	2008년 12월 13일
롯데카드	9.90~27.30	4.69	14.59~31.99	2008년 12월 10일
삼성카드	7.90~27.50	4.29	12.19~31.79	2008년 10월 06일
외환은행	7.90~26.50	4.46	12.36~30.96	2009년 04월 01일
대구은행	16.00~26.96	3.45	19.45~30.39	2009년 03월 01일
우리은행	9.20~27.40	1.76~4.40	10.96~31.80	2004년 07월 05일

※자료 : 여신금융협회

〈표 9〉 신용카드사 현금서비스 수수료율 비교

체크카드를 이용하라

최근 대한민국 사회에 재테크 열풍, 부자되기 열풍이 급속도로 퍼져가면서 체크카드 발급이 급증하고 있다. 바람직한 현상이라고 볼 수 있다.

체크카드는 신용카드처럼 사용하지만 사용 즉시 돈이 빠져나가는 구조를 갖고 있다. 또 자신의 통장에 들어 있는 예금한도 내에서만 지출이 가능하기 때문에 과소비를 막을 수 있고 원하지 않게 카드대금을 연체할 일도 없다. 종종 은행에서 발급해주는 '직불카드'와 헷갈려 하는 경우가 많은데 이는 전혀 다른 상품이다. 체크카드에 대해 "가맹점이 너무 없어 카드 내도 매번 결제가 안 된다"고 말하는 사람은 100% 직불카드로 착각하는 경우다.

구분	체크카드	직불카드
사용한도	계좌잔액 내에서 사용하나 소액의 신용공여 가능	계좌잔액 내에서만 사용
사용가능 가맹점	신용카드 가맹점(약 200만)	직불카드가맹점(약 300만)
해외사용	해외사용 가능	해외사용 제한적
본인 확인/약관	서명/신용카드 약관	PIN/직불카드 약관
거래승인	계좌잔액 조회 후 승인	
구매대금 인출시점	사용 즉시	
매출자료	결제 후 개인보관용 전표발행	전표없음(계좌간 이체방식)
가맹점 대금지급	가맹점 등급별 대금지급(D+2일)	익일 지급(D+1일)
가맹점 수수료	평균 2.5%(1.5~4.5%)	평균 1%(1~2%)
소비자 보호	신고 전 60일내 부정사용 보상 (사고위험 낮음)	신고 후에만 보상 (사고위험 높음)
발급기관	모든 카드사 발급/운영가능	은행(전업 카드사는 은행과 제휴를 통해서만 가능함)

※ 자료: 한국금융신문(2003. 2. 20) 수정
〈표 10〉 체크카드와 직불카드의 차이점

체크카드 발급은 2004년 말 1178만 장에서 2005년 말 1962만 장으로 1년 사이 800만 장 가까이 증가했다. 이후 매년 30%대 급증세를 유지하면서 2009년 3월 말 기준 국내 체크카드 발급 장수는 5692만 장에 육박하고 있다. 특히 신용카드 발급이 2004년 말 8348만 장에서 2009년 초 9000여 만 장으로 제자리걸음을 하고 있는 것에 비해 체크카드의 성장세는 무서울 정도다. 하지만 체크카드 사용과 관련해 불만 섞인 목소리도 많다.

먼저 은행 영업시간 외에 사용하면 수수료가 붙는 데에 대한 불만이다. 하지만 이건 사실과 다르다. 은행 영업시간이 넘어서 사용한다고 해서 수수료가 붙는 건 아니다. 다만 대부분 은행은 하루에 약 5~10분 정도 전산점검 시간이 있는데 이 시간에는 체크카드 결제가 안 된다.

그런데 이것도 큰 문제라고 볼 수 있다. 조금만 기다리는 불편을 감수하면 되고 어떻게 보면 정확히 이 시간에 맞춰 결제하는 게 오히려 더 어렵다(?)고 보면 된다.

후불 교통카드로는 사용이 안 된다는 지적도 있다. 이는 사실이다. 체크카드는 사용 즉시 바로 인출이 되기 때문에 후불 개념이 적용되지 않는다. 당연히 백화점 카드나 신용카드가 주는 혜택도 누릴 수 없다.

특히 체크카드 사용자들의 인터뷰 결과 '무이자 3개월' 서비스가 안 된다는 불만이 정말 많았다. 이것 역시 사실이다. 결제 구조상 체크카드에는 할부 서비스가 제공되지 않는다. 물론 2008년 이후 체크카드 발급기관에 따라 결제금액 한도를 10만~50만 원으로 정해놓고 체크카드에도 할부를 허용하고는 있다.

그러나 이 시점에서 우리는 과연 할부로 지출할 수 없다는 체크카드 특징이 단점인지 아니면 장점인지 한번 고민해볼 필요가 있다. 우리는 지금 5년 정도 목돈 만들기에 미쳐보려고 한다. 그런데 무이자 3개월 서비스를 이용해 살 물건이 그렇게 많다면 그 자체가 이미 문제가 있는 것 아닐까.

평생 신용카드를 쓰지 말라는 게 아니다. 적절하게 돈 쓰는, 아니 제대로 된 카드 사용습관을 익힐 때까지만이라도 체크카드를 이용해보라는 것이다.

신용카드의 필요성을 말하면서 "나중에 자동차 살 때 보탬이 되려면 지금부터 신용카드 포인트를 모아야 하지 않겠느냐"는 이유를 대는 사람도 있다. 그런데 자동차 구입 신용카드 포인트가 그렇게 대단한 것일까.

5년 뒤 30만~50만 원 수준의 도움을 받으려고 신용카드를 공격적으로 사용하는 대신 체크카드를 통해 좋은 소비습관을 익히는 게 적어도 50만 원 이상의 가치는 있을 것이다.

한편, 당초 정부 계획과 달리 신용카드보다 체크카드에 더 많은 세제 혜택을 주는 것은 무산됐다. 체크카드와 신용카드 모두 연말소득공제율은 20%로 동일하다. 즉 신용카드, 체크카드, 그리고 현금영수증 모두 총급여 20% 초과분의 20%를 소득공제 받는다(합산 기준). 자세한 설명은 '세테크' 편에서 하기로 한다.

수필과 자동차

1990년대 초반 대학생들, 그리고 30대 초반의 직장인들 사이에서 그룹 공일오비(015B)의 '수필과 자동차'라는 노래가 인기를 얻은 적이 있었다.

"영화를 보곤 가난한 연인 사랑얘기에 눈물 흘리고 순정 만화의 주인공처럼 되고파 할 때도 있었지. 이젠 그 사람의 자동차가 무엇인지 더 궁금하고 어느 곳에 사는지 더 중요하게 여기네…."

아직도 대학생들은 물론이고 직장 초년병들에게 자동차 욕심은 대단하다. 특히 요즘 여자 직장인들의 "돈을 모아야겠다"고 이를 악무는 이유 중 '성형수술' 다음으로 '자동차 구입'이 2위에 랭크된다고 한다. 그러나 사회에 진출해 처음 5년간 정말 피해야 할 뭉칫돈 지출이 바로 자동차 구입이다. 자동차 구입은 자동차 값뿐 아니라 이어지는 유지비 지출로 인해 목돈 만들기에 치명적인 상처를 입힌다. 자동차에 돈을 쏟아붓는 데 익숙해지면 단돈 500만 원도 모으기 힘들어진다. 현대자동차 아반떼 정도의 중소형급 승용차를 구입하려면 약 1800만 원 정도를 예상해야 한다. 일단 금액상으로 보통 직장인들이라면 도전해볼 만하다. 그러나 자동차에 들어가는 돈은 여기서 끝나는 게 아니다. 연료, 소모품, 자동차세, 보험금 등 아끼고 아껴도 한 달 유지비 30만 원은 예상해야 한다.

자동차는 여러분의 개인 대차대조표에 자산항목으로 기록하기가 상당히 애매하다. 바로 감가상각비 때문이다. 같은 자산이라도 주택의 경우 오랫동안 보유하면 감가상각과는 전혀 관계없이 자산가치가 상승해 재테크의 주요한 수단으로 활용할 수 있다. 하지만 자동차는 다르다. 심할 경우 2000만 원 하는 잔존가치가 2년 만에 300만 원으로 떨어지기도 한다.

여러분의 재테크 일기에는 매달 유지비에 드는 비용 외에 자동차의 감가상각비까지 지출로 잡아야 한다. 이렇게 생각하자. 자동차를 사지 않는다면 1500만 원 정기예금 통장과 매월 30만 원씩 적립하는 적립식펀드를 갖게 된다고. 지금 여러분에게 이보다 더 큰 매력이 어디 있겠는가.

세상은 '그 사람의 자동차가 무엇인지' 궁금해 하는 게 사실이다. 하지만 여러분이 나서서 그 궁금증을 풀어줄 의무는 없다. 아니, 풀어줘 봤자 또 다른 허탈감이 몰려올 게 확실하다. 왜 나는 벤츠를 사지 못하는지, 렉서스를 살 능력이 안 되는지 차를 모는 순간에도 자괴감에 빠지게 된다. 잘못된 돈 쓰기가 가져오는 '열등감 악순환'의 전형이다. 정말 자동차가 필요한 순간도 있을 것이다. 가령 여행을 떠나거나 장거리 여행을 갈 때가 그렇다. 그럴 땐 깔끔하게 렌터카를 빌려라. 그래도 혹자는 "번호판에 '허' 자가 붙어서 주위에 눈치 보여요"라고 말할 수도 있겠다. 그런 사람들은 미안한 말이지만 답이 없다.

악마는 프라다를 '싸게' 입는다

사회생활을 시작하면 술값, 외식비 이상으로 큰 비중을 차지하는 지출이 바로 옷값이다. 단순히 옷을 사 입지 않는다는 관점으로 접근, 양복 두 벌로 1년을 버틴다는 식의 절약 행태를 말할 수 있겠지만 옷값은 조금 다른 각도에서 바라볼 필요가 있다. 요즘 사회 전반에 '스타일'이란 코드가 급부상하고 있기 때문이다. 가령 "옷 입는 스타일이 좋은 사람이 능력도 좋다"는 선입견 같은 것인데, 과거 옷 잘 입는 사람을 '멋만 부리는 놈' '외모에만 신경 쓰는 여사원' 등으로 폄하하던 것과는 180도 다른 분위기다.

'스타일'은 '재테크'와도 밀접한 관계가 있다. 일견 아무 상관없이 보이지만 조금만 생각을 넓히면 '스타일'은 결코 포기할 수 없는 부분이다. 일단 절약의 방법이 바뀌고 있다는 점이 중요한 이유가 된다. 절약은 역시 무작정 안 쓰는 게 최고이긴 하지만 자칫 '왕따'로 몰릴 위험이 있기 때문이다. '왕따'로 몰려도 꾸준한 재테크를 유지할 수 있다면 별 상관이 없지만 이럴 경우 대부분 가치관의 혼란을 겪으면서 "아, 돈이 뭐길래"라는 염세주의로 빠질 가능성이 크다.

반면 스타일이 어느 정도 받쳐주게 되면 같은 절약을 해도 주위의 칭찬을 받는 경우가 많다. 돈 쓰기 싫어 집에 일찍 들어간다고 하면 "개인적인 약속이 있구나"라고 생각하고, "저 차 없는데요"라고 말하면 운전하는 시간을 아끼기 위해 대중교통을 이용한다고 생각한다. 심지어 업무시간에 주식시세를 체크해도 "김철수 씨, 나도 종목 하나 소개시켜줘"라는 우호적인 분위기가 조성된다.

투자관련 정보 수집에도 많은 도움이 된다. 겉으로 돈 좀 굴리는 것처럼 비춰지면 이것저것 문의도 오고 정보를 공유하기가 매우 쉬워진다.

이야기가 조금 극단적으로 흘렀지만 분명 현대 사회에서는 스타일이 좋냐 나쁘냐, 옷을 잘 입느냐 못 입느냐가 알게 모르게 재테크에 큰 영향을 미치고 있는 게 사실이다. 그렇다면 결국 자신의 스타일을 높이는 데, 옷을 잘 입는 데 돈을 잘 써야 하는데 이게 그리 쉬운 문제가 아니다. 어떤 사람은 10만 원 하는 정장을 입어도 테가 나는데 누구는 100만 원짜리 옷을 입어도 아무도 알아주지 않으니 말이다. 이 책에서는 '옷 잘 입는 법'에 대한 이야기는 하지 않겠다. 다만 비싼 옷을 싸게 사는 법에 대해서는 짚고 가도록 하겠다.

'명품'은 분명 재테크에 도움이 되지 않는다. 다만 중요한 행사를 위한 버젓한 명품 정장 몇 벌은 반드시 확보해둬야 한다. 가격은 천차만별이지만 그럴듯한 명품 남성 슈트의 경우 시중의 명품 매장에서 150만 원 정도에 구입할 수 있다. 여성 정장도 200만 원 정도면 어디 나가서 뒤지지 않을 정도는 될 것이다.

면세점을 활용하라

정말 엄청난 가격이다. 일 년에 두 벌씩 구입한다고 해도 두 달 치 월급 정도가 빠져나가는 셈이다. 바로 이런 점 때문에 요즘 명품을 싸게 파는 인터넷 사이트나 상설할인 매장이 큰 인기를 끌고 있다. 불량 사이트나 상점을 주의해야겠지만 대략 이런 곳을 이용할 경우 100만 원 정도면 구입이 가능하다.

개인적으로는 면세점이 명품을 구입하는 최고의 방법이라고 추천한다. 본인이 해외여행을 나가지 않는다고 하더라도 부모님, 친구 등 여행을 떠나는 사람들을 활용하면 된다. 출국을 앞둔 이들과 함께 시중 면세점에 찾아가 구입한 뒤 이들에게 나중에 공항 창구에서 물품을 찾아 배달해주는 수고만 부탁하면 된다.

시내 면세점에서 물건을 구입하려면 출국자 여권과 항공권(항공편 명과 출발시간을 알고 있으면 항공권 없이도 쇼핑이 가능)을 소지해야 한다. 물품 구입 후 영수증과 교환권을 받아두었다가 출국시 공항 내 인도장(면세품 인도 데스크)에서 교환권을 내고 물품을 수령하면 된다. 물품을 인수받지 못한 경우에는 귀국 후 환불이 가능하다. 이 정도 노력으로 많게는 60만 원 이상 남는 장사를 할 수 있는 것이다.

면세점을 이용하면 일단 진품 여부가 확실한데다 시중 명품매장에 비해 약 20~30%가 저렴하다. 무엇보다 시중 면세점은 거의 일 년 내내 이월상품에 대해 추가 세일을 펼치고 있다. 물론 운이 매우 좋아야 하겠지만 이런 면세점의 추가 세일을 이용할 경우 60% 정도의 할인혜택도 누릴 수 있다. 실제로 제냐, 휴고 보스, 브리오니 등 명품 양복을 50만 원 선에서 구입할 수도 있다.

언론에서는 요즘 국민들이 해외여행에, 또 면세점에서 돈을 너무 많이 쓴다는 우려를 종종 나타낸다. 그러나 우리는 지금 습관적인 명품 중독을 말하는 게 아니다. 매일 프라다를 입을 필요는 없다. 다만 프라다를 싸게 입을 줄 아는 센스는 필요하다.

면세점에서는 스테디셀러 명품을 노려라

면세점이 해외여행의 필수코스로 자리잡은 지 이미 오래다. 참새가 방앗간을 그냥 지나가지 못하듯, 해외 여행객 대부분이 출국에 앞서 면세점을 찾는다. 올해부터 내국인 1인당 면세품 구입한도액이 3000달러로 상향 조정됐고 그간 외국인 관광객에만 허용됐던 면세점 국산품 매장도 7월부터 내국인에게 개방됐다. 여름 휴가와 추석 연휴에 해외여행을 계획하고 있다면 품목별, 면세점별 쇼핑정보를 미리 챙겨보는 것도 필요하다.

면세점을 이용하는 첫 번째 팁은 스테디셀러 명품을 구입하는 계기로 삼으라는 것이다. 루이뷔통, 구찌, 펜디, 에르메스, 프라다, 페라가모 등 명품 브랜드는 화장품 브랜드와 함께 면세점에서 가장 좋은 위치를 차지한다. 그런데 이들 명품은 브랜드 이미지 관리를 위해 본사에서 가격정책을 컨트롤하는 경향이 있다. 최신 유행 스타일의 일부 제품은 시중가와 비슷하다고 보면 된다. 루이뷔통의 경우 추가 세일을 덧붙이는 경우가 절대로 없다. 따라서 면세점 명품 쇼핑의 노하우는 기본에 충실한 것이 최선이다. 그나마 할인 폭이 큰 스테디셀러 아이템을 집중 공략하는 게 좋다. 원하는 색상과 사이즈 품목의 유무를 전화로 확인한 후 면세점을 방문하는 것은 기본이다. 인터넷 면세점을 통해 가격수준을 미리 비교해 볼 수도 있다.

두 번째, 화장품은 왕창 구매해도 무방하다는 것이다. 한국 면세점은 예전부터 화장품 가격이 저렴한 것으로 세계적인 정평이 나 있다. 그 덕분인지 화장품은 내·외국인을 막론하고 가장 많이 찾는 면세품이다. 가격대가 높은 제품일수록 할인되는 금액이 크므로 자주 면세점을 찾는 경우가 아니라면 샤넬, 크리스티앙 디오르, SK-II 등 수입 브랜드를 공략하자.

세 번째는 구매 면세품 중 400달러 이상을 국내로 반입할 경우에는 입국할 때 세관에 신고해야 한다는 사실을 알아두라는 것이다. 입국시 휴대품 면세 한도액이 400달러이기 때문이다. 물론 관례적으로 넘기는 경우가 많지만 법 규상 신고하지 않았다가 적발되면 세금 외에 추가로 가산세가 부과될 수 있다. 반드시 알아두고 있어야 한다.

네 번째는 면세품도 절차는 까다롭지만 교환과 환불이 가능하다는 것이다. 제품에 결함이 발견된 경우, 통상적으로 구매일 기준 25일 이내에 동일 제품에 한해 교환 및 환불을 받을 수 있다. 품목에 따른 교환, 환불 절차는 각 면세점 고객센터로 문의하면 된다.

돈 잘 쓰는 습관의 하이라이트, 세테크

직장인들 중에는 연초에 또 한 번의 월급을 받는 경우가 있다. 연말정산으로 인한 세금환급액이 그것이다. 어떤 사람은 200만 원에 가까운 세금환급을 받기도 한다. 그야말로 13개월째 월급인 셈이다.

'세(稅)테크'. 말 그대로 세금을 아낀다는 뜻이다. 직장인들에게는 '연말정산'이라는 말로 더 잘 알려져 있다. 자신이 세금으로 낸 돈을 다시 돌려받는다는 것인데 낼 돈을 안 냈으니 효과는 그야말로 두 배다. 그런데 '세테크'는 전적으로 돈을 어떻게 쓰느냐에 달려있다고 해도 과언이 아니다. 같은 100만 원을 사용해도 전액 공제대상이 될 수도 있지만 세금환급을 한 푼도 못 받을 수도 있다.

연말정산에 너무 목매지 말라는 충고도 있다. 세금환급에 너무 몰두하다가 전체 재테크 전략을 망가뜨리지 말라는 조언이다. 가령 세금공제 혜택이 있다고 무턱대고 장기주택마련저축이나 주택청약상품, 연금저축 등 갖가지 상품을 들어서는 곤란하다. 특히 소득공제 상품들은 대부분 만기가 너무 길다는 단점도 있다. 연말정산 혜택만

소득공제와 세액공제

직장 경력 5~6년차들도 연말정산과 관련해 많이 혼동하는 개념이 있다. 바로 소득공제와 세액공제의 차이점이다. 여기에 비과세 상품, 세금우대 상품 등의 용어까지 더해지면서 엉뚱한 '세테크'를 하는 오류도 범한다.

소득공제란 세금을 내는데 기준이 되는 과세표준을 계산하기 위해 총 소득액에서 일정액을 공제하는 것이다. 가령 내가 벌어들인 총 소득액은 3000만 원인데 이중 소득공제를 2000만 원 받았다면 여러분의 세금은 3000만 원이 아니라 남은 1000만 원(과세표준)에 대해서 매겨진다. 공제 항목은 소득세법에 정해져 있다. 국민연금, 일반보험료, 의료비, 주택자금, 기부금, 결혼비용, 이사비, 장례비 등 개인이 생활하는 데 필수적으로 들어갈 만한 비용은 다 소득공제 대상이다. 또 부양가족에 대해서도 1인당 100만 원씩 빼주고, 공제 대상자가 2인 이하인 경우에 추가공제 혜택도 있다.

세액공제는 책정된 실제 세금에서 공제한다는 것이다. 소득공제를 통해 마지막 과세표준이 정해지면 이제 일정 세율(소득수준에 따라 다르다)을 곱해 세금액(산출세액)을 계산한다. 세액공제는 바로 이 부분에 적용되는 것이다. 계산된 세금에서 바로 일정액(세액공제분)을 빼는 것이다. 효과측면에서는 세액공제가 월등하다. 산출세액에서 바로 공제를 시켜버리기 때문에 100% 절세 효과가 있다. 하지만 안타깝게도 시중에 세액공제 상품은 나와 있지 않다.

우리가 은행에서 자주 접하는 비과세 상품이라는 것은 은행이자에 대해 매겨지는 15.4%(이자소득세 14%+주민세 1.4%)의 세금이 면제된다는 의미다. 반면 세금우대 상품은 이자에 일반적으로 매겨지는 15.4% 세금 대신 훨씬 적은 9.5%(소득세 9%+농어촌특별세 0.5%)가 적용되는 상품이다. 보통 상품보다 약 5.9%의 세금을 덜 내는 우대를 받는다고 생각하면 된다.

현존하는 최고의 '세테크' 상품은 바로 장기주택마련저축(펀드)이다. 비과세 상품인데다 납입액의 40%(최고 300만 원)까지 소득공제 혜택도 있기 때문이다.

저축종목	취급기관	가입대상	가입기간	비과세 한도	비 고
장기주택마련저축	전 금융기관	- 만18세 이상 세대주로서 무주택자 85m²(25.7평) 이하 1주택 소유자	7년 이상	분기 300만 원	- 납입액의 40%(연300만 원 한도)까지 소득공제
농어민목돈마련저축	지역농·축협 지구별수협	- 2ha 이하 농경지 보유농민 - 20t 이하 어선 보유어민	3년, 5년	- 일반 농어민: 분기 36만 원 - 저소득농어민: 분기 30만 원	- 2006.12.31일 이전 가입한 경우에 한함
출자금	상호금융 (지역농·축수협, 지역산림조합) 새마을금고, 신용협동조합	- 조합원, 준조합원, 회원, 준회원, 계원		1,000만 원 (잔액기준)	- 완전비과세는 농어민 또는 저소득근로자에 한하며, 일반조합원 등은 농어촌특별세 1.4%가 과세됨 - 2006년 말까지 발생소득에 대해서만 비과세)
예탁금				2,000만 원 (잔액기준)	
장기저축성 보험	보험회사, 농수협, 신협, 새마을금고, 우체국 보험		10년 이상	보험종류에 따라 상이	
생계형저축	전 금융기관 직장공제회 (특별법 설립)	- 60세 이상 노인 - 장애인 - 독립유공자 및 유족, 가족 - 국가유공 상이자 - 기초생활보장 급여수급자	금융기관 및 상품별 상이	3,000만 원	- 기존 예금 및 신탁상품에 특약형태로 가입 가능 (외화예금 등 일부상품 제외) - 중도해지 및 만기후에도 비과세 혜택
선박펀드	선박펀드 운용회사 등	- 개인	보통 5년 이상	3억 원(3억 원 초과시 15.4% 분리과세)	- 개별상품별 확인

〈표 11〉 시중 비과세 상품

소득공제대상 상품		
상품명(공제비율)	공제가능액	비 고
주택청약저축(40%)	300만 원	세대주로서 무주택자이거나 전용면적 85m² (25.7평) 이하 1주택 소유자 단, 2006.1.1일 이후 가입자부터는 가입대상이 만 18세 이상 세대주로서 무주택자, 국민주택이하로서 가입당시 주택공시가액이 3억 원 이하 1주택 소유자로 축소예정
근로자 주택마련저축(40%) (97년 12월부터 취급중지)		
장기주택마련저축(40%)		
개인연금저축(40%)	72만 원	2000.12.31 이전 가입자
연금저축(100%)	300만 원	2001.2.1 이후 가입자 종전 240만 원에서 2005.12월 이후는 기존연금저축납입액과 퇴직연금납입액을 합하여 연간 300만 원을 한도로 소득공제 예정
보장성보험(100%)	100만 원	장애인전용 보장성보험 가입시에는 100만 원까지 추가공제

※ 자료 : 한국은행

〈표 12〉 시중 소득공제 상품

을 바라보고 만기가 긴 상품에 돈을 묶어두기 시작하면 중도에 포기할 확률도 높다. 이럴 경우 비과세 혜택도 사라질 뿐 아니라 그간 환급받은 세금을 모두 토해내야 한다.

현금영수증은 반드시 챙겨라

굳이 연말정산을 위해서가 아니라도 영수증을 잘 챙기는 습관은 돈을 잘 쓰는 습관의 중요한 부분을 차지한다. 특히 현금을 쓸 때는 귀찮더라도 현금영수증을 받아 관리하는 것을 습관화해야 한다. 현금영수증은 연말정산시 연소득의 20%를 초과하는 금액에 대해 20%까지 소득공제가 인정된다. 총급여 3000만 원에 현금영수증 1000만 원을 챙긴 경우를 예로 들어보자. 600만 원(총급여 20%)을 초과한 400만 원에 대해 20%인 80만 원을 소득공제 받을 수 있다(단, 이 경우 신용카드, 체크카드 등과의 합산액이라는 점, 그리고 이들 사용액이 총급여의 20%에 못 미치면 아예 공제를 받을 수 없다는 점은 알아두자). 부양가족이 없어 공제 혜택을 많이 보지 못하거나 신용카드, 체크카드를 많이 사용하지 않는 사람에게는 연말정산 환급을 늘릴 수 있는 좋은 기회인 셈이다.

정말 100% 습관이다. 물건 값 치를 때나 밥 먹고 계산할 때 현금영수증을 달라고 요구해 짧은 시간만 기다리면 된다. 여기에 현금영수증 복권을 통한 당첨 기회는 덤이다.

소득공제 혜택이 있는 장기주식형펀드

2008년부터 장기투자를 권장하기 위해 새롭게 생긴 소득공제형 상품이 바로 '장기 주식형펀드'이다. 주식형펀드에 3년 이상 투자를 하면 소득공제 혜택을 준다. 단, 기존 가입자에게는 혜택이 없으며, 신규로 장기주식형 세제지원대상으로 신청해 3년 이상 유지하면 된다. 일단 금융당국은 2009년 말까지로 가입기간을 정해놓고 있다. 세부적인 사안은 다음 표와 같다.

가입대상	근로자, 자영업자 등 개인
가입한도	-분기별 300만 원 한도(연 1200만 원) -투자기간: 3년 이상 적립식 투자 -가입기간: 2009년 12월 31일
세제혜택	-1년차: 불입금액의 20% 소득공제 -2년차: 불입금액의 10% 소득공제 -3년차: 불입금액의 5% 소득공제 -가입일로부터 3년간 소득 비과세 -3년 이후부터는 정상과세(15.4%)
중도해지	-가입일로부터 3년 미만에 해지시 추징 -1년차 5%, 2년차 2.4%, 3년차 1.2%
적용대상	펀드자산의 60% 이상을 국내주식에 투자하는 국내 주식형펀드

〈표 13〉 장기 주식형펀드(소득공제 혜택)

이때 가입한도 분기별 300만 원은 계좌별 한도가 아닌 전 금융기관 공통한도이며, 계좌를 중도해지(환매)할 경우 그간 받았던 소득공제와 비과세에 대해 추징이 이뤄지기 때문에 장기 투자계획 하에 금액을 설정하는 게 좋다.

내 소득세율 얼마나 될까

'연봉 1억 원을 받으면 세금은 얼마나 낼까?' 종종 이런 생각을 해볼 때가 있다. 나와는 별 '상관(?)'이 없어도 이런 게 궁금하게 느껴질 수 있는데 실제로는 샐러리맨들이라면 꽤 깊은 연관이 있다. 가령 장기주택마련저축, 연금상품, 장기주식형펀드 등의 소득공제 혜택을 생각해보자. 대략 얼마큼의 세금을 감면받는지 쉽게 다가오지 않는다. 이뿐만이 아니다. '13개월의 월급'이라고 불리는 연말소득공제도 마찬가지다. 현금영수증/신용카드/체크카드를 쓰면 연봉의 20% 초과분에 대해 20%만큼 소득공제를 해준다는데 이게 대체 실제 얼마큼 돈을 되돌려 주는 건지 감이 잘 안 온다.

이때 가장 필요한 것은 바로 과세표준에 대한 개념과 근로소득세율에 대해 인식하는 것이다. 근로자는 총급여에 대해 세금이 부과되지 않는다. 총급여액에서 이것저것, 또 우리가 앞서 배운 소득공제 혜택 등을 모두 뺀 금액에 대해 세금이 부여된다. 바로 이때의 금액

과세표준 산식

총급여액−비과세소득−근로소득공제−기본공제−추가공제−다자녀 추가공제 −
연금보험료 공제−퇴직연금 소득공제−특별공제−그 밖의 소득공제

이 바로 '과세표준'이다.

그러면 이제 이 과세표준의 규모를 놓고 여기에 맞는 근로소득세율이 정해지게 된다. 2008년 말 기준 과세표준 구간과 세율은 다음과 같다.

(2008년 말 기준)

과세표준	세율
1200만 원 이하	8%
4600만 원 이하	17%
8800만 원 이하	26%
8800만 원 초과	35%

〈표 14〉 과세표준 구간과 세율

하지만 여기서 한 단계 더 나가야 한다. 과세표준이 2000만 원이라고 해서 바로 2000만 원×0.17로 세금이 결정되지 않는다. 이 산출세액에서 세액감면과 세액공제 등을 다시 한 번 빼주어야 비로소 '결정세액'이 나오기 때문이다. 이때 세액감면, 세액공제 등은 개인 편차가 있지만 누진공제액을 감안하면 다음과 같은 속산표를 활용해도 좋을 것이다.

우리가 흔히 연말정산이라고 말하는 것은 여러분의 기납부세액과

산출세액 계산 속산표	
1200만 원 이하	과세표준×8%
1200만 원 초과 4600만 원 이하	과세표준×17%−1,080,000원
4600만 원 초과 8800만 원 이하	과세표준×26%−5,220,000원
8800만 원 초과	과세표준×35%−13,140,000원

〈표 15〉 산출세액 계산 속산표

결정세액을 비교해서 기납부세액이 결정세액보다 많을 때 그 차액만큼 돌려받는 것이라고 보면 된다(기납부세액은 아주 쉽게 말해 급여지급 때마다 일괄계산된 소득세액이고, 결정세액은 여러분의 모든 것을 고려해 나온 진짜 세금이라고 보면 된다).

이처럼 이런 과정을 한 번 머리에 넣어두면 앞으로 직장을 다니면서 연말소득공제 규모 예상 등 자신의 세금에 대한 문제는 별 어려움 없이 풀 수 있을 것이다.

성형수술도 공제받을 수 있다

또 연말정산 중 '의료비 공제' 항목을 키우는 것도 전적으로 개인의 습관이 좌우한다. "안경은 항상 공짜로 구입하는데…"라는 사람을 종종 자주 보았을 것이다. 성형수술을 받고도 어떤 사람은 소득공제를 받는가 하면 처음부터 받을 생각조차 없는 사람도 있다.

보통 미용이나 성형목적의 의료비(치료비)는 소득공제 대상이 아니다. 하지만 의사 등의 진단 및 처방에 의해 치료 목적이 확인되면 의료비 공제가 가능해진다. 따라서 안경이나 콘택트렌즈를 구입했을 때 '시력보정용'인 경우라면 누구나 소득공제가 가능하다. 안경을 구입하고 현금영수증에 '시력보정용'이란 문구가 적혀 있는지 확인하기만 하면 된다.

그러나 이렇게 꼼꼼한 사람들은 요즘 거의 없다. 콘택트렌즈를 구입하고도 영수증에 시력보정 여부가 기록돼 있는 것을 확인하기는커녕 "현금영수증 드릴까요"라는 물음에 "됐어요"라며 지나치기 일쑤다. 쌍꺼풀 수술을 받으면서 지불한 의료비도 치료 목적임을 확인하는 영수증을 챙기자. 모두 소득공제 대상이다. 작은 습관으로 연말정산 때 몇십만 원을 공짜로 얻을 수 있다.

장인·장모도 부양가족이다

부양가족공제도 쉽게 놓치는 부분이다. 특히 형제가 여럿인 경우 서로 미루다 부양가족공제를 빠뜨리는 경우가 자주 발생한다.

부양가족공제는 연간 소득금액이 100만 원 이하이면서 생계를 같이 하고 있는 부양가족에 대해 연말정산 때 1인당 100만 원씩을 공제해 주는 제도다. 그런데 부양가족공제 대상에는 부모나 자녀뿐 아니라 장인·장모·외조부모·외손자녀, 입양자의 양부모·친부모, 입양자의 양가·친가 형제자매, 배우자의 형제자매인 처남·처제·시동생도 포함된다. 이 중 대부분 장인·장모와 관련한 부양가족공제는 많이들 놓치고 있다. 부양가족공제는 생계를 같이 하는 가족에 해당하지만 생계를 같이 하지 않더라도 관행적으로 공제를 해준다. 따라서 장인·장모가 공제대상 요건에 해당되면 다른 자녀가 없을 경우 공제항목에 포함시켜도 된다. 또 부양가족에 따른 추가공제 항목도 직장인들이 자주 놓치는 공제 항목인데, 여기에 해당하는 공제 항목은 ① 경로우대자공제, ② 장애인공제, ③ 자녀양육비공제 등이 있다.

경로우대자공제는 만 70세 이상인 경우 150만 원까지 공제가 가능하며, 만 65세~69세까지는 1인당 연 100만 원을 공제받을 수 있다. 장애인의 경우 연령제한 없이 연 200만 원씩 공제되며, 6세 이하의 자녀를 둔 경우에는 자녀양육비 공제로 자녀 1인당 연 100만 원의 공제가 허용된다.

맞벌이 부부, 연봉 비슷하면 따로 공제받아라

맞벌이 부부의 경우 소득이 높은 배우자에게 소득공제를 몰아주는 것이 유리한 것으로 알려져 있다. 그러나 반드시 그런 것은 아니다. 부부가 공제를 나눠야 환급액이 커질 때도 많다.

소득이 높은 배우자에게 소득공제를 몰아주는 게 유리한 경우는 배우자 한쪽의 연봉이 1100만 원(면세점)이 안 되거나 부부 사이에 다른 세율을 적용 받을 때다(근로소득세율 표 참조). 따라서 같은 세율대에 있을 경우에는 어느 한 쪽으로 몰아주기보다는 각자 소득공제를 받는 것이 유리하다.

한편 깜빡해서 연말정산 기간에 공제 내용을 빠뜨리더라도 구제받을 수 있다. 연말정산 기간 중에 신청을 못했거나 빠뜨린 내용이 있다면, 이듬해 5월 종합소득세 확정신고기간에 추가로 신고해 환급받을 수 있다. 또 세법으로 구제받지 못하는 5년 전에 누락한 환급 분에 대해서도 과세관청의 납세자보호담당관을 통해 환급받을 수 있다. 이 경우 그 동안의 이자를 감안한 가산금까지 함께 돌려받는다.

구분	공제요건	공제금액
근로소득공제	연급여 500만 원 이하	전액
	연급여 500만 원 초과 1500만 원 이하	500만 원 + (총급여액-500만 원)×50%
	연급여 1500만 원 초과 3000만 원 이하	1000만 원 + (총급여액-1500만 원)×15%
	연급여 3000만 원 초과 4500만 원 이하	1225만 원 + (총급여액-3000만 원)×10%
	연급여 4500만 원 초과	1375만 원 + (총급여액-4500만 원)×5%

종합소득공제	인적공제	기본공제	본인, 배우자	1인당 100만 원 (비과세·분리과세되는 소득을 제외한 연간 종합소득금액 합계액이 100만 원을 초과하는 경우 부양가족에서 제외)
			부양가족 – 직계비속(88.1.1 이후 출생) – 직계존속 남자(48.12.31 이전 출생) – 같이 사는 형제·자매(만 20세 이하 또는 만 60세 이상 형제와 55세 이상 자매)	
		추가공제	65세 이상 경로우대자공제	1인당 연 100만 원(만 70세 이상은 150만 원)
			장애인공제	1인당 연 200만 원
			부녀자공제	연 50만 원
			자녀양육비공제	1인당 연 100만 원
			출산·입양자공제	1인당 연 200만 원
		다자녀 추가공제	자녀수가 2인 이상인 경우	– 2인 = 50만 원 – 2인 초과 = 연 50만 원 + 2인을 초과하는 1인당 100만 원
	연금보험료공제		국민연금·공무원연금 등 본인부담금	전액(본인부담금)
	특별공제	보험료공제	건강보험, 고용보험, 장기요양보험료	전액(본인부담금)
			보장성보험	100만 원 한도
			장애인전용보험	100만 원 한도
		의료비공제	연급여의 3%초과 의료비	500만 원 한도
			본인·장애인 및 경로우대자의 의료비	3% 초과분 전액 공제 (안경 구입비는 1인당 50만 원 한도)
		교육비공제	유치원, 취학전 아동, 초·중·고생	1인당 200만 원 한도
			대학생 등록금·입학금	1인당 700만 원 한도
			– 장애인 특수교육비 – 본인 교육비(대학원, 직업능력개발훈련비 포함)	전액
		주택자금공제	주택마련저축, 주택 취득·임차 차입금 원리금 상환액의 40%	300만 원 한도
			장기주택저당차입금 이자상환액	1000만 원 한도
		기부금	국방헌금, 위문금품 등 전액공제기부금	소득금액 전액
			독립기념관, 특정연구기관 등 특례기부금	소득금액의 50% 한도
			우리사주조합기부금	소득금액의 30% 한도
			사회·복지·문화·예술단체 등 지정기부금	소득금액의 15% 한도
			종교단체기부금	소득금액의 10% 한도
		결혼 이사 장례비공제	연간 총급여 2500만 원 이하만 적용	사유당 100만 원씩 공제
기타 소득 공제	개인연금저축공제		00.12.31 이전 본인명의 가입분 불입액의 40%	연간 72만 원 한도
	연금저축공제		01.1.1 이후 본인명의 가입분 불입액	퇴직연금불입액과 합산해 연간 300만 원 한도
	퇴직연금소득공제		근로자퇴직급여보장법에 따라 근로자가 부담하는 부담금	연금저축공제와 합산해 연간 300만 원 한도
	장기주식형저축		08.10.20 이후 펀드자산의 60% 이상을 국내주식에 투자하는 주식형펀드에 3년 이상 적립식으로 가입해 불입한 금액	불입액의 20%(가입한도는 분기별 300만 원, 연간 1200만 원)

기타소득공제	신용카드 등 사용금액 공제	07.12.1~08.12.31까지 신용카드 등 사용금액이 2008년 총급여액의 20% 초과하는 경우	- 초과금액의 20% 공제(한도는 500만 원과 총급여액의 20% 중 적은 금액)
	투자조합출자(투자)공제	본인명의로 출자·투자한 금액의 10% (06.12.31 이전 투자분은 15%)	종합소득금액의 50%
	소기업·소상공인공제	소기업·소상공인 공제부금에 불입한 금액	300만 원
	우리사주조합출연금	자사주 취득을 위해 우리사주조합에 출연한 출연금	400만 원
세액공제	근로소득세액공제	- 산출세액 50만 원 이하분 : 55% - 50만 원 초과분 : 30%	50만 원 한도
	주택자금이자	95.11.1~97.12.31 중 미분양주택 취득을 위한 차입금의 이자	차입금 이자상환액의 30%
	외국납부	국외근로소득에 대해 외국에서 납부한 소득세	산출세액 x 국외근로소득금액/총근로소득금액
	기부정치자금	정당(후원회 및 선관위 포함)에 기부한 자금	10만 원까지 세액공제, 초과액은 소득공제

※ 자료 : 국세청

〈표 16〉 연말정산의 각종 공제와 한도

내 몸값 올리는 전략적 돈 쓰기

재테크에 한 5년간 미쳐보겠다고 작심한 20대 직장인이라도 무조건 '지를' 수 있는, 아니 질러야만 되는 항목이 있다. 바로 '자기계발비'다. 좀 더 노골적으로 표현하면 '몸값 올리는 데 드는 비용'이다. 여기에는 돈 쓰는 스타일도 각 개인의 평소 습관이 크게 작용하는 것 같다. 영어학원비는 절대로 아끼지 않고 무조건 등록하는 사람이 있는가 하면, 자기 돈으로 책 한 권이라도 사면 무슨 큰 낭비나 하는 것처럼 벌벌 떠는 친구도 있다.

유명한 재테크 전문가나 이곳저곳 강연을 다니는 인생설계 전문가들은 한 목소리로 "자신의 가치를 높이는 데 쓰는 돈을 아까워하지 말라"고 강조한다. 그런데 이게 참 애매한 소리다. 잘 생각해보면 뜬구름 잡는 소리에 가깝다. 너무 편하게 내뱉는 말이다. 돈만 쓰면 자신의 가치가 높아진다면 어떤 바보가 돈을 안 쓰겠는가 말이다.

　결국 여러분의 몸값을 올리기 위해서는 전략적인 돈 쓰기 습관을 익혀야 한다. 돈을 써도 제대로 써야 한다. 만약 성형수술을 통해 외모를 업그레이드하는 게 자신의 성공전략을 위한 최선책이라면 당연히 수술을 받아야 한다. 그게 전략이다.

단기 승부를 위한 단기 전략

　그렇다면 신입사원이 자신의 몸값을 높이기 위해 할 수 있는 방법은 과연 무엇일까. 회사에서 열심히 일해 빠른 승진을 한다?

　회사에 입사에서 2~3개월 일해보면 알겠지만 신입사원이 회장이나 사장 눈에 들어 쾌속 승진을 한다는 건 영화 속에서나 나오는 꿈같은 이야기다. 때 되면 승진 기회가 주어지고 승진 시험이나 인사고과상 점수를 채우면 일단 과장까지는 승진하게 된다. 그 이후엔 여러 가지 변수가 있겠지만 신입사원인 여러분이 벌써부터 그걸 걱정할 필요는 없다. 결국 지금 여러분의 처지에서 생각할 수 있는 최선의 방법은 현재보다 돈 많이 주고 미래가 보장된 직장으로 '이직' 하는 길뿐이다. 그런데 이제 겨우 2년 정도 직장을 다녀놓고 헤드헌팅업체를 찾아다니는 것은 그 자체가 바로 난센스다.

　그럼 어떤 방법이 있을까. 바로 지금 여러분이 생각할 수 있는 가장 현실적인 몸값 올리기 방법은 더 좋은 직장에 신입사원으로 재입사하는 케이스 밖에 없다. 그리고 이제 이런 전략에 맞춰 철저하게 준비하면 된다. 여기에 돈이 들어간다면 아까워하지 말고 적극적으로 지출해도 무방하다. 하지만 다음 3가지 사안에 대해서는 유의할 필요가 있다.

사표 쓰고 재입사 준비하면 망한다

첫째, 지금 다니고 있는 직장에 먼저 사표를 쓰고 재취업을 준비하는 실수다. 자신이 다시 입사하고자 하는 직장이 입사시험 등 기타 까다로운 조건을 내걸고 있어 시간이 많이 필요하다는 강박관념에 젊은이들이 자주 범하는 실수다. 하지만 막상 사표 쓰고 입사시험 공부를 시작해보면 공부는 더 안 된다. 오히려 초조함에 왜 사표를 썼나 후회만 들 것이다. 조용히 준비하고, 합격한 다음 미련 없이 떠나라. 어떤 경우에도 사표를 내서는 안 된다. 지금 다니고 있는 직장은 마지막 보루고 기득권이다. 스스로 기득권을 포기할 필요는 없다.

둘째, 옮기려면 2년 내 옮겨야 한다. 바꿔 말해 초단기 전략을 짜고 단기 승부수를 던지라는 뜻이다. 어떤 직장이든지 2~3년차로 접어들면 거의 이직이 힘들어진다. 여러 가지 이유가 있겠지만 일과 생활에 익숙해진 스스로가 안주하게 되기 때문이다. 특히 3년을 넘어서면 몸담고 있는 직장 문화에 적응이 되기 때문에 회사를 옮겨도 대부분은 힘들기 마련이다.

셋째, 옮기려는 직장의 입사정보를 정확히 파악하고 최대한의 물량(비용)을 집중 투입해 시험준비에 몰두해야 한다. 만약 영어 인터뷰가 당락을 결정짓는 핵심이라면 몇백만 원을 들여서라도 매일 밤마다 인터뷰 연습을 해야 한다. 스스로 논술시험이 약하다고 생각하면 실력 있는 논술강사를 통해 단기간 속성과정을 거쳐야 한다.

종종 "지금 함께 하는 선배와 후배가 좋아서 쉽게 회사를 떠나 이직이 힘들다"라는 말을 하는 직장인이 있다. 정녕 이런 경우라면 현재 회사에서 10여 년 뒤부터 펼쳐질 치열한 생존경쟁의 대비책을 세우는 게 좋을 것이다. 이때는 단기적인 승부가 아니라 장기적인, 아

(단위 : 100만 원)

순위	기관명	금액
1	한국산업은행	93
2	한국예탁결제원	90
3	중소기업은행	86
4	산은캐피탈(주)	85
5	한국전자통신연구원	85
6	코스콤	84
7	한국생산기술연구원	84
8	한국수출입은행	84
9	한국방송광고공사	83
10	한국전기연구원	82

〈표 17〉 2008년 평균임금 상위 공공기관

(단위 : 만 원)

종목	2008년	증감률	종목	2008년	증감률	종목	2008년	증감률
			삼성SDI	6,400	22.4%	삼성전기	5,628	25.7%
제일기획	7,450	13.9%	KPX화인케미칼	6,399	3.1%	에스원	5,610	6.3%
삼성엔지니어링	7,300	21.7%	에쓰오일	6,370	6.8%	태평양	5,600	-5.1%
한화석유화학	7,300	19.7%	두산중공업	6,350	8.7%	현대오토넷	5,569	6.5%
현대중공업	7,281	9.3%	한국가스공사	6,235	10.1%	현대상선	5,560	5.7%
외환은행	7,246	2.8%	동양제철화학	6,230	9.3%	LG	5,525	15.8%
휴켐스	7,136	0.1%	현대모비스	6,220	-0.3%	현대산업	5,520	-1.6%
두산	7,010	35.6%	세아제강	6,200	12.3%	한일시멘트	5,459	-1.8%
삼성중공업	6,970	6.7%	SK텔레콤	6,200	5.8%	KT	5,455	1.4%
GS	6,900	6.2%	유한양행	6,130	6.2%	현대하이스코	5,429	13.1%
대림산업	6,900	-6.8%	대한유화	6,100	-3.2%	부산은행	5,350	-1.3%
GS건설	6,814	12.2%	사성정밀화학	6,100	-4.4%	하이트홀딩스	5,315	4.8%
대우건설	6,800	4.6%	현대제철	6,090	4.1%	삼양제넥스	5,300	-0.4%
현대차	6,800	2.1%	삼성전자	6,040	0.3%	성신양회	5,263	14.4%
한라공조	6,769	2.3%	두산인프라코어	6,000	-1.6%	유니드	5,259	13.5%
대우조선해양	6,740	2.0%	하나금융지주	6,000	-3.2%	케이피케미칼	5,207	-0.5%
STX조선	6,693	10.0%	대한항공	6,000	-4.8%	LS	5,176	10.0%
삼성물산	6,680	-4.0%	호남석유화학	5,997	-8.6%	NHN	5,171	-12.4%
한국전력	6,644	8.4%	한진해운	5,971	3.0%	현대시멘트	5,160	-0.8%
SBS	6,630	-6.8%	세아베스틸	5,932	19.1%	엔씨소프트	5,130	12.9%
금호타이어	6,600	8.2%	KPX케미칼	5,924	1.2%	LS산전	5,069	10.4%
KT&G	6,510	4.3%	카프로	5,831	-0.2%	LG생명과학	5,060	4.8%
SKC	6,500	15.0%	대구은행	5,790	2.8%	현대엘리베이터	5,031	5.4%
남해화학	6,499	4.6%	BNG스틸	5,710	7.3%	코오롱	5,000	3.3%
금호석유화학	6,468	8.0%	동국제강	5,700	-1.7%	LG상사	4,979	5.3%
LG전자	6,445	4.1%	POSCO	5,691	-10.7	강원랜드	4,946	9.4%
LG화학	6,431	12.4%	삼성테크윈	5,660	6.8%	유니온스틸	4,900	11.4%
현대미포조선	6,424	9.9%	현대건설	5,660	-20.3%	녹십자	4,871	4.5%
기아차	6,400	23.1%	KC코트렐	5,636	15.6%	아세아시멘트	4,863	8.2%

※ 2008년 연봉순, 증감률은 2007년 대비, 자료 : 금융감독원 전자공시시스템

〈표 18〉 유가증권시장 시가총액 상위 기업 직원 평균 연봉

주 큰 밑그림을 그리고 천천히 준비해도 된다. 아마 돈은 크게 들어가지 않을 것이다. 장기적 승부를 위한 전략적 돈 쓰기는 아마도 후배들에게 열심히 술 사주고 선배들 경조사를 꼬박꼬박 챙기는 정도일 테니까.

MBA, 할 것인가 말 것인가

재테크 도전의 첫 번째 관문에서 한숨을 돌릴 무렵 또 한 차례 우리를 심각한 고민에 빠뜨리게 하는 사안이 있다. 웬만한 직장인 5년 차라면 누구나 한번쯤 해봤을 매우 유명한 고민. 바로 MBA(경영학석사)에 대한 도전이다.

치열하게 목돈 만들기를 했다면 수중에 7000~8000만 원 정도 있을 것이다. 현 직장에 대한 비전도 그리 크지 않은 것 같아 MBA를 통한 이직 및 몸값 올리기에 대한 열망이 더욱 높아지는 시기다. 물론 최근엔 이런 고민이 많이 줄었다고 한다. 'MBA 불패론'이 지배했던 90년대 말과 달리 2000년대로 돌입하면서 '비용-수익' 측면에서 효과가 높지 않다는 비판이 많아지고 있기 때문이다.

보통 미혼의 경우 외국에서 MBA를 마치고 오려면 2년간 학비와 생활비를 합쳐 1억 2000만 원 정도를 예상해야 한다. 그런데 과거와 달리 최근엔 '탑 10' 순위 안에 드는 MBA 스쿨을 졸업하고 나와도 직장잡기가 그리 만만치 않다. 억대 연봉으로 바로 점프하는 것도 이젠 비현실적인 일이 돼 버렸다. 게다가 과거에는 외국에서 어떻게든 취업을 하고 4~5년간 근무한 뒤 국내로 돌아와 이사급 및 임원급으로 안착하는 게 '정통 코스'였지만 이제는 그것이 말처럼 쉽지 않다. 세계 최대의 인력시장이 열리는 미국이 9·11테러 이후 하이클래스 직책에 외국인을 쉽게 고용하지 않기 때문이다. 말(영어)도 큰 문제다.

그래서인지 요즘엔 MBA를 마치고 국내로 돌아오는 것이 일반화됐다. 이럴 경우 과장 또는 차장 정도(연봉 6000~8000만 원선)를 받고 근무하는 게 일반적인데 기존 세력(?)과 경쟁하는 게 쉽지 않다고들 한다. 다시 과장-부장-임원으로 이어지는 승진 경쟁을 해야 하는 것도 큰 부담이다. 게다가 MBA 과정을 다니는 2년 동안 써버린 1억 원의 돈과 여기에 따른 이자, 이 기간 동안 추가로 벌 수 있는 금액 등을 합쳐 기회비용은 2억 남짓에 이르는데 얼마나 빨리 이 비용을 회수할 수 있는지에 대해서도 뚜렷한 분석이 없다.

MBA는 개인적인 것, 나만 잘 될 수도 있다

그러나 MBA를 통한 성공여부는 지극히 '개인적'인 것이다. 최근 MBA 스쿨 졸업생 50명의 사례를 일반화시켜 스스로에게 적용할 문제가 아니라는 점이다. 평균적인 분석이 전혀 먹혀들지 않는데다 남들은 다 안 풀려도 나는 엄청 잘 풀릴 수 있는 가능성이 높기 때문이다. 좀 더 노골적으로 말하면 확률이 지배하기보다 운이 더 큰 영향을 미친다는 게 경험자들의 고백이기도 하다.

무엇보다 MBA는 장사로 먹고 살지 않는 샐러리맨이라면 한번쯤 도전해 볼만한 목표임에 틀림없다. '정치력'이 난무하는 험난한 샐러리맨 세계에서 대다수가 인정하는 하나의 자격증 같은 것이기 때문이다. 특히 다른 직종으로 갈아타려는 목표를 갖고 있다면 더할 나위 없이 좋은 선택이 될 것이다.

비용에 대해서도 다른 시각이 있다. 30대 초반에만 유학을 떠날 수 있다면 이후 연봉수준과 상승률을 감안해 오히려 남는 장사라는 것이다. 혼자 유학생활을 할 경우 생활비를 큰 폭으로 줄일 수 있으며 처음 여름방학 때 괜찮은 썸머인턴십을 할 경우 약 1000만 원 정도 절약할 수도 있다. 특히 MBA 취득 후 첫 연봉이 바로 억대로 치솟지는 않아도 향후 승진이나 이직 등에 있어 유리한 고지를 선점하기 때문에 MBA에 들인 돈을 '낭비'라고만 생각하기에는 곤란한 측면이 있다.

그러나 이 모든 결정에 선행하는 문제가 있다. MBA를 가고 싶다고 아무나 당장 갈 수 있는 게 아니라는 것이다. 게다가 탑 10 MBA 스쿨에 대한 도전의 난이도는 훨씬 높다. 일각에선 "탑 10 스쿨에 입학하지 못하면 아예 MBA 할 생각 말아라"는 의견도 나온다. 혹자는 15위권 정도까지 그나마 어디 가서 명함을 내밀 수 있다고 한다.

MBA의 손익계산서 - 결코 손해 보는 장사는 아니다

MBA 취득 후 괜찮은 직장에 안착한 사람들이 한 목소리로 하는 이야기가 있다. 바로 "손해 보는 장사가 아니다"라는 말이다. 이들은 보통 3년 정도만 일하면 MBA에 쏟은 비용(기회비용 포함)을 모두 만회할 수 있다고 말한다. 게다가 MBA라는 타이틀 프리미엄까지 갖게 되어 이후 사회생활에서도 유리한 고지를 차지하는 추가 보너스도 받는 셈이라고 한다. 하지만 전제 조건은 있다. 절대적으로 '괜찮은 직장'에 취업해야 한다는 것이다. 이 조건만 충족된다면 결국 MBA 취득 후 3~4년 후에는 MBA의 투자비용을 깔끔하게 회수할 수 있다는 주장이다.

1. MBA 취득 전 연봉 4000만 원을 받았다고 하면

연봉	세금 및 기타공제	실수령액	생활비	가처분 소득
4,000만 원	600만 원	3,400만 원	1,800만 원(월 150만 원 가정)	1,600만 원

2. MBA 과정 중 발생하는 기회비용은 얼마나 될까? (미혼일 경우)

총 학비	7,000만 원
2년간 생활비	5,000만 원
2년간 회사연봉에 대한 기회비용	3,200만 원
기타비용	500만 원
	1억 5,700만 원
썸머인턴에 따른 수입	-1,200만 원
총 기회비용	1억 4,500만 원

3. MBA 취득 후 1억 4500만 원을 3년~4년차에 만회할 수 있다.

	첫 해	2년차	3년차
연봉	7,000만 원	1억 원	1억 5,000만 원
실수령액	5,740만 원	7,500만 원	1억 950만 원
생활비	1,800만 원	2,200만 원	2,500만 원
가처분 소득	3,940만 원	5,300만 원	8,450만 원
가처분 소득(MBA가 없다면, 연 증가율 5% 가정)	1,764만 원	1,852만 원	
MBA 취득에 따른 기회이익	2,176만 원	3,448만 원	6,506만 원
합 계		1억 2,130만 원	

〈표 19〉 MBA 과정의 손익계산서

이런 의견들은 어느 정도 타당성을 갖고 있다. 이미 MBA의 희소성이 사라진 터라 유명한 대기업 입장에서도 탑 10, 탑 5 MBA 스쿨의 졸업생만을 원하고 있다. 신중하게 생각해볼 부분이다.

현재의 직장이 MBA 랭킹을 결정한다

MBA를 치열하게 준비하는 사람들을 만나면 모두 한 목소리로 전하는 말이 있다. 바로 MBA를 할 것인가 말 것인가에 대한 결심은 첫 직장을 고를 때부터 이미 했었어야 옳았다는 후회 섞인 하소연이다.

"차라리 내가 처음 직장 고를 때 OOOO를 선택할 걸. 그럼 어플라이(apply)하는데 이렇게 힘들지 않았을텐데"라는 안타까움의 표출은 왠만한 MBA 도전자들이라면 모두 한번쯤은 해봤을 것이다.

일반적으로 국내 중소기업보다 대기업이, 대기업보다 외국계 컨설팅 회사에서 근무했던 직장경력을 확보하는 것이 더 좋은 MBA 스쿨에 입학하는 데 유리하다. 만약 맥킨지 컨설팅이나 산업은행 기업금융(IB)팀, 미래에셋증권 채권팀 등과 같은 전문적인 파트에서 일했던 경력이 있다면 그만큼 톱 10 스쿨에 더 크게 어필하는 게 현실이다.

유명 MBA 스쿨 입장에서는 속된 말로 자신들 학교의 '물 관리'를 위해 좀 더 좋은 직장의 비전이 높은 파트에서 일했던 사람을 선호하기 때문이다. 같은 회사에서도 어떤 부서에서 근무했는가가 중요하다. 이 때문에 일부러 재무팀 등을 지원해 경력관리를 하는 친구들도 많다.

그러나 너무 실망할 필요는 없다. MBA를 반드시 하겠다는 굳은 결심이 섰으면 목숨 걸고 영어공부에 매진해 토플과 쥐멧(GMAT) 점수를 미리 확보해두자. 회사를 다니면서 준비할 경우 에세이 하나 쓰는 것만으로 매일 밤을 새야 하기 때문에 시험점수는 미리 따놓아야 한다. 확실한 점수를 미리 받아놓았다면 에세이에 더 많은 노력을 기울일 수 있다는 장점이 있다.

직장인들 중 영어공부를 위해 회화 학원을 많이 다니는 데 차라리 쥐멧을 가르치는 쥐멧전문 영어학원을 다니는 게 좋다. 굳이 MBA를 노리지 않는다고 하더라도 쥐멧공부를 통해 자기계발 차원에서 더

기간	내용
1월	· GMAT 시험 준비 시작
3월	· GMAT 첫 시험 치르기
6월	· GMAT 시험 최종 점수 따기 · 토플 시험 준비 시작
7월	· 레쥬메 및 에세이 작성 시작
8월	· 토플 시험 최종 점수 따기 · 초벌 레쥬메 완성 · 에세이 스터디 모임 가입
9월	· 지원할 학교 조사 및 확정
10월	· 초벌 에세이 완성
11월	· 레쥬메 및 에세이 확정 · 추천서 받기 · 1~2개 학교 1라운드 지원
12월~다음해 1월	· 5~6개 학교 2라운드 지원(1라운드 합격 통보)
다음해 2~3월	· 1~2개 학교 3라운드 지원(2라운드 합격 통보)
다음해 3~4월	· 합격 통보!

〈표 20〉 1년 만에 톱 MBA에 입학하려면

많은 것을 얻을 수 있다. 또 향후 회사에서 보내주는 유학 코스에도 도전할 가능성도 높지 않겠는가. 회사 유학의 경우 영어 잘한다는 평판보다 공식적인 점수를 통해 선발하기 때문에 '전략적 돈쓰기'라는 차원에서도 더 효율적이다.

02

돈 잘 빌리는 습관

대부분 재무관리 첫 시간에 경영학과 교수들은 이런 말로 강의를 시작한다.

"돈을 빌린다는 것, 대출은 인간이 만들어낸 금융제도 중 가장 탁월한 것일지도 모릅니다. 쉽게 말해 대출은 여러분이 앞으로 벌 돈을 얼마간의 대가를 지불하고 먼저 사용하는 제도입니다. 돈 빌리는 것을 두려워하지 마세요. 어차피 내가 벌 돈이니까요. 다만 대가를 지불하는 데 좀 더 현명해져야죠. 기회비용이란 개념 아시죠? 좀 더 싼 대가(이자)를 내고 돈을 빌리면 됩니다. 아니, 한 걸음 더 나가야죠. 빌린 돈을 갖고 대출이자보다 더 많은 수익을 남기는 투자처를 찾아 투자해야 합니다."

우리는 앞서 부자들의 재테크 사이클이 엄청 간단하다는 것을 배웠다. 아껴쓰고 저축하고, 현명하게 투자하고, 부족하면 돈을 빌려 다시 투자하고, 또 아껴쓰고…. 바로 이 사이클의 한 축을 담당하는 게 바로 대출이다. 재테크 과정의 일정 시점에서는 반드시 거쳐가야 할 필수 코스이기도 하다.

《부자 아빠 가난한 아빠》의 저자 로버트 기요사키는 부채(빚)를 재테크의 최고 테크닉으로 손꼽는 '빚테크'의 예찬론자이다(정확히 표현하면 '부동산 대출' 예찬론자다). 그는 1974년 유명한 하와이 휴양지 인근에 있는 콘도를 1만 8000달러(약 1800만 원)에 구입했다. 돈이 없었던 그는 신용카드를 이용해 10% 계약금을 걸고 나머지는 은행 빚으로 구입했다고 했다. 분명 100% 빚으로 샀지만 이자 비용보다 임대료가 높아 매달 20달러가 현금으로 들어왔다. 적은 액수이긴 하지만 무위험 수익이 발생한 것이다. 이뿐만이 아니다. 1년 뒤 그 콘도를 4만 8000달러에 팔아 빚을 모두 갚고도 1년 만에 3만 달러의 수익을 올렸다. 지금도 기요사키 강연의 첫 시작은 "부자들은 재산을 늘리기 위해 빚을 어떻게 사용하는지 알기 때문에 더 부자가 된다"는 말로 시작한다.

20대인 여러분에게 "지금 당장 몇십억을 빌려 빌딩을 사라"고 말할 수는 없다. 신용이 아직 쌓이지 않은 여러분에게는 단돈 몇백만 원의 대출도 힘들 것이다. 하지만 '대출은 나의 적'이라는 생각 또한 옳지 않다. 괜찮은 재테크 기법의 하나로 익혀둘 필요가 있다.

앞으로 살펴볼 돈 빌리는 습관에 대한 이야기는 주로 은행 대출기관을 염두에 둔 것이다(한국은행 2005년 통계에 따르면 우리나라 가계대출의 52.1%가 주택 구입을 위해 시중은행에서 빌린 자금이라고 한다). 보험약관대출(보험사), 주식담보대출(증권사) 등의 대출도 가능하고 기타 대부업체에서 돈을 빌릴 수도 있겠지만 이 부분에 대한 소개는 생략했다.

대출에 굳이 '습관'이라는 말을 붙이는 게 좋을까 하는 지적도 있겠지만 분명 습관과 관련된 측면이 많다. 조금만 발품 팔아서 금리가 낮은 쪽으로 대출을 옮겨갈 수 있는데도 불구하고 아예 바꿀 생각도 않는 경우가 많기 때문이다. 0.1%라도 낮은 대출이자가 재테크에 얼마나 큰 영향을 미치는지 생각하는 것도 일종의 습관이다.

또 한 가지, 이처럼 대출이 주로 은행을 통해서 이뤄지다 보니 은행을 자주 이용할수록 대출과 관련한 다양한 혜택을 얻게 된다. 그래서 부동산 투자를 꽤 짭짤하게 해본 어르신들은 "단골 은행을 일찍부터 만들어둬야 해"라고 충고를 한다. 하지만 여러분은 지금 '투자'에 의한 재테크 전략에 더 많은 비중을 쏟아야 한다는 걸 잊어선 안 된다. 20대의 나이에 5년 정도 은행을 잠시 떠나 있었다고 해서 향후 대출에 심각한 문제는 절대로 없으므로 큰 걱정은 안 해도 좋다.

나는 과연 돈을 빌릴 수 있는가

여러분은 지금 당장 집 밖으로 나가서 과연 얼마만큼의 돈을 빌려올 수 있는가.

부동산 담보 대출을 비롯한 담보를 설정해 돈을 빌리는 방법이나 말도 안 되는 고리대금업자를 찾아간다는 가정을 제외하고 저금리로 직장대출을 쉽게 해주는 경우도 역시 제외하자. 단지 이름 석자만으로 은행을 찾아가 대출을 시도한다고 가정해보자. 결국 소위 '신용대출'이라는 대출상품을 이용할 수밖에 없을 것이다. 과정은 간단하다. 자신의 신분을 알려주면 은행은 그간 쌓아왔던 여러분의 신용(credit), 직업군, 직장 등을 기준으로 평가해 신용대출의 금액과 이자율을 결정해 준다.

큰 '과오'가 없는 평균 직장인의 경우 연 10~14% 정도의 이자율로 신용대출을 할 수 있을 것이다. 의사나 변호사 등 연봉 높은 전문직이나 주거래 고객이 아니라면 신용대출로 받을 수 있는 자금은 5000만 원 미만 정도가 된다.

그런데 가령 신용카드를 많이 연체해서 신용점수가 안 좋다고 하면 은행에서 신용대출 받기는 거의 불가능하다. 이럴 땐 상호저축은

◐ ○○은행의 신용대출 비교

상품명	특정직업군을 위한 신용대출		일반직장인 신용대출
	KB닥터 로이어론	공무원 등 신용대출	
대상	현직 의사, 전문의 (인턴, 레지던트, 치과의사, 한의사, 개업예정의사) 현직 변호사, 판사, 검사, 군법무관, 사법연수생, 한도 최고 3억 원	정부지방단체, 정부투자기관, 공기업, 교직원 및 교수, 국민은행 지정 어음선정 업체, 한도 최고 1억 5000만 원	직장인, 자영업자 및 은행에서 정한 주거래고객 한도 최고 1억 5000만 원
연 이자율 (최저~최고)	5.93~6.98%	6.34~9.71%	6.84~13.29%
실제 적용 평균금리	6.3~6.5	미산출	9.5~10.5

◐ △△은행의 신용대출 비교

상품명	특정직업군을 위한 신용대출		일반직장인 신용대출
	엘리트론	탑스전문직우대론	
대상	공무원, 정부투자기관, 교직원 및 교수, 우량대기업 등 신한은행이 선정한 직군에서 6개월이상 근무자. 한도는 최고 6,000만 원	의료, 부동산, 법무, 회계 등 전문직 종사자. 한도는 최고 2억 원	일반 직장인 및 은행이 정한 주거래 고객. 한도는 최고 6,000만 원
연 이자율 (최저~최고)	6.14~7.94%	6.34~7.14%	8.75~13.25%
실제 적용 평균금리	미산출	미산출	미산출

〈표 21〉 모 시중은행의 신용대출 비교

행, 보험사, 캐피탈 등 제2금융권을 타진해야 한다. 물론 시중은행에 비해서 제2금융권은 이자가 상당히 높다. 그러나 개인신용이 극도로 나쁘다면 이러한 제2금융권 신용대출도 포기할 수밖에 없다. 이제 결국 제3금융권으로 불리는 대부업체나 사채시장을 찾아가 신용대출을 시도해야 한다. 여기까지 내려가면 연 49% 정도의 대출이자를 감내할 각오가 돼 있어야 한다.

모든 게 다 신용이다. 신용이 높으면 싼 이자로 보다 많은 금액을 빌릴 수 있고 신용이 나쁘면 대출은커녕 보험도 가입하지 못하는 세상이다. 그렇다면 아마도 지금 현 상태에서 여러분이 익혀야 할 가장 효과적인 돈 빌리는 습관은 개인 신용점수를 최대한 높이는 것이다.

대출안내서비스 이용절차

○ 인터넷에서 한국이지론(www.egloan.co.kr)을 검색하여 접속한 후 ①회원가입(로그인) → ②직업, 연소득 등 신상정보 입력 → ③본인확인 → ④추천상품 검색 → ⑤대출신청 등의 절차를 거치면 된다.

* 한국이지론은 저축은행 및 신협중앙회, 대부업협회, 한국신용평가정보 등 4개 기관이 공동출자했고 대출안내서비스 시스템을 구축, 운영하기 위한 회사다.

각 개인마다 신용등급이 있다

사실 개인신용등급(Credit Rating)을 높이는 노하우가 따로 존재하는 것은 아니다. 또 개인 신용평가라는 게 일시에 하락하기는 쉬워도 빠르게 향상되지는 않는 특징을 갖고 있다.

신용이 안 좋은 사람이 복권에 당첨되거나 부동산, 주식 등으로 갑

자기 큰돈을 벌어 은행에 목돈을 집어넣었다고 해도 신용도는 올라가지 않는다. 오히려 신용카드 대금 연체가 한 번도 없었던 사람의 신용이 더 높게 평가된다.

은행이 생각하는 '신용'에 대한 관점은 조금 더 특이하다. 가령 대출거래가 전혀 없는 사람보다는 적정 수준의 대출(연소득의 30~50% 내외)이 존재하며 5일 이상 연체 없이 꾸준히 상환할 경우 이 사람에게 더 높은 신용점수를 준다.

특히 '연체'에 대해서는 모든 금융기관이 민감하다. 요즘엔 개인 연체정보가 공유되기 때문에 5일 이상 연체는 반드시 피해야 한다. 어떤 경우에도 연체하지 않는 습관은 반드시 익혀 지켜야 한다.

여기서 잠깐, 지금까지 우리는 '신용등급'이라는 말을 자주 썼는데 대체 신용등급이 무엇인가라는 원론적인 물음이 생길 수도 있다. 대출을 받을 때 자신의 신용등급이 산정된다는데 어떤 기준이 적용되는지도 궁금할 것이다.

우리나라의 개인신용정보는 종합신용정보집중기관(전국은행연합회) 및 신용정보회사가 정보를 생성·관리하고, 유통시킨다. 대부분 시중 금융기관과 신용정보회사들은 자체 기준에 따라 개인의 신용도를 평가한 후 일반적으로 10~15개 등급으로 나눠 관리하고 있다. 예를 들어 10등급 체계라면 1·2등급이 최우량, 3·4등급이 우량등급이며, 9·10등급은 대출불가 등으로 나뉜다. 등급에 따라 대출금리 차는 0.1~0.2%에서 최대 1~2%대까지 벌어지게 된다. 1억 원 대출에 최대 연간 200만 원까지 차이가 날 수 있다는 이야기다.

이 신용등급은 각 금융기관이 갖고 있는 CSS(credit scoring system)에 의해서 평가된다. CSS란 금융기관에서 고객의 신용상태를 점수로 산출해 대출 여부와 대출금액을 결정하는 신용평점시트템을 말한다. 인적사항, 직장 유무 및 직장 종류, 소득 현황, 금융회사 거래실적 등 신용과 관련된 모든 사항에 가중치를 달리해 평점을 내고 이를 근거로 대출 여부와 대출금액을 결정하는 것이다. 특히 이때 가중치를 부여하는 기준은 각 금융기관별로 자체 노하우를 통해 구축된 경우가 많다. 기본적인 기준으로 미혼남자보다는 미혼여자에게 더 높은 점수를 준다. 전세보다는 자택 연립, 또 자택 아파트로 갈수록 점수가 높아지고, 평수가 넓으면 더 유리해진다. 맞벌이를 할 경우 남편의 신용도는 홀로 버는 경우보다 후한 점수를 받게 된다.

신용점수나 등급은 금융기관에서 자체적으로 평가하기 때문에 고객에게 제공해야 하는 정보가 아니다. 따라서 자신의 신용점수나 등급은 쉽게 알 수 없다. 그래도 자신의 거래 금융기관의 점포를 방문해 주민등록증을 제시하고 본인에 관한 신용정보의 열람을 요청하면 신용거래정보 및 불량정보(연체정보)는 확인할 수 있다. 일부 신용정보 평가기관에 자신의 정보를 입력하면 신용평점에서부터 신용등급 정보까지 제공하는 유료 서비스가 있으니 참고하면 된다.

내 신용등급을 높이는 십계명

이처럼 신용등급이 높을수록 혜택이 높다면, 또 재테크의 중요한 수단인 '대출'에 유리한 지위를 얻을 수 있다면 당연히 평상시부터 신용등급을 높이는 습관을 들여야 한다.

기본적인 것으로 급여 계좌가 있는 은행 신용카드를 이용하거나 신용카드 현금서비스를 받지 않는 것, 공과금을 연체하지 않는 행위 등을 꼽을 수 있다. 다음은 은행 대출 전문가들이 전하는 신용등급을 높이는 십계명이다.

첫째, 주거래은행을 정해놓고 꾸준히 거래해야 한다. 주거래은행이란 자신이 제일 많이 이용하는 은행으로 급여이체, 카드대금 결제, 금융상품 가입, 공과금 납부 등을 집중하는 것이 좋다. 대부분 신용평가에 있어 주거래은행의 거래실적이 크게 반영된다.

둘째, 연체가 없으면 가장 좋지만 있을 경우는 오래된 연체부터 상환하자. 실제로 신용평가에서는 소액이라도 장기연체된 것에 대해 더 많은 마이너스 점수를 준다. 이는 소액의 단기간 연체가 상관없다는 뜻은 아니다. 일반적으로 5~10만 원 이상을 5영업일 이상 연체하면 각 금융사에 그 사실이 알려진다. 신용등급에 영향을 미침은 물론이다. 통장잔고가 모자라서 카드 값의 아주 일부를 덜 결제해도 문제가 될 수 있다.

셋째, 신용카드는 오래 사용했거나 혜택이 많은 카드 하나만을 집중적으로 사용하는 게 좋다. 소지하고 있는 신용카드가 과도하게 많으면 신용평점이 깎일 수 있다. 카드를 발급할 때마다 신용조회 수가 늘어나면서 신용평점이 낮아질 수 있기 때문이다.

넷째, 카드 사용시에는 할부보다는 일시불 사용을 많이 하는 게 좋다. 할부에 대한 인식은 신용평가에서 그리 좋지 않다.

다섯째, 종종 "개인 신용정보를 자주 조회하면 점수가 깎인다"는 말들을 하는데 어느 정도 사실이다. 보통 대출신청을 하면 은행 등 금융기관들은 직접 신청인의 신용정보를 조회하게 된다. 이 조회가 바로 신용점수를 깎는 요인이 된다고 한다. 금융기관의 잦은 조회는 자금여력이 부족한 것으로 인식되거나, 또 타 금융회사에서 대출을 거절당한 것으로 간주되기 때문이다(아예 조회기록이 일정기간 동안 몇

건 이상이면 바로 거절하도록 자동시스템이 구축된 곳도 있다). 반면, 본인이 그냥 하는 단순조회는 별 영향이 없다.

여섯째, 대출을 받아야 한다면 한 곳에서 최대한의 대출을 받는 것이 유리하다. 여러 금융권을 넘나들며 대출을 분산시키면 신용등급에 불이익이 생긴다.

일곱째, 보증을 서주는 것도 신용 하락요인이다. 보증 자체가 대출과 같은 개념으로 파악되기 때문이다. 이래저래 보증 서주기는 절대적으로 기피해야 할 '절대악'이다.

여덟째, 자동이체는 필수다. 자동이체를 이용하면 부주의로 생기는 연체를 막을 수 있을뿐더러 거래은행에서 매기는 평점도 올라간다.

아홉째, 연체전화도 잘 받을 필요가 있다. 연락이 자주 온다고 해서 고의로 전화를 받지 않는다든지, 심지어 전화번호를 바꾸는 것은 상황을 더 악화시킬 뿐이다.

열 번째, 카드론, 현금서비스 등은 꼼꼼하게 점검한 후 이용해야 한다. 특히 대부업체에 대한 대출신청은 더욱 신중하자. 대부업체의 신용정보 조회기록 또는 거래 사실은 개인신용평가에 정말 부정적으로 작용한다. 굳이 대부업체와 상담을 하는 경우에는 대출상담이 아닌 단순상담이라는 점을 명확히 밝혀야 한다.

대출이자보다 수익이 높은가

빚을 낸다는 기본은 빚에 대한 대가, 즉 이자보다 훨씬 더 높은 수익원이 존재한다는 전제에서부터 출발해야 한다. 투자를 위해 빚을 내더라도 수익률이 확실한지를 한번 더 따져야 한다. '빚테크'를 감행했으나 실패할 때 얻는 충격은 상당하다. 자신의 여윳돈을 날리는 것과 달리 빚과 이자, 연체이자까지 이중, 삼중으로 손실이 배가되기 때문이다.

하지만 투자에는 항상 위험이 따르기 마련이라 '빚테크'를 이유 없이 두려워할 필요는 없다. 만약 대출이자와 대출을 통한 투자수익 간의 비교를 정확한 수치로 파악할 수 있다면 대출에 대한 막연한 부담감은 피할 수 있을 것이다.

'빚테크'의 기본은 아주 간단하다. 대출이자보다 더 높은 수익을 올릴 수 있으면 돈 버는 것이고 그렇지 않으면 헛된 일에 돈 쓰는 것이다. 이제 여러분은 확정된 대출이자와 아직 미확정된 투자수익을 철저하게 비교하는 습관을 익혀야 한다.

투자수익에 대한 불확실성이 클수록 시뮬레이션의 폭을 넓혀 더 많은 가정을 해야 한다. 어쩌면 이렇게 비교하는 자체만으로도 '빚테크'는 의미를 가질 수 있다. 이 과정 속에서 또 다른 재테크 해법을 찾을 수 있기 때문이다.

나는 이래서 신용대출을 선택했다

평소 로버트 기요사키의 열렬한 팬인 모 보험회사 자산운용팀에 근무하는 이주희(29세, 직장 6년차) 씨는 지난 2005년 '모험'을 감행했다. 택지지구 아파트는 빚을 내서라도 구입하라는 평소 친분 있던 한 중견 설계사의 충고로 경기 용인시 동백지구 인근의 40평형 아파트를 분양 받은 것이다. 3억에 육박하는 금액도, 평수가 너무 크다는 생각도 있었지만 시골에 계신 부모님을 모실 생각에 별 망설임이 없었다.

수중에 가용자금 1000만 원밖에 없었던 이 씨는 2000만 원을 신용대출 받아 먼저 계약금을 냈다. 당시 이 아파트는 미분양 상태였기 때문에 계약금만 있으면 이후 중도금의 40%는 무이자로 빌릴 수 있는 혜택이 있었다. 이 씨는 이를 활용하고 나머지는 저축과 회사의 주택자금 지원, 잔금대출 등을 활용한다는 계획을 짰다. 향후 1년 내에 손에 쥘 수 있는 돈도 7000만 원 정도는 됐기 때문에 자신감은 더 넘쳤다.

부모님은 물론, 동기들도 모두 사고를 쳤다며 걱정했지만 지금은 프리미엄이 8000만~1억 원 정도 붙어있는 상태다. 이 씨 스스로도 "어차피 재테크 계속할건데 대출 갚는 데 주력해야죠. 신용대출은 1차로 갚을거고. 여차하면 팔 생각도 있어요"라며 뿌듯해 한다.

연 8% 이자율을 실현할 수만 있다면

이 씨의 이번 대출을 이용한 수도권 아파트 마련은 철저하게 계산된 전략이었다. 연 이자율 8%에 달하는 높은 대가를 지불하고 신용대출을 받았지만 이 역시 철저히 계산된 선택이었다.

먼저 이 씨에겐 이미 상당한 자금이 있었다. 매월 100만 원씩 붓는 장기주택마련저축과 3년 가까이 월 80만 원씩 2년 넘게 붓던 적립식펀드였다. 적립식펀드의 경우 한때 증시가 활황세를 타며 3000만 원 가까이 투자금이 불어났지만 현재 2000만 원 초반대로 떨어진 상태다. 당시 그녀는 심각하게 고민했다고 한다. 장기주택마련저축은 끝까지 7년을 채우기로 맘먹었기 때문에 남은 적립식펀드를 환매해 아파트 계약금을 낼까 말까에 대한 고민이었다. 고민 끝에 그녀는 자신의 적립식펀드의 연 수익률이 앞으로 연 8% 이상은 더 오를 수 있을 것이라고 판단해 펀드 유지를 결정했다. 한 달에 추가로 드는 18만 원의 이자는 좀 더 허리띠를 졸라매기로 생각했다.

여러분은 앞으로 대출을 통한 투자상황을 수많이 접하게 될 것이다. 이 과정에서 먼저 투자를 통해 얼마를 벌 수 있을 것인가에 대한 판단은 치밀한 정보수집과 자문, 공부 등에 의해 내려져야 한다. 수치로 비교하면 더욱 좋다. 잘못되고, 틀릴 수도 있다. 하지만 이런 오류는 향후 재테크를 지속하는 데 큰 힘으로 작용할 것이다.

앞서 이주희 씨는 투자대상(아파트)이 올릴 수 있는 수익을 대출이자와 비교하지 않았다. 단지 적립식펀드를 찾을까 말까 하는 고민만 했을 뿐이다. 이 씨는 가격이 오르든 내리든 내 집을 갖는다는 데 더 큰 의미를 두었기 때문이다. 만약 이 씨가 집값 상승에 대한 비교도 병행했다면 연간 집값 상승률에 대한 분석도 함께 고려했을 것이다.

최저 금리를 찾아라

대출과 관련해서 너무도 쉽지만 실천하지 못하는 게 있다. 바로 최저 금리를 찾아 이곳저곳 헤매는 습관이다. 대출받을 때 가장 중요한 것은 금리다. 금리만 낮다면 90%는 성공적인 대출이 된다.

가령 소유 부동산이 있다면 신용대출 대신 부동산 담보대출을 이

구분	CD금리 연동형	내부금리 연동형
기준금리	91일물 양도성예금증서(CD)	은행에서 자체적으로 설정
금리구조	기준금리 + 약정이자율	기준금리 − 각종 할인혜택
변동기간	약 3개월마다	매주 고시

〈그림 7〉 변동금리의 구조

용하면 금리가 낮다. 부동산 담보대출의 경우 설정비(통상 대출금액의 0.7%)와 중도상환수수료 등 부대비용이 들지만 현존하는 대출상품 중 가장 낮은 금리를 자랑한다. 예금 담보대출이란 제도도 있다. 주로 은행상품을 많이 이용한 경우에 유리한데 자신의 예금을 담보로 대출을 받는 구조다. 설정비와 중도상환수수료 가 없어 간편하다.

낮은 금리를 최우선으로 고려하지 않아야 할 때도 있다. 고정금리가 아닌 변동금리로 대출을 받을 때다. 이때는 처음 제시되는 최저금리에 현혹되지 말고 은행별 변동금리 '기준'을 파악해야 한다. 변동금리의 경우 은행들은 자신의 대출금리를 올리거나 내릴 때 사용하는 기준금리가 저마다 다르다. 따라서 지금 A은행에서 최저금리로 대출을 받았더라도 향후 이자를 갚아나가는 동안 다른 은행의 금리 인상폭보다 더 큰 이자부담을 질 수 있다.

변동금리의 형태는 크게 두 가지다. 은행별로 조금씩 차이가 있겠지만 이 두 가지 개념만 정확히 알고 있으면 실제 대출시 현명한 선택을 내리는 데 별다른 문제가 없을 것이다.

먼저 기준금리를 91일물 양도성예금증서(CD)의 수익률로 잡는 경우다. CD의 경우 초단기 상품으로 매일 금리가 변한다. 하지만 91일물이기 때문에 약 3개월마다 새로운 금리를 적용받게 된다. 그렇다고 무턱대고 3개월 후 CD 금리를 적용하지는 않는다. 가령 1월 1일에 대출받았다면 3개월 후인 4월 1일이 됐을 때 적용받는 대출금리는 4월 1일 이전 3영업일 평균 CD 금리에다 대출받을 때 약정한 은행의 마진율이 더해져 산출된다.

두 번째 변동금리의 형태는 해당은행이 정한 기준금리를 이용하는 구조다. 자체적으로 정한 기준금리를 바탕으로 대출금리를 변동시키는데 1주일마다 주택담보대출 금리를 따로 고시한다. 이때 최고금리를 기준금리로 표시하고, 각종 할인혜택을 차감해주면서 대출금리를 재산정하게 된다. 전문가들은 은행내부금리보다는 CD연동금리를 이용한 대출을 선호한다. 은행내부금리는 어떻게 산출됐는지 이해하기가 쉽지 않기 때문이다. 반면 CD연동금리는 '기준금리＋몇 %(개인 자격조건에 따라서 차이)'로 확정돼 있기 때문에 언제든 해당은행 홈페이지를 통해 확인이 가능하고 예측도 가능하다는 장점이 있다.

금리가 더 저렴한 은행을 찾아라

서울 용산구에서 부동산 중개업을 하는 김 모 씨는 2006년 3월 부동산 담보대출 5억을 A은행에서 B은행으로 옮겼다. 변동금리 대출을 받았기 때문에 연 5% 초반이었던 금리가 2년 만에 연 6.1%까지 올랐기 때문이다. 하지만 B은행의 경우 아직 5%대였다. 김 씨는 중도상환수수료로 A은행에 상환 금액의 1%인 500만 원을 내야 했지만 B은행 금리가 1%포인트 더 저렴하기 때문에 1년 안에 '본전'을 뽑을 수 있다는 판단을 내렸다.

이 씨는 이 과정에서 한 가지 중요한 사실을 보너스로 얻었다. 금리가 지나치게 올라 옮기겠다고 '엄포'를 놓으면 적어도 0.1%포인트는 깎을 수 있는 기회가 있다는 것이다. 보통 자신이 주거래 고객으로 등록된 '단골은행'에서 대출을 받으면 일반고객보다 0.2~0.4% 정도 금리혜택을 받는다. 지점장 재량으로 금리를 깎아주는 '영업점장 전결금리'나 '본부승인 금리'도 활용할 필요가 있다. "말만 잘하면 대출이자 깎아준다"는 말은 여기서 유래된 것일 게다.

대출 갈아타기는 신중하라

앞서 김 씨처럼 자신이 받은 대출상품을 다른 은행으로 바꾸는 경우가 종종 있다. 일단 금리 차이가 확실하기 때문에 다들 적극적으로 '대출 갈아타기'를 시도하는 것 같다. 특히 금리가 계속 오르는 시기에 변동금리형 상품으로 대출을 받은 사람들은 고정금리 대출로 갈아타고 싶은 욕구를 버릴 수가 없다.

하지만 '대출 갈아타기'를 경솔하게 결정해서는 안 된다. 고정금리 상품으로 갈아타려면 중도상환수수료를 물게 되고, 근저당권 설정을 다시 하게 되면 설정비용 등이 추가로 들어가기 때문이다. 배보다 배꼽이 더 큰 상황이 연출될 수 있다.

3년 이상 유지된 변동금리상품은 중도상환할 경우 수수료를 면제받을 수 있으나 현재 국내 주택담보대출자들은 대부분 3년 미만 단기 상품을 이용하고 있어 수수료 지불이 불가피하다. 특히 은행별로 중도상환수수료 산정이 천차만별이어서 단순하게 판단할 수 없다. 은행이나 만기일까지 남아 있는 기간에 따라 최대 4배의 차이가 난다. 가령 A은행의 경우 만기 잔존일수(상환일~만기일)를 기준으로 2년 이상이면 2%, 1년 이상은 1.5%, 6개월 이상은 1.0%, 3개월 이상은 0.5%의 수수료를 받는다. B은행은 0.7%의 기본수수료에 근저당설정비용 보전액(잔존월수×0.2%)을 더한 금액을 수수료로 적용하기도 한다.

대출사용기간이 길고, 금리인상이 향후 빠르게, 추세적으로 진행될 것을 예상하면 고정금리 대출로 바꿔 타는 게 좋다. 반대로 단기 사용 자금이고 금리하락 조짐이 포착된다면 변동금리 대출이 훨씬 유리하다. 그러나 수수료 문제 때문에라도 금리 차이가 현저히 크지 않다면 처음 선택한 금리상품을 유지하는 것도 나쁘지 않은 선택일

(2006년 6월 기준)

은행	중도상환수수료
국민은행	$\frac{설정비\ 보전금액}{(0.7\%)} + (=잔존월수 \times 0.2\%)$　　※ 설정비 은행이 부담하는 대출
신한은행	잔존일수 기준 = 2년 이상: 2.0%, 1~2년 미만: 1.5%, 6개월~1년 미만: 0.5%, 3개월 미만: 없음
우리은행	대출취급 = 1년 이내 상환: 1.5%, 2년 이내 상환: 1.0%, 3년 이내 상환: 0.5%, 3년 초과: 면제
하나은행	중도상환 약정기한 기준 = 약정기한: 3년, 3년까지 1%, 약정기한: 5년, 3년까지 1.2%, 3~5년까지: 0.5%, 약정기한: 10년, 3년까지: 1.5%, 3~5년까지: 0.5%
외환은행	대출취급기준 = 1년 이내: 1.5%, 2년 이내: 1.0%, 3년 이내: 0.5%, 3년 초과: 면제

※ 단 투기지역 6억 초과 아파트의 10년 이상 대출(LTV 40% 이상)은 3년 초과해도 0.5% 부과(모든 은행).

〈표 22〉 시중은행 중도상환수수료 현황

것이다.

다음에 소개하는 사례를 살펴보자.

J씨는 2003년 5월 광진구에 36평짜리 아파트를 구입했다. 2억 원을 고정금리 6.5%로 3년짜리 주택담보대출을 받았으며, 현재 대출금은 1억 4000여만 원 정도 남아있고 원리금 80여만 원을 매달 불입하고 있다. 그런데 아파트 담보 대출금리가 5%대로도 가능한 곳이 있다는데 과연 '대출 갈아타기'를 해야할까?

이와 같은 J씨의 경우 먼저 갈아타기 비용을 산출해봐야 한다. 중도상환수수료를 0.5%~1% 정도로 가정하면 70만 원~140만 원이라는 상당한 금액이 필요하다. 다음으로는 근저당 해지비용이 5만 원~7만 원 정도가 예상된다. 그리고 다른 은행으로 가서 대출을 확정짓고 수속을 시작하면 1억 4000만 원에 대한 인지세가 15만 원 정도 소요된다. 특히 근저당을 다시 설정해야 하기 때문에 은행별로 최소 0원에서 최대 140만 원(대출금 1%) 정도를 예상할 수 있다. 여기에 임대차 조사수수료, 감정수수료 등 비용도 0원~15만 원 정도 더 포함시켜야 한다.

결국 J씨처럼 대출원금이 1억 4000만 원 정도 남아있을 경우 대출을 갈아타려면 최소 110만 원~최대 300만 원의 비용이 필요하다. 그런데 아주 운이 나쁜 경우 고정금리에서 변동금리로 갈아탄 다음 금리가 본격 상승하게 되면 갈아탄 변동금리 담보대출 금리가 또 오르게 된다는 추가 위험도 상존한다. 그렇기 때문에 바로 선택의 문제가 발생하게 된다. 현 상태가 1년 이상 지속된다면 금리를 갈아타서 절약하는 이자비용이 연간 180만 원(매월 15만 원×12개월) 정도가 된다. 물론 금리가 더 떨어진다면 절약 폭은 더욱 커지게 된다.

다시 한 번 강조하지만 갈아타기 비용과 치밀한 비교가 필요하다. 다른 방법도 있다. 은행을 바꾸지 않고 해당 은행에서 변동금리로만 대출조건을 바꾸자고 요청하는 것이다. 번거로운 절차 때문에 꺼려하기도 하지만 채무자가 당연히 요구할 수 있는 권리이다. 이럴 경우는 약정서를 새로 쓰고 인지세 15만 원 정도만 소요될 것이다.

고정금리가 최고다

국내 은행권 주택담보대출이 2006년 상반기에만 10.5조 원이 증가해 총 잔액이 200조 원을 넘어섰다. 평균 1억으로 단순 가정해도 200만이 넘는 가구가 현재 주택담보대출을 이용하고 있다는 얘기다. 그런데 국내 주택담보대출의 경우 95% 이상이 변동금리대출일 정도로 변동금리 선호현상이 뚜렷하다. 그러나 오히려 고정금리를 이용한 주택담보 대출이 장점이 많다. 흔히 말하는 미국의 '모기지

(mortgage)'도 바로 고정금리의 대표적 상품이다.

미국인들은 거의 70% 이상이 집을 구입할 때 이 고정금리 모기지를 이용한다. 최근 변동금리 모기지 사용자가 많이 늘어 20%에 육박했지만 아직도 고정금리 비중은 절대적으로 우세하다. 이들 모기지 상품은 만기가 20년, 30년 정도로 모두 장기로 유지되는데 무엇보다 나갈 돈이 확정돼 있어 미래 현금흐름에 대한 정확한 파악이 가능하다. 몇십 년간 주택구입을 위해 빌린 돈에 대한 이자(원리금)가 일정하게 빠져나가기 때문에 재테크 전략을 짜는 것도 수월하다.

이처럼 자신의 득실을 정확히 알고 있어 미국인들은 금리인상 시기에 큰 부담을 느끼지 않는다. 20~30년 정도의 긴 시간 동안 금리인하 시기도 반드시 겪기 때문이다. 그렇다고 금리 인하 시기에도 돈을 함부로 펑펑 쓰는 것도 아니다.

이런 이유로 다수의 대출 전문가들은 우리나라도 고정금리 위주 주택담보대출이 자리 잡아야 한다고 역설한다. 하지만 이를 위해서는 먼저 주택금융공사가 공급하는 장기고정금리 모기지론(보금자리론)과 변동금리대출간의 금리격차가 축소돼야 할 것이다. 일명 '보금자리론'으로 불리는 한국판 장기고정금리 모기지는 단기변동금리대출보다 초기금리가 높기 때문이다. 예를 들어 '보금자리론' 금리는 10년 만기가 5.9%, 15년 만기는 6.2%, 20년 만기는 6.3%, 30년 만기는 6.35%(2009년 5월 기준)으로 시중 변동금리 상품보다 처음부터 1%포인트 이상 높다.

하지만 '보금자리론'에는 다른 상품과는 다른 독특한 강점이 있다. 무주택자나 1주택자만 신청할 수 있고 최대 대출금액은 3억 원으로 한정하고 있는 이 상품은 대출기간이 15년 이상이면 연간 1000만 원까지 소득공제 혜택을 받을 수 있는 것이다. 결국 보금자리론 대출금리가 연간 최대 6.55%이지만 소득공제 혜택을 감안하면 연 5%대로 떨어지는 셈이다.

여러분도 이제 본격적인 내집마련 프로젝트에 돌입하면 대출을 이용하게 되고 결국 변동금리냐 고정금리냐에 대한 고민도 하게 될 것이다. 만약 3~4년 정도의 단기가 아니라 20년 정도의 장기대출을 이용할 생각이라면 고정금리 선택을 강력하게 추천한다. 무엇보다 인플레이션으로 인한 현가의 하락을 고려하면 여러분이 매달 지급하는 이자부담은 분명 시간이 갈수록 일정하게 하락할 수 있을 것이다.

물론 지난 2007년 이후 금리가 급격하게 하락하면서 당시 연 6~7.3%대 고정금리로 주택담보대출을 받았던 개인은 깊은 한숨을 쉬고 있다. 변동금리형 대출의 금리 기준이 되는 양도성예금증서(CD·91일물) 금리가 뚝 떨어지면서 2009년 상반기엔 3%대까지 대출금리가 떨어졌기 때문이다. 하지만 단기간 대출금을 상환할 예정이라면 몰라도 장기 상환을 계획한다면 고정금리에 대해 후회할 필요는 없다. 급격한 금리하락이 과도한 유동성 등으로 인한 것이라면 언제든 다시 그 속도만큼의 금리상승도 가능하기 때문이다. 그래도 불안하다면 대출 뒤 첫 3년 동안은 양도성예금증서 유통수익률에 연동하는 변동금리를 적용받고, 중도상환수수료가 면제되는 3년 이후 고정금리로 전환되는 금리혼합형 상품을 고려해보면 좋을 것이다.

대출은 어떻게 갚을까

대출을 받았으면 결국 갚아야 한다. 생각 같아선 로또 대박이라도 터뜨려 단숨에 빚을 갚아버리고 싶지만 현실을 직시해야 한다. 보통 대출금을 갚는 방식은 크게 3가지다. 여러분은 이제 이 3가지 방법 중 하나를 선택해 대출을 차근차근 갚아나가야 한다.

첫째, '만기 일시상환' 방법이다. 대출기간 동안은 이자만 내다가 만기일에 원금을 한꺼번에 모두 상환하는 방식이다. 만기일에 빌렸던 원금을 모두 한방에 갚아야 하는 부담이 있지만 투자를 목적으로 대출을 받는 경우라면 고려해 볼만하다.

투자수익이 대출이자보다 높고 투자대상이 감가상각에 자유로운 경우라면 이 방법이 최선일 것이다. 가령 빌딩 투자를 위해 대출을 받았다면 이 방법이 유용하다. 대출기간에는 투자수익이 대출이자보다 많기 때문에 무위험에 가까운 수익을 올릴 수 있고 빌딩 자체 가격이 올라서 만기시에 이를 팔 경우 대출원금을 갚고도 추가 수익을

예) A는 2003년 1월 K은행을 통해 1000만 원을 연리 5%에 3년 기간으로 빌렸다. 이 경우 A가 실제 갚아야 하는 부담액은 아래 각각의 상환방식에서 얼마가 될까?

상환방식		상환부담액	주요 특징
일시상환		1,000만 원×(1+0.05×3) = 1,150만 원	· 만기에 원금과 이자 상환
분할상환	원금균등 분할상환 방식	$\dfrac{1{,}000만\ 원\times(1+3)\times3}{3\times2}\times0.05$ +1,000만 원 = 1,100만 원	· 뒤로 갈수록 원금이 줄어 들면서 이자부담이 줄어든다. (예 : 신용카드 대출)
	원리금균등 분할상환방식	$\dfrac{1{,}000만\ 원\times0.05\times(1+0.05)^3}{(1+0.05)^3-1}\times3$ = 1,102만 원	· 앞에서는 이자가 많고 뒤에서는 원금이 많도록 하여 매번 같은 금액(원금+이자)을 갚음 (예 : 주택자금대출)

〈표 23〉 빌린 돈을 갚는 방식에 따른 상환 부담액 비교

손에 쥐게 된다.

둘째, '원금균등 분할상환' 방법은 대출원금을 대출기간으로 균등하게 나누어 상환하는 방식이다. 대출기간 동안 원금을 분할한 금액과 그에 따른 이자를 매달 갚아나간다.

이럴 경우는 어떤 장점이 있을까. 대출금액을 갚아나갈수록 총 대출규모가 줄기 때문에 매달 부담하는 이자도 줄어드는 혜택을 누릴 수 있다. 원금이 줄어드는 만큼 갚아나가는 이자도 줄어들기 때문이다.

셋째, '원리금균등 분할상환'이다. 대출을 처음 받을 때 아예 만기까지의 대출원금과 이자를 미리 계산해서 매월 일정한 금액 상환을 확정시키는 형태다.

'원금균등 분할상환' 방식의 경우 갚아야 할 금액이 매달 달라지는 불편함이 발생하는데 이를 극복할 수 있다. 또 매월 상환액이 초반에 확정되기 때문에 10년~20년 장기로 갈수록 물가상승 등을 감안하면 실제 부담은 점차 감소하는 효과가 발생한다. 현재 매월 내는 40만 원에 비해 10년 뒤 내는 40만 원 가치는 크게 하락하기 때문이다.

혹자는 '원금균등 분할상환이 더 유리한 것 아니냐'고 생각할 수 있지만 반드시 그렇지는 않다. 매달 상환금액이 고정될 경우가 그렇지 않은 경우보다 정교한 재테크 전략을 세우는 데 더 많은 도움을 줄 수 있기 때문이다.

하지만 중도에 상환할 가능성이 정말 매우 높다면 원금 분할상환 방식이 유리할 수 있다. 원리금 분할상환의 경우 매월 내는 금액은 일정하지만 초기에는 납부 금액 중 원금의 비중이 적다. 따라서 중도에 상환할 전략을 갖고 있다면 원금 분할상환 방식을 선택해 초기 상환액에서 갚아나가는 원금 비중을 높여야 한다.

대한민국 20대,
재테크에 미쳐라

04. 실전! 20대 재테크

자, 이젠 종자돈을 모으기 위한 실전이다. 확실한 정신 무장과 함께 효과 높은 재테크 습관도 익혀놓았으니 이제 몸 만들기는 완벽하게 끝난 셈이다.

이제부터 우리는 본격적인 목돈 만들기에 뛰어들려고 한다. 대단한 부자가 되겠다는 게 아니다. 목표는 앞으로 5~6년 동안 1억에 가까운 종자돈을 확보하자는 것이다. 종자돈의 가치와 필요성에 대해서는 더 이상 따로 이야기할 필요가 없을 것이다. 온갖 저축, 투자상품을 줄줄 꿰고 해박한 재무지식으로 무장한 사람보다, 묵묵히 종자돈 5000만 원을 모아둔 사람이 부자 될 확률이 확실히 더 높다.

돈 좀 모아본 사람은 대부분 느끼겠지만 처음 종자돈 1000만 원 모으기가 어렵지 2000만 원으로 불려지는 과정은 상대적으로 쉽다. 또 처절한 노력으로 종자돈 1억을 손에 넣었다면 2억으로 커가는 과정은 이상하리만치 빠르다. 누군가는 '돈이 돈을 벌어와서' 그렇다고들 하는데 좀 더 현실적인 이유는 종자돈 규모가 커질수록 재테크 기법이 다양해진다는 데서 찾을 수 있다. 목돈이 생겨 투자처가 많아진 까닭도 있을 것이다. 이 뿐만이 아니다. 이젠 자신의 총 자금을 여러 곳으로 쪼개 투자하기 때문에 그만큼 실패 위험도 적어지게 된다는 이점도 있다. 이처럼 종자돈은 목돈 만들기의 핵심이며 종자돈 모으기는 성공적인 재테크를 위해 누구나 반드시 거쳐야 할 필수 코스인 셈이다.

전문가들은 항상 재테크 실전에 돌입하기에 앞서 자신의 연령대에 어울리는 자산 포트폴리오를 구축하라고 말한다. 또 인생의 각 시기별(나이별)로 재테크의 목표를 정하는 게 좋다는 말도 덧붙인다. 구구절절 옳은 말이다. 실제로 우리 주위에서는 은행 저축상품에 전 자산을 몰아놓은 20대나, 60대부터 주식투자를 시작하겠다고 나선 할아버지를 종종 목격할 수 있다. 다만 재테크 목표에 대해서는 '결혼자금' 등 피상적인 것보다 아주 개인적인 성취동기가 필요하다.

제4부에서는 3000만 원, 7000만 원, 1억 원과 2억 원 등 여러 가지 타입의 종자돈 모으기와 불리기 방법을 살펴볼 것이다. 요즘 '10억 만들기 열풍'이 워낙 거센 터라 10억은 돼야 재테크다운 재테크를 한 것처럼 느낄 수도 있겠지만 현재 여러분의 평균 소득을 고려해 최대 목표치를 2억 원 수준으로 잡았다.

'재테크 시뮬레이션'이란 게 워낙 다양한 사정을 가정해야 하기 때문에 많은 모순이 있음을 인정한다. 이런 모순을 극복하기 위해 현재 재정상태를 0원이라고 가정하고 3000만 원을 모은 뒤 이 돈을 갖고 7000만 원을, 이 종자돈으로 1억, 2억으로 불리는 방법을 가정했다.

투자기간에 대해서는 5년 정도 지속한다는 가정 하에 이야기를 풀어나갔다. 5년이란 신입사원이 대리 직함을 달 수 있을 정도의 시간이다. 이 기간에 7000만 원 정도 목돈을 만들었다면 성공적인 재테크를 했다고 볼 수 있다. 또 '억대'로 들어가면서부터는 재테크 기법이나 기간에 대해서 더 많은 융통성을 두었다. 억대로 자산이 커지면 부동산 투자가 가능해져 자산평가를 굳이 현금(캐시)만으로 한정하지 않아도 되기 때문이다. 시세 2억 원의 아파트를 구입했다면 분명 대단한 재테크 성공일 수 있겠다.

어려운 목표이고 힘든 과정이다. 하지만 힘들 때마다 재테크에 숨겨져 있는 '연속성의 힘'을 떠올려보자. 우리는 1억만 모으고 재테크를 그만두려는 게 아니기 때문이다. 만약 5년에 1억을 모으지 못했다 하더라도 10년 만에 2억을 모았다면 결국 5년에 1억을 모은 셈이 되는 것 아닌가. 지금 쥐꼬리만 한 월급 때문에 종자돈 만들기에 대한 도전 자체를 포기해서는 안 된다.

소개하는 방법이나 시나리오를 그대로 따라하라고 강요하지는 않겠다. 스스로의 재테크 전략을 짜도 무방하다. 다만 이것저것 생각하기 귀찮고 우직하게 실전에 뛰어들 생각이라면 이 방법 그대로 따라하는 것도 나쁘지는 않을 것이다.

01

20대의 특권을 즐겨라

 혹시 여러분에게 재무설계를 해주겠다는 보험 전문가나, 펀드투자 전문가 또는 은행 프라이빗 뱅커(PB)들의 이야기를 들어본 적 있는가. 혹은 이들로부터 전문적인 상담을 받아본 적이 있는가.
 아마도 그들은 모두 한 목소리로 '인생의 주기에 따른 재테크 전략'을 설명할 것이다. 이들은 20대, 30대, 40~50대, 60대 등으로 연령대를 나누고 각 시기별 재테크 목표나 이용상품 등을 소개한다. 또 각 나이별로 예금(저축상품), 주식, 채권 등 투자대상 비율을 조절하라는 이야기도 전한다. 예를 들면 20, 30대의 젊은 나이에는 주식 등 위험자산에 더 많이 집중하는 게 좋고 늙어가면서부터는 안전한 은행상품을 주로 이용하라는 식의 조언이다. 펀드투자도 20대는 주식형펀드 비중을 크게 하는 것이 좋지만 60대에 가까워지면서는 비교적 원금손실의 위험성이 떨어지는 채권형펀드를 더 많이 이용해야

연령	포트폴리오	기본비율	
20대~40대 중반	시세차익 중시형	예금·MMF 5%	
		채권형 20%, 주식형 75%	
	시세차익 추구형	예금·MMF 5%	
		채권형 30%, 주식형 65%	
40대 후반~50대	이자·배당 및 시세차익 절충형	예금·MMF 10%	
		채권형 50%, 주식형 40%	
60대 이상	이자·배당 중시형	예금·MMF 25%	
		채권형 50%, 주식형 25%	
	원본 중시형	예금·MMF 50%	
		채권형 40%, 주식형 10%	

※ 자료: 미래에셋 투자교육 연구소

〈표 24〉 연령대별 금융자산 포트폴리오

한다고 말한다.

　이처럼 각 개인의 재테크 전략을 인생 전체로 늘여 장기적 안목을 갖고 수립하는 까닭은, 역시 노령화라는 누구도 피해갈 수 없는 문제에서 비롯되었다. '평생 재테크'라는 말도 여기서 나온 것으로 은퇴 후 수입이 전무한 상태에서 경제적 어려움 없이 살아간다는 것은 불가능하기 때문이다. 따라서 은퇴시점을 60대 정도로 보고 거의 30여년간 장기적 관점에서 은퇴자금을 마련해가자는 취지이다.

　미국에서는 이미 '라이프사이클 펀드'라는 단어가 매우 익숙하다. 부동산 자산이 큰 비중을 차지하는 우리나라와 달리 미국은 거의 모든 재테크가 주식시장을 통해 이뤄지는데 직접 주식투자 대신 유명한 자산운용사를 통한 펀드투자가 주를 이룬다. 이 '라이프사이클 펀드'는 주식, 채권 등에 직접 투자하지 않고 기존의 주식형펀드, 채권형펀드를 한데 묶어놓은 재간접펀드(펀드 오브 펀드) 형태로 운영된다. 이제 한 사람의 퇴직까지 기간을 만기로 잡고 나이별로 전체 재간접펀드 내 각각 주식형 또는 채권형펀드 등의 비중을 바꿔가면서 포트폴리오를 만들어가는 구조다.

지금 라이프사이클 펀드에 대해서 공부하려는 것은 아니다. 다만 그들의 20대 포트폴리오는 어떻게 구성되어 있는지 살펴볼 필요는 있다.

순위	뱅가드	피델리티	티로우프라이스
펀드이름	목표퇴직 2045	프리덤 2040	퇴직 2045
투자자연령	현재 20대, 퇴직까지 40년 투자기간		
투자목적	주식 비중을 최대로 높인 투자로 고수익과 자본차익 기대		
투자전략	90% 주식형 인덱스펀드	미국 주식형펀드 집중	국내외 주식형펀드 집중
투자자산비율	주식 90% : 채권 10%	주식 85% : 채권 15%	주식 90% : 채권 10%

〈표 25〉 미국의 20대 투자 포트폴리오

표에서 알 수 있듯 현재 미국에서 잘 나간다는 피델리티, 뱅가드, 티로우프라이스 등 3대 자산운용사의 20대 라이프사이클 펀드의 투자전략은 바로 '주식형펀드에의 집중'이다. 채권형펀드의 비중은 10%도 안 되고 안전상품은 아예 찾아볼 수 없다. 선진 자본시장에서도 "젊은 나이는 위험을 사랑해야 한다"는 투자격언을 따르고 있다는 방증이다. 그렇다면 현 시점에서 여러분의 종자돈 만들기 방법도 위험을 사랑하는 쪽으로 방향을 잡아야 할 것이다.

"미국과 대한민국의 금융시장은 완전히 다르다"고 반문할 수 있다. 한국의 주식시장을 도대체 믿을 수 없다는 생각도 가질 수 있다. 하지만 한 가지는 절대로 부인할 수 없다. 우리가 선진국을 향해 나아가면 갈수록 미국 자본시장 구조와 절대적으로 가까워진다는 것이다. 역설적으로 말해 우리 주식시장이 성장하지 않으면 대한민국 경제의 미래도 어두워질 것임이 분명하다.

확신하건데 여러분의 부모님들은 백이면 백 모두 한 목소리로 "젊을 때 차곡차곡 은행에 돈 모아야지 주식 같은 거 절대로 하면 안돼"라고 말할 것이다. 아니 부모님뿐만이 아니다. 심지어 경영학을 전공한 20대 후반의 젊은 직장인 중 상당수도 "재무적 관점으로는 어릴 때 펀드하고 늙어서 예금하는 게 맞는데요. 근데 젊을 때부터 돈 날리면 아깝잖아요…"라는 말을 너무나 태연하게 한다.

이제 25, 26살의 직장인들이 펀드를 가입하면서 원금손실에 대한 걱정을 하며 "5만 원만 넣어보지 뭐"라고 말하는 게 현실이기도 하다. 4%대 이자를 주는 정기적금 통장의 만기를 채워가는 낙으로 살아간다는 악바리 젊은 여직원들도 많다.

위험에 대한 선택은 분명 개인의 취향이다. 하지만 피해갈 확률이 높고 또 거기에 따른 보상이 엄청난 상황에서 위험을 포기한다는 건 안일함이라고 밖에 말할 수 없다. 비과세나 소득공제 저축과 보험에 올인하려면 굳이 수십 권의 재테크 관련 서적을 읽을 필요가 없다. 차라리 "부자들은 옷도 잘 입는다" "부자의 줄에 서서 지켜보라" "투자의 블루 오션을 찾아라" 식의 꿈만 꾸게 해주는 책들만 읽으면서 들입다 저축만 하면서 맘 편히 살아가는 게 행복할 것이다.

짧게는 5년이라고 했다. 아직 20대 초반이라면 30대 초반까지 10년이라는 엄청난 시간이 있다. 지금 우리는 극도로 공격적인 재테크를 구사할 계획이다. 망하지 않는다. 아니 절대로 망하지 않게 할 수 있다. 망하지 않기 위해 더 공부하고 더 애를 태우면서 실천에 옮기면 된다. 게다가 이런 과정은 지금 아니면 하고 싶어도 두 번 다시 할 수 없다.

시작했으면 끝을 보라

대원칙은 크게 두 가지다. 먼저 재테크의 목적을 아주 구체화해야 한다. 원룸 전세자금 3000만 원을 모아 독립하겠다, 결혼자금 5000만 원을 모으겠다는 식에서 한걸음 더 나가야 한다. 독립에 따르는 자유를, 좀 유치하긴 하지만 결혼을 통해 누릴 수 있는 다양한 재미를 하나씩 곱씹으며 목표를 철저하게 개인화시켜야 한다. 돈이 없어 결혼을 미루는 근거 없는 자괴감을 즐기지 말고 결혼자금 모으기의 성취동기로 활용해야 한다.

두 번째 원칙은 한번 시작을 했으면 반드시 끝을 보는 '정상의 경험'을 맛보라는 것이다. 가령 집안에 갑자기 큰 사고가 터져 몇 달간 모든 월급을 거기에 사용해야 할 경우도 생길 것이다. 이럴 경우 수입원이 한정돼 있어 재테크 계획이 길게는 6개월 이상 늦춰지게 된다. 하지만 3000만 원을 모으기로 했으면 어떻게 해서든 목표에 도달하는 연습을 해야 한다. 이 목표를 채워본 사람만이 다음 목표의 목돈 만들기 성공할 수 있다.

같은 직장에서 혹시 30대 초반에 1억을 모았다는 선배를 본 적이 있는가. 대개의 경우 "저 선배처럼 저렇게 살 바에야 그냥 돈 안 모으겠다"라고 생각하곤 한다. 그래서일까. 많은 사람들이 '목돈 만들기'보다는 '목돈 벌기' '부자되기'에 더 열광하고 있다.

여러분도 아직 '부자되기'의 환상에서 빠져나오지 못하고 있는가. 혹시 이런 꿈을 좀 더 꾸고 싶다면 당장 이 책을 접고 '창업 잘 하는 법'에 대한 공부를 시작하는 게 좋을 것 같다. 지금 우리는 어쩌면 당신이 욕하던 바로 그 선배의 5~6년을 답습하려고 하기 때문이다.

02

Young Financial Habit

3000만 원 만들기

3000만 원이란 종자돈을 모으는 데는 대략 어느 정도 기간을 잡으면 좋을까.

만약 '신이 내린 직장'에 입사했다면 대략 초임이 월 250만 원 정도 이상(연봉 3000만~4000만 원선)이 될텐데 이런 경우라면 월 200만 원 정도를 재테크에 할애하는 게 좋다. 실제로 매월 이 정도 금액만 확보할 수 있다면 목돈 만들기는 한결 수월해진다. 젊은 나이지만 저축을 많은 비중 활용하는 것도 좋다. 특히 비과세나 소득공제 등 효과를 얻기 위해 장기간 자금을 묶어 놓아도 월 50만 원 이상의 여윳돈을 확보할 수 있기 때문에 해약 위험이 적다는 장점도 있다. 저축의 장점만 빼먹을 수 있다는 이야기다.

월 200만 원을 확보할 수 있다면

먼저 100만 원 정도는 비과세장기주택마련저축에 할당하자. 잘 알다시피 국민주택 규모(전용면적 25.7평) 이상의 주택을 소유하지 않으면 1년 동안 부은 금액의 40%(최대 300만 원 한도)까지 소득공제를 받을 수 있다.

가령, 한도 300만 원을 채우기 위해 연간 750만 원을 부었다면 연말정산 때 54만 원의 절세효과가 있다(소득공제 받는 300만 원에 연봉 4000만 원 이하에 적용되는 세율 18%를 곱해서 나온 금액). 750만 원으로 연간 54만 원의 세금을 깎았다면 연 7.2%의 추가 수익을 올린 셈이다. 만약 장기주택마련저축 이자율을 연 5%대라고 가정하면 소득공제 효과 7.2%까지 감안해 약 13%에 가까운 수익률을 올리게 된다는 결론이다. 일반 저축에 비해 무려 3배 이상의 효과인데다 웬만한 펀드투자에서 거둘 수 있는 수익률 이상이라고 할 수 있다. 물론 반드시 7년간 유지할 수 있어야 이런 수익률을 얻을 수 있다는 점을 잊어서는 안 된다. 5년간만 유지했을 경우 소득공제로 돌려받은 세금은 물지 않아도 되지만 비과세 혜택은 사라지게 된다.

앞서 월 100만 원씩 7년을 부었다고 하면 원금 8400만 원에 이자 454만 원, 세금환급액 378만 원으로 약 9232만 원이라는 목돈을 모을 수 있게 된다.

> **투자포인트**
>
> 이런 매력 때문에 상당수 직장인들이 장기주택마련저축 하나에 올인하는 경우가 많다. 8년 이내에 1억을 확실하게 모을 수 있다는 생각 때문이다. 그러

나 절대로 확실하지가 않다. 7년이라는 세월을 버텨내기가 너무나 힘들기 때문이다. 따라서 월 소득이 많지 않은 사람은 이 상품을 신뢰해서는 안 된다. 주위를 둘러봐도 월 100만 원씩을 7~8년 유지하는 경우는 매우 드물다. 오히려 고액 연봉자들의 필수품인 셈이다. 연봉 4000만 원이 넘을 경우 소득공제 폭은 더 커진다는 장점도 있다. 매달 100만 원 정도 빠지는 것도 큰 부담은 아니다. 이 상품이 2009년 말을 끝으로 더 이상 가입할 수 없는 이유 중의 하나는 바로 이러한 한계 때문이다.

월 100만 원 이하를 투자하는 경우

앞서 월 200만 원을 재테크로 활용하려는 사람은 100만 원은 은행 비과세상품을 이용하라고 했다. 그럼 이제 남은 100만 원을 어떻게 굴려야 할 것인가에 대한 고민이 남았다. 역시 이번엔 저축 대신 투자에 남은 100만 원을 투입해 총력을 기울여야 할 것이다.

특히 이 부분은 월 100만 원 이하를 목돈 만들기에 사용하려는 사람들에게도 똑같이 적용된다. 참고로 지금 소개하는 재테크 가용금액은 적어도 청약상품과 보장성 보험 1개를 갖고 있다는 전제에서 출발하는 것이다. 월 100만 원을 투자한다고 하면 여러분은 적어도 월급에서 125만 원 정도는 무조건적으로 재테크에 투입한다고 생각해야 한다.

"달걀을 한 바구니에 담지 말라"라고 하는 투자격언을 언급한 적이 있다. 혹시 이를 따라 여러분의 100만 원을 예금, 주식, 채권, 부동산으로 쪼개서 활용해야겠다고 생각하면 큰 오산이다. 현실적으로도 실현 불가능하다. 월 100만 원의 자금을 확보할 수 있다면 적립식펀드투자에 도전해볼 것을 추천한다. 적립식펀드투자의 경우 앞서 말한 포트폴리오의 격언도 실천할 수 있다. 투자상품이 다른 2개의 적립식펀드에 나눠 분산 투자해 위험이 최소화되기 때문이다.

적립식펀드 투자포인트

월 100만 원씩 적립식펀드투자를 시작했다고 하자. 이럴 경우 연 수익률 10%(누적수익률 20%)를 기록했다면 2년 1개월 만에 3000만 원을 모을 수 있다. 또 연수익률이 15%(누적수익률 30%)라면 2년 정도에 연 20% 수익률(누적수익률 40%)만 올려준다면 1년 10개월 만에 3000만 원 종자돈 모으기를 달성할 수 있다.

4%대 은행 정기적금을 시도했을 경우 2년 5개월 정도 걸리니까 대략 4~7개월 정도 기간을 단축할 수 있다는 분석이다.

앞서 우리는 적립식펀드의 경우 코스트 애버리징 효과로 인해 장기투자 할수록 안전성이 커진다고 했다. 따라서 지금 수익률 가정도 4~5년, 아니 그 이상 투자했을 경우를 가정해 이때 누적수익률을 연수익률로 환산하는 것이 더 '현실적'이라고 할 수 있다.

혹시 "아니, 연수익률 20%가 쉬운 줄 아냐?"고 반문할 수 있다. 사실이다. 지난 2005년 종합주가지수(코스피)가 1월 893.7에서 출발해 12월 30일 1379.4로 마감하면서 2004~2005년 2년간 적립식 투자의 누적수익률이 30%대를 기록하기도 했지만 이건 그야말로 예외 중 예외다. 혹자는 '100년 만에 한 번 오는 경우'라고도 한다. 그래서 우리는 기대수익률을 연 10%로 낮출 필요가 있다.

또 "적립식펀드가 장기투자 해야만 수익률이 좋다면 이 또한 장기로 자금이 묶이는 게 아니냐?"고 반문할 수 있다. 그렇지 않다. 펀드는 언제든 환매가 가능해 현금화가 쉽다는 장점을 갖고 있다. 수익률은 장기로 갈수록 원금손실 위험성과 변동성이 감소한다는 뜻이지 결코 수익률 자체가 높아진다는 뜻은 아니다.

적립식펀드를 통한 재테크 계획 세우기는 매우 간단하다. 과거의 은행 적금을 떠올리면 된다. 그냥 끈기 있게 지속하는 것이다. 일단 괜찮은 펀드를 고른 다음 자신의 투자계획에 따라 꾸준히 이어나가면 된다.

또 한 가지, 적립식 투자는 대세 상승장에선 맥을 못 춘다. 실제로 2003년부터 2007년까지 증시가 한 방향으로 꾸준히 올랐던 시기엔 거치식 투자의 수익률이 적립식보다 2배 이상 앞섰다. 하지만 '박스권 장세' '하락 장세' '하락 및 반등 장세' 등 나머지 유형에선 힘을 발휘한다. 이 시기에 바로 '평균매입단가 하락(달러 코스트 애버리징)' 효과가 발휘된다.

혹시 어떤 유능한 전문가가 "앞으로 2년간 대세상승은 없다!"고 강조해도 크게 우울해 할 필요는 없다. 오히려 적립식 투자의 적기라는 뜻으로 받아들이면 된다. 누군가 "대한민국 증시는 5년간은 별 볼일 없다"고 말했다고 해보자. 그럼 이 말은 정확히 5년 후부터 증시에 투자하라는 뜻일까? 아니다. 지금부터 5년간 적립식으로 차곡차곡 쌓아두어야 한다. 그래야만 5년 후에나 나타날 대세 상승기에 순간 급등한 상승률을 모두 먹을 수 있다. 이런 게 바로 '적립식 투자'의 묘미다.

펀드만 잘 고르면 절반은 성공이다

펀드투자의 핵심은 매우 간단하다. 가장 좋은 펀드를 고르는 것이다. 이는 적립식펀드나 일시에 목돈을 투자하는 거치식펀드 모두 마찬가지다.

먼저 가입하려는 펀드의 과거 수익률이 가장 중요한 선택기준일 것이다. 하지만 여러분은 해당 펀드가 앞으로 어떤 방향으로 나갈지도 체크해야 한다. 따라서 여러분은 펀드 고르기에 있어 적어도 수익률, 위험도, 비용, 자산내역, 펀드매니저 등 5가지 항목은 반드시 확인해야 한다. 또한 같은 주식형펀드지만 '저수익 저위험'의 안정적인 펀드가 있는가 하면 '고위험 고수익'을 추구하는 공격적인 펀드도 있어 투자상품이 각각 다르다는 것도 염두에 둬야 한다. 2개 이상 가입할 때는 이를 사전에 알아보고 적절히 섞는 것도 좋은 투자법이다.

투자포인트

'펀드 분산투자'는 이제 재테크 고수들 사이에서 널리 알려진 테크닉이다. 적립식펀드뿐 아니라 거치식펀드투자에 있어 투자상품별로 펀드를 골라 자금을 나누어 투자하는 방법이다. 일반인이 운용스타일을 어떻게 알 수 있을까라는 의문도 들겠지만 사실 의외로 간단하다. 가령 '…3억만들기 중소형 주 주식형펀드'와 '…업종대표주 주식형펀드'라는 펀드 이름만으로도 이 2개 펀드의 특징은 확연히 구분된다. 하나는 주로 중소형 주에 많이 투자하는 펀드고 후자는 주로 우량주 위주의 펀드에 편입시킨다는 의미다. 따라서 펀드를 2개로 나누어 들고 싶다면 이처럼 운용스타일이 다른 2개로 분산투자하는 게 좋다.

이뿐만이 아니다. 펀드 분산투자의 테크닉은 매우 다양하다. 어떤 사람은 유명한 자산운용사의 총 수탁고가 3000억 원 이상 되는 대형펀드를 선호하면서도 반드시 조금 지명도가 떨어지는 소형 운용사의 갓 설정된 펀드를 하나씩 가입하기도 한다. 대형펀드의 경우 펀드를 운용하는 데 있어 장기적 안목을 갖고 안정성을 높이는 경향이 있다. 반면 수탁고가 적은, 게다가 소형 운용사의 펀드는 어떻게든 수익률을 빨리 높이려고 공격적인, 때로는 무리한 운용을 한다. 그래서인지 종종 이런 소형펀드의 수익률이 일정기간 동안 급등하는 현상이 자주 나타난다. 결국 마치 '별동대'처럼 이런 소형펀드를 한 개 정도 포진시켜 깜짝 보너스를 노리는 것이다. 이렇게 대형펀드와 소형펀드를 섞어서 투자하는 것도 분산투자의 한 테크닉이라 할 수 있다.

일각에선 주식형펀드와 함께 주식과 채권을 함께 편입시킨 혼합형펀드, 또는 채권형펀드를 섞어서 투자하는 방법을 추천하기도 한다. 하지만 20대인 여러분의 경우 굳이 채권형펀드나 혼합형펀드를 지금 가입할 필요는 없다. 현 상태에서는 주식형펀드 내에서 적절한 분산투자를 시도하는 데 집중하자.

먼저 수익률에 대한 이야기다.

투자자들은 일반적으로 자신이 가입하는 펀드가 과거 수익률에 비례해 미래에도 그에 상응하는 수익률을 내줄 것이라 기대한다. 하지만 과거 수익률은 결코 미래 수익률을 완벽하게 보장해 주지 않는다. 따라서 이제는 과거 수익률 변동폭을 반드시 점검해야 한다. 수익률이 아주 좋지만 과거 수익률 변동폭이 다른 펀드에 비해 매우 크다면 일단 경계해야 한다. 시장상황에 민감하게 반응했다든지 아니면 불투명한 사건이 펀드의 변동성을 키웠을 가능성이 있기 때문이다.

최소한 1년 이상의 펀드 수익률을 살펴보고, 매월 성적이 상위 25% 내에 꾸준히 들면서 주가지수 움직임과 비교했을 때 작은 변동성을 유지하는 펀드라면 믿을 수 있다. 경제신문이나 펀드평가회사, 인터넷 사이트 등에 수익률과 변동성의 관계를 감안한 펀드 성과와

순위가 정기적으로 발표되고 있으니 이를 참조한다면 큰 도움이 될 것이다.

　수익률이 과거에 치중한 개념이라면 상대적으로 위험도는 미래를 대비하는 개념이다. 위험도가 낮아야 내 돈을 믿고 맡길 수 있기 때문이다. 펀드투자에 있어 위험을 평가하는 방법에는 표준편차, 샤프지수 등 여러 가지 계량화된 지수가 있지만, 이는 매우 어려운 개념이기 때문에 이해하기가 쉽지 않다. 이보다는 정황 증거를 통해 내 펀드의 위험도를 인식하고 대처하자. 우선 자기가 가입한 적립식펀드의 자산 보유내역을 확인해야 한다. 개별 편입종목의 위험도가 얼마나 되는지 알아보기 위해서 펀드가 보유한 종목의 수와 해당종목들에 대해 꼼꼼히 확인해볼 필요가 있다. 최소한 펀드가 보유하고 있는 상위 10개 종목이 무엇인지는 알아둘 필요가 있다.

　펀드의 자산 보유내역은 펀드 가입시 판매사 직원에게 요청해 알아볼 수 있다. 또 가입 후 주기적으로 발송되는 운용보고서를 통해 확인할 수 있고, 직접 요청해 받아볼 수도 있다.

　펀드매니저가 누구인지, 또 얼마나 자주 바뀌는지의 여부도 확인해야 한다. 펀드운용에 대한 책임은 전적으로 펀드매니저에게 있다. 분명 해당 펀드는 펀드매니저에 따라 운용스타일과 철학에 따라 움직이게 된다. 결국 펀드매니저가 바뀐다면 펀드의 운용전략도 수정이 불가피하다. 특히 국내에서도 '스타 펀드매니저'들이 하나 둘 등장하고 있다. 숱한 검증을 거쳐 탄생된 사람들

적립식펀드를 선택할 때 반드시 짚어봐야 할 5가지 요소
❶ 수익률
❷ 위험도
❸ 비용
❹ 자산내역
❺ 펀드매니저

이므로 이들이 운용하는 펀드 역시 신뢰할 만하다고 하겠다. 이른바 해당 자산운용사의 '주식운용본부장'이란 사람들에 대해서 관심을 갖는 자세가 필요하다.

미국에서도 증시 급등기에 워렌 버핏, 피터 린치, 존 템플턴 등 기라성 같은 펀드매니저들이 펀드 산업을 한 단계 도약시켰고 이들이 운용한 펀드는 10년 이상 훌륭한 성과를 지속한 바 있다.

펀드투자에는 투자자가 일정액의 수수료를 지불해야 한다. 가입자들이 부담하는 비용은 크게 보수와 수수료(Commission) 두 가지로 나뉜다. 보수는 일정 기간(보통 분기단위 지급)마다 정기적으로 부과되는 반면 수수료는 1회성 비용이다. 보수는 자산운용회사에 지급하는 운용보수와 증권사 등 판매사에 지급하는 판매보수, 은행 등 자산보관회사에 지급하는 수탁보수, 펀드의 기준가 계산 등 일반업무에 대한 사무관리보수, 펀드평가사에 지급하는 평가보수 등이다.

반면 수수료는 펀드 가입시 내는 선취수수료, 만기 후 돈을 찾을 때 내는 후취수수료, 중도환매를 하게 될 때 내는 중도환매수수료 등으로 구분된다. 선·후취수수료는 판매 서비스에 대한 대가로 판매사가 가져가며, 중도환매수수료는 펀드로 환입돼 남아있는 기존 가입자들에게 돌아간다. 일반적으로 중도환매수수료를 떼는 펀드에는 선·후취수수료가 없다.

보수에 대해서 짚고 넘어가야 할 부분은 크게 운용보수와 판매보수다. 이 두 가지는 펀드별로 꽤 큰 차이를 나타내기 때문이다. 반드시 싼 보수가 좋은 펀드는 아니지만 평균 이상으로 보수를 많이 받는다면 주의할 필요는 있다. 중도환매수수료를 내는 주식형펀드(거치식)의 경우 보통 가입 후 90일 이내 환매하면 수익의 30%를 수수료로 되물어야 한다. 적립식펀드도 만기 이전에 찾을 경우 수수료를 내야한다.

계약기간을 1년 단위로 갱신하라

앞서 적립식투자는 무조건 장기로 유지하는 것이 좋다고 했다. 그런데 장기로 유지하는 것과 계약기간을 장기로 잡는 것은 전혀 다른 이야기다. 결론부터 말하면 실전 투자에서 마음 속 투자기간은 3년으로 정해놓았더라도 계약기간을 1년 단위로 갱신하는 게 훨씬 유리하다(하지만 상품에 따라 1년 투자기간을 허용하지 않을 수 있다. 이 경우에도 24개월 등 가능한 짧은 투자기간으로 가입하라).

왜일까. 바로 앞서 살펴본 중도환매수수료 때문이다. 보통 주식형 펀드들은 가입 후 90일 이내에 환매하면 이익금의 70%를 가져간다. 엄밀히 말해 '만기' 라는 개념이 없고 투자한 후 3개월만 넘으면 언제든지 수수료 없이 환매가 가능하다. 하지만 적립식펀드는 조금 다른 구조를 가진다. 매월 납입하기 때문에 처음 설정한 계약기간이 만기일 역할을 하게 된다. 따라서 은행상품처럼 바로 만기 최종납입일 전 90일 이전에 환매를 하게 되면 이익금의 70%를 떼가게 된다. 예를 들어 계약기간을 3년으로 했는데 2년 3개월까지 적립금을 붓다가 해약(환매)하게 되면 바로 앞 90일(3개월)까지 각 적립분 발생이익의 70%를 수수료 명목으로 가져간다는 뜻이다.

그렇다면 왜 1년 단위로 계약을 갱신하는 것이 좋다는 것일까. 1년 단위로 하나 3년으로 하나 만기를 지키지 못하면 바로 앞 90일간 이익금 대부분은 뺏기는 건 마찬가지인데 말이다.

하지만 차이는 분명 있다. 여기 2006년 1월 6일 똑같이 적립식펀드를 가입한 A투자자와 B투자자가 있다고 하자. A의 경우 계약기간은 1년으로 잡았고 B는 3년으로 잡았다. 그런데 2006년 10월부터 주가가 폭등해 12월까지 주가상승은 계속됐다. 하지만 이때 A와 B 모두에게 2007년 1월 급전이 필요한 상황이 발생해 환매를 하게 됐다. 이 경우 1년 단위 계약을 한 A는 환매수수료 부담 없이 투자이익금을 고스란히 가져갈 수 있게 된다. 하지만 B는 계약기간을 채우지 못했기 때문에 수수료를 물어야만 한다. 그런데 주가는 10월부터 급등했으므로 이익은 이 시기에 주로 발생했다. 결국 B는 1년간 이익금의 대부분을 수수료로 내야만 하는 것이다.

이처럼 최초에 투자 '계약기간'을 너무 길게 잡으면 이익을 실현

투자포인트

적립식투자는 가입시점이 중요하지 않다. 장기투자인데다 오히려 등락이 클수록 코스트 애버리징 효과가 커지기 때문이다. 그러나 적립식투자에 있어 환매시점은 엄청나게 중요하다. 투자수익을 결정짓는 가장 큰 기준이라고 해도 과언이 아니다. 만약 등락을 거듭하며 주가가 꾸준히 상승했는데 환매시점에 주가가 폭락해버렸다면 코스트 애버리징이고 뭐고 원금 손실을 피할 수 없다. 그래서 전문가들은 환매시점에 주가가 나쁠 경우 바로 돈을 찾지 말고 좀 더 기다리라고 하는 것이다.

그런데 문제는 또 있다. 투자자는 언제 긴급한 자금이 필요할지 알 수 없기 때문이다. 자칫 긴급자금이 필요해서 환매시기와 수익률 폭락시점이 겹쳤을 때 문제는 매우 커진다. 이 점을 방지하기 위해서라도 1년 단위로 끊어가며 계약을 연장해가는 것이 좋다.

하고 싶어도 중도환매수수료 부담 때문에 이익실현을 자유롭게 하지 못할 수 있다. 장기투자를 하지 말라는 게 아니다. 1년간 단위로 계약을 갱신하되 장기투자는 반드시 지속해야만 한다.

03

7000만 원 만들기

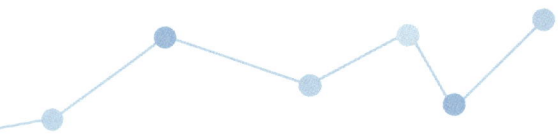

직장인들 사이에서 누군가 "입사하고 5년 만에 한 7000만 원 정도 모은 것 같은데"라고 말하면 대개의 경우 이런 반응을 보이게 된다.

"거참, 되게 독한 놈이네."

잘못된 표현은 아닌 것 같다. 그만큼 힘든 과정이다. 우리는 앞서 월 100만 원을 꾸준히 투자한다고 할 때 2년 3개월 정도(연 10% 수익률 가정)에 종자돈 3000만 원을 모을 수 있을 것으로 분석했다. 만약 이 방법을 유지한다면 7000만 원을 만들기 위해서 5년 3개월이란 기간이 필요하다.

하지만 5년 3개월 동안 매월 100만 원씩 꾸준히 투자한다는 건 웬만큼 연봉이 많지 않고선, 그리고 웬만큼 독하지 않고선 절대 이뤄낼 수 없는 성과다. 무엇보다 직장생활 경력이 쌓여가면서 돈 들어갈 일이 많아지기 때문에 연봉은 많아져도 신입사원 시절보다 월 100만 원 투자 목표가 더 힘들게 느껴질 것이다. 그렇다면 이제 이 힘든 기간을 조금이라도 단축할 수 있는 방법을 찾아보는 게 좋을 것이다.

일단 모든 상황은 같다. 수입의 현저한 증가가 이뤄진 상태가 아니라면 월 투자액 역시 큰 변화가 없다. 먼저 매달 100만 원을 지속적으로 재테크를 위해 확보해야 한다(월 200만 원씩 확보가 가능한 사람도 관심을 기울이는 게 좋다. 매월 저축액 100만 원은 7년 정도의 장기로 묶여 있기 때문에 나머지 100만 원에 대한 활용법은 아직 유효하다).

대신 2년 넘게 힘들게 살아오며 확보한 종자돈 3000만 원이 있기에 이제 여러분의 재테크 기법은 좀 더 다양해질 수 있다. 경우에 따라서는 대박은 아니지만 '중박'의 수익률에 도전해 볼 수도 있다. 요약컨데 이번 7000만 원 만들기의 핵심은 바로 종자돈 3000만 원을 어떻게 활용하느냐에 그 성패가 달려있다고 할 수 있다.

거치식펀드와 주식직접투자에 도전한다

먼저 부동산 투자를 떠올릴 수 있다. 요즘 여기저기서 젊은 친구들이 5~6명 모여 투자금을 합쳐 땅 보러(사러) 다닌다는 말이 들린다. 언론에서는 상가투자나 경매 등 귀를 솔깃하게 만드는 성공사례도 자주 소개된다.

하지만 안타깝게도 3000만 원으로는 아직 이런 부동산 투자에 도전하기 힘들다. 부동산을 투자대상으로 하는 부동산펀드투자 등은 생각해 볼 수 있지만 이런 상품은 일반 펀드투자와 크게 다를 것 없다. 부동산(직접)투자와는 큰 차이가 있기 때문이다. 또 부동산펀드는 연 8~10% 수익률을 안정적으로 추구하는 상품으로 위험을 사랑해야 하는 여러분이 벌써부터 고려해야 할 재테크 상품은 아니라고 할 수 있다.

결국 여러분이 선택할 수 있는 재테크는 여전히 저축상품과 주식(펀드)투자로 한정된다. 바꿔 말해 종자돈 3000만 원의 투자 방법은 크게 펀드투자와 주식직접투자로 포커스를 맞춰야 한다는 뜻이다.

이제 여러분은 매달 적립하는 적립식투자와 함께 은행 정기예금처럼 목돈을 일시에 투자하는 거치식펀드에 도전해야 한다. 특히 3000만 원 정도 종자돈이면 주식직접투자도 공격적으로 할 수 있는 액수다. 주식투자에 대해선 부정적 의견도 많지만 20대라면 한번쯤 경험해봐야 할 재테크다.

7000만 원을 만드는 투자기간은 대략 얼마로 잡는 게 좋을까. 먼저 기존 매월 100만 원 투자는 계속한다고 가정하면 2년 후엔(연 10% 수익률 가정) 2640만 원이 추가로 생기게 된다. 앞서 2년 3개월여 만에 3000만 원을 모았기 때문에 처음 100만 원을 투자해서 4년 3개월 후에 약 5600여 만 원을 모으게 된 셈이다. 그렇다면 2년 3개월여부터 손에 쥐게 되는 종자돈 3000만 원을 이제부터 2년간 굴려 1400만 원 정도의 수익을 낼 수 있다면 4년 3개월 정도의 투자기간에 7000만 원

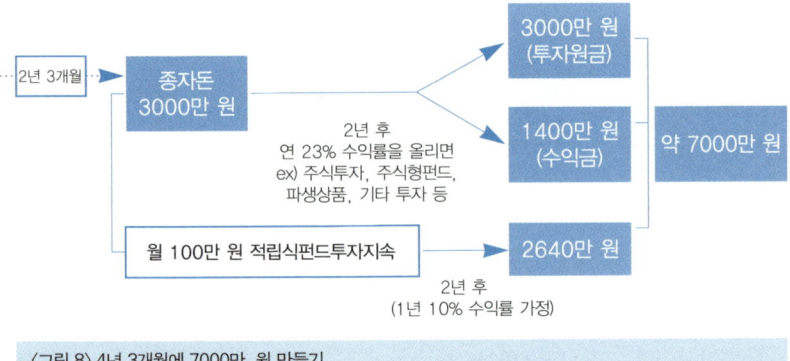

〈그림 8〉 4년 3개월에 7000만 원 만들기

을 모을 수 있다는 시나리오가 완성된다. 기간도 5년 이내로 크게 단축됐다.

자, 이제 3000만 원을 투자해 연간 700만 원의 수익을 내는 게임에 돌입해야 한다. 연 23%의 수익률을 올리는 투자로 2년간 누적수익률 46%를 목표로 한다.

주식형펀드투자, 이번엔 거치식이다

아마도 국내 증시가 지난 2005년 정도처럼 활황세를 지속한다면 정말 아무 걱정 없이 펀드에만 투자하면 될 것이다. 당시 국내 주식형펀드(거치식) 평균 수익률이 58%였으므로 3000만 원을 투자했을 경우 채 1년도 안돼 우리의 목표수익률은 달성됐을 테니까 말이다.

아니, 당시엔 연 수익률 90%를 넘는 펀드도 5개가 넘었으니 펀드 선택만 잘 했으면 6개월 만에도 목표수익률은 완성됐을 것이다(실제로 시중 A펀드는 연 수익률 123.68%를 기록하며 펀드 역사를 새로 썼다. 입이 딱 벌어지는 수치다). 이렇게 되면 당초 목표로 잡았던 4년 3개월에 7000만 원 만들기의 투자기간도 대폭 줄어들게 될 수 있을텐데….

무모한 도전? 당연한 도전!

그러나 이런 과거의 '대박'을 믿고 펀드투자에 도전한다는 건 무턱대고 로또를 사는 것과 크게 다르지 않다.

펀드투자는 기본적으로 실적배당상품이라 연 평균 수익률 50%는커녕 투자한 원금의 손실 가능성도 충분하다. 혹 과거 IT 거품붕괴나 9·11테러, 2008년 말 미국발 금융위기 등과 같은 사건이라도 터지게 되면 -20~-40%의 손실도 감수해야 한다.

적립식펀드는 코스트 애버리징 효과로 인해 하락위험을 최소화시키지만 뭉텅이 돈을 넣는 거치식펀드는 이런 보완장치도 없다. 또 아무리 날고 기는 펀드매니저가 운용을 해도 종합주가지수 1000포인트에 가입한 경우 몇십 년이 지나도 여전히 1000선을 회복하지 못하면 결코 수익을 낼 수 없다. 그런데 우리는 왜 이런, 이렇게 위험할 수 있는 거치식펀드에 도전해야 할까.

이번에도 정답은 역시 '시간'에서 찾을 수 있다. 풍부한 시간이 투자위험을 상쇄시켜 높은 수익률 도전에 성공할 수 있는 확률을 높여준다는 20대만의 재테크 무기는 여기서도 통한다. 이 뿐이 아니다. 증시 전문가들이나 펀드전문가들은 보통 한 국가의 증시급등기가 약 3~5년 사이클로 반드시 한번은 찾아온다고 말한다. 물론 미국처럼 주식시장을 비롯한 자본시장이 완전 성숙기에 돌입한 경우 이런 주기는 좀 더 길어질 수 있다.

하지만 국내 증시는 아직 이를 걱정할 단계는 아니다. 오히려 한국, 인도 등과 같이 국민들의 주식투자비율이 전체 GDP(국내총생산) 대비 20%도 안 되는 경우는 급등시기를 만나는 주기가 더 짧아질 수 있다. 3년 정도로 짧은 등락주기가 반복될 수 있으며 기업들의 성장가능성에 따라 전반적인 주가 밴드도 '우상향' 하는 모습을 그린다는 전망이 지배적이다.

결국 20대에 공격적으로 펀드투자를 선택할 경우 이런 증시급등기를 만날 수 있는 횟수는 더 많아진다고 할 수 있다. 특히 세계적인 투자자들은 지금 한국 증시를 비롯한 이머징마켓 증시 상승에 큰 기대를 걸고 있다. 선진국 증시의 상승파워가 많이 약해졌기 때문인데 이처럼 투자자들이 돈이 몰리게 되면 한국 증시는 적어도 크게 하락할 위험은 적어지는 셈이다.

물론 '투자'라는 건 그 무엇을 막론하고 원금손실이 가능한 재테크고 펀드투자 역시 마찬가지다. 최악의 경우 가입한 지 1년 가까이 지나도 수익은커녕 원금마저 깎아먹을 수 있다. 하지만 이럴 경우라도 절대로 경거망동해서는 안 된다. 펀드투자(간접투자)라는 건 긴 강물(시간)에 넓은 그물(장기투자)를 펼쳐놓고 고기(증시 급등)을 잡는 것이기 때문이다. 즉, 3~5년 주기로 찾아오는 증시폭등을 노려야만 한다는 것이다.

그런데 자칫 스스로의 판단에 따라 6개월, 1년 등 짧게 그물을 던져놓고 빼는 것을 반복하다 보면 자칫 '큰 고기'를 놓치게 된다(자신이 미리 정한 마이너스 손실 때 환매를 하는 손절매와는 다른 개념이다). '펀드투자=장기투자'란 말도 바로 여기에서 나온 것이다.

거치식펀드투자의 실전테크닉

이쯤에서 예리한 독자들은 이런 질문을 던질 것이다.

"펀드투자는 결국 장기로 투자해야 성공한다고 했는데, 우린 지금 2년 정도를 목표로 하고 있지 않나요? 자칫 2년 내내 증시 상승기를 만나지 못하면 실패하는 것 아닙니까?"

사실이다. 가령 2007년 11월 1일 종합주가지수 2085포인트, 그야말로 '꼭지 중 꼭지'에 주식형펀드에 가입한 사람의 경우 2년 후인 2009년 11월에 지수가 1500선도 회복하지 못한다면 이 투자자의 2년 수익률은 마이너스를 벗어날 수 없다. 오히려 주가가 더 빠지면 손실 폭이 더 커지는 것도 당연하다.

물론 3~5년 정도로 거치기간을 더 넓게 잡으면 이런 위험성은 크게 떨어진다(표 참조).

(기준일 : 2009년 6월 12일) (단위 : %)

펀드명	운용사	수익률 1년	수익률 2년	수익률 3년
미래에셋드림타겟증권투자회사(주식)	미래에셋자산	-13.03	2.96	61.82
신한BNPP Tops Value증권투자신탁 1[주식](종류_C)	신한BNPP	-8.46	5.65	59.62
Tops엄마사랑어린이적립식증권투자신탁 1[주식]	신한BNPP	-9.33	4.50	58.01
한국투자삼성그룹증권투자신탁 1(주식)(A)	한국운용	-7.81	9.23	54.42
미래에셋디스커버리증권투자회사(주식)	미래에셋자산	-17.11	-2.66	51.28
한국투자골드적립식삼성그룹증권투자신탁 1(주식)(C)	한국운용	-8.58	6.10	50.22
한국투자네비게이터증권투자신탁 1(주식)(A)	한국운용	-9.10	2.33	50.13
신영마라톤증권투자신탁A 1(주식)	신영운용	-8.52	1.38	49.78
삼성배당주장기증권투자신탁 1[주식](C)	삼성운용	-14.53	-4.23	47.68
신영밸류고배당증권투자신탁(주식)C 1	신영운용	-11.61	-2.36	46.57
KB新광개토선취형증권투자신탁(주식)	KB운용	-11.09	2.64	44.71
신영프라임배당적립식증권투자신탁(주식)	신영운용	-12.65	-3.16	43.72
미래에셋인디펜던스증권투자신탁 2(주식)	미래에셋자산	-16.27	-4.84	42.05
한국밸류10년투자증권투자신탁 1(주식)	한국투자밸류자산	-14.22	-10.69	40.63
미래에셋솔로몬성장주식 1	미래에셋자산	-18.59	-7.54	39.52

※ 순자산 1000억 원 이상 기준, 최근 3년 수익률 순, 자료 : 제로인

〈표 26〉 국내 주식형펀드 최근 3년 수익률 상위 펀드

그래서 만약 장기투자를 시도할 수 있다면(2년 내 급박한 돈이 필요하지 않다면) 손실회복을 바라볼 수 있겠지만 공격적인 전략을 세우고 접근하는 경우엔 이런 장기적 접근이 힘든 것도 사실이다. 그래서 거치식 투자에는 적립식과 달리 더 많은 고민이 필요하다.

목표한 수익을 올린다면 깔끔히 실현하고 나오는 방법도 시도해야 하고 다양한 공부와 노력을 통해 성공적인 펀드투자를 가능한 만큼 이뤄나가야 한다. 할 수 있을 만큼은 해보자.

가입시기가 생명이다

거치식펀드는 앞서 살펴본 적립식투자펀드와는 여러 가지 다른 측면을 갖고 있다. 가령 시중에는 하나의 주식형펀드를 거치식과 적립식 2개의 투자 형태로 가입 받는 경우가 종종 있다. 그런데 같은 펀드라고 해도 거치식으로 투자했을 때와 적립식투자를 했을 경우 수익률은 많은 차이가 난다.

일단 거치식은 처음 가입했던 때의 주가 수준이 정말 큰 영향력을 미친다. 코스피지수 1400선에서 가입한 경우 주가가 1200으로 하락하면 무조건 원금손실이다. 정말 특출나게 운용을 잘 한 펀드에 가입했을 경우 이를 피해갈 수 있겠지만 확률상 거의 불가능하다고 생각하는 게 좋다. 반면 적립식은 가입 당시 주가가 별 상관이 없다. 무엇보다 적립식펀드는 3년 이상 장기로 유지한다는 가정이기 때문에 코스트 애버리징 효과가 큰 작용을 하게 된다. 그런데 대체 무슨 방법으로 앞으로 주가가 언제 오를지 말지를, 얼마만큼 오를지를, 아니 적어도 더 이상 하락하지 않을지를 예측할 수 있다는 건가. 여기서 우리는 심각한 고민에 빠지게 된다.

이에 대한 최선의 방법은 여러 종류의 목소리에 귀를 기울이고 전문가들의 상담도 받아보고, 이를 바탕으로 자신이 결정하고 판단하는 수밖에 없다.

예를 들어 2006년 초 주가가 1400을 뚫고 1500을 향해 달려갈 때 시장에선 아주 일부이긴 하지만 1300선 붕괴론을 제시한 적이 있었다. 그리고 투자자의 상당수는 이 분석에 공감하고 펀드 가입시기를 늦췄다. 이 투자자의 경우 1200선까지 떨어진 시점에서 펀드투자를 시작했을 수 있다. 그리고 그만큼 펀드수익률 확보에 있어서 유리한 위치를 선점했다. 다시 한 번 말하지만 1200대에 거치식펀드에 가입한 것과 1400선에서 가입한 것은 하늘과 땅 차이다.

목표수익률을 정하고, 그리고 팔아라

원래 펀드투자(간접투자)에 목표수익률을 정한다는 건 정석이 아니다. 장기투자를 기본으로 하고 있기 때문에 몇 %를 먹으면 빠지고, 다시 기다렸다가 치고 들어가는 식의 기법은 절대로 어울리지 않는다. 아니, 말도 안 된다.

하지만 지금은 이야기가 좀 다르다. 여러분은 현재 일정한 목표 하에 종자돈 만들기에 대한 재테크를 벌이고 있기 때문에 일정 수준을 맞추는 목표수익률은 매우 중요하다. 이미 우리는 거치식 투자로 연 20%대의 목표수익률을 설정했다. 따라서 펀드투자 후 이 목표가 달성됐다면 한번쯤 환매를 고려해볼 필요는 있다.

하지만 환매에도 몇 가지 주의사항이 있다. 앞서 살펴본 것처럼 시중 주식형펀드의 경우 대부분 가입 후 3개월 이내에 환매를 하면 이익금의 70%를 수수료로 내야 한다. 즉 여러분이 1000만 원을 벌었다고 가정해도 3개월 이전 환매하면 300만 원밖에 받지 못한다. 또 오후 3시를 기점으로 언제 환매하느냐도 수익률에 영향을 미친다. 3시 이전에 환매신청을 하면 수익률은 그날 종합주가지수 변동폭에 맞춰 평가된다. 하지만 만약 3시 이후에 환매를 신청했다고 하면 펀드 수익률 평가기준은 내일자 증시가 된다.

환매했다고 해서 돈을 바로 지급받는 것도 아니다. 오늘 신청하면 오후 3시 이전이나 이후에 상관없이 2일 후에 통장에 돈이 들어오게 된다. 이날이 휴일이라면 그 다음날로 연기된다.

펀드투자에도 손절매가 있다

목표수익률 설정과 같은 맥락이다. 투자는 예금과 달리 실제 수익금을 손에 쥐기 전까지 절대로 내 돈이 아니라는 것을 명심해야 한다. 특히 공격적인 펀드투자를 할 경우 재테크의 핵심은 주가가 좋을 때 환매해야 한다는 것이다.

바꿔 말하면 주식직접투자처럼 손절매를 제때 잘 해야 한다는 말이다. 가령 2년 정도 투자기간 이전에 목표 수익률을 돌파했을 경우 바로 환매에 나서 수익실현을 해야 한다. 반면 수익률이 떨어질 경우 기다리는 것을 원칙으로 하지만 손절매 타이밍을 사전에 정해놓고 미련 없이 빠져나오는 게 좋다.

거치식을 적립식처럼 활용하라

올바른 정석투자는 아니지만 3개월 단위로 거치식펀드를 끊어 '가입-환매-가입'을 반복하는 테크닉도 생각해 볼 수 있다. 환매수수료를 내지 않는 기간만큼 유지한 뒤 바로 환매해서 수익을 실현하고 다시 가입하는 방법인데 변칙이지만 젊은 재테크 고수들이 즐겨 쓰는 수법이기도 하다. 선취보수제도(처음 가입할 때 보수를 내는 방식)로 운용되지 않는 펀드라면 수수료 부담은 없다. 또 3개월로 짧게 끊어가지만 대신 적립식투자처럼 매월 일정한 시점에 꾸준한 투자를 이어가기 때문에 타이밍을 놓칠 위험도 적다.

약점도 있을 수 있겠다. 3개월로 딱딱 끊어가며 '환매-가입-환매'를 반복하던 어느날, 개인적인 사정으로 잠시 2주일 정도 쉬고 있을 바로 그 때 주가가 폭등할 수 있으니 말이다.

국내 주식형펀드에 올인하라

대다수 재테크 전문가들은 펀드 분산투자를 권한다. 위험 회피의 목적으로 혼합형이나 채권형펀드에 가입하기를 권하기도 한다. 아예 국내 주식형펀드뿐 아니라 해외증시에 투자하는 해외펀드까지 포트폴리오에 넣어서 분산투자 효과를 높이라는 충고도 많이 한다. 물론 장기투자하라는 전제는 항상 있다.

정확히 맞는 말이다. 종자돈이 일정 수준 이상 되면 반드시 실행에야 하는 투자의 정석이다. 하지만 지금 여러분에게 어울리는 테크닉은 아니다. 어떤 사람은 국내 증시가 가능성이 없어 보여 인도나 중국펀드 등 해외펀드에 적극 투자한다고 한다. 그런데 이런 사람일수록 주식시장에 대해 정확한 분석기법을 알고 있는 경우가 드물다. 국내 증시도 잘 볼 줄 모르는데 다른 나라 증시는 어떻게 분석한다는 말인가?

해외펀드나 부동산펀드 등은 기본적으로 펀드 위험을 최소화하기 위해 사용하는 대체 투자펀드에 속한다. 40대, 50대 이후에는 반드시 고려해야 할 투자대상이다. 하지만 지금 여러분은 먼저 국내 주식형펀드 하나를 더 깊이 공부해야 할 때다.

어설픈 분산투자는 오히려 위험을 높이기만 한다. 물론 앞서 살펴본 것처럼 여러분의 투자금 3000만 원은 1000만 원씩 쪼개 3개 정도 주식형펀드로 나눠 투자하는 게 현명한 선택이다. 하지만 굳이 해외펀드까지 손댈 상황은 아니다. 다만 인덱스펀드나 지수연계증권(ELS) 등은 펀드 분산투자의 하나로 선택해도 무방하다.

투자포인트

주식이나 펀드투자를 할 때면 '벤치마크(benchmark)'란 말을 자주 듣는다. 대단한 게 아니다. 증시에서 벤치마크란 기준이 되는 수익률을 말하는데 국내에서는 종합주가지수라고 생각하면 된다.

여러분이 직접 주식투자를 하거나 펀드투자를 해보면 알겠지만 이 종합주가지수만큼 수익률을 내기 어려운 것도 흔치 않다. 주가는 올랐는데 내가 투자한 종목은 빠지기 일쑤고, 주가는 폭등을 해서 40%나 튀어올랐는데 내 펀드의 수익률은 30%에 그치는 경우도 많다. 그래서 증시 격언에 "벤치마크만 수익률을 내도 베스트"라는 말이 있다.

거치식펀드투자에 있어 국내 주식형펀드에 올인하라고 말했다. 펀드 분산투자도 같은 주식형펀드에서 스타일별로 2~3개로 나누면 된다고 했다. 그러나 만약 좀 더 안정성을 높이고 싶다면 펀드 포트폴리오에 인덱스펀드를 넣는 것을 권하고 싶다. 2~3개 중 한 개를 인덱스펀드로 포진시켜 벤치마크를 쫓아가는 효과를 키울 수 있는데 이 정도 분산투자는 '위험을 사랑하라'는 기본 전제에서 크게 벗어나지 않는다.

인덱스펀드란 이름 그대로 인덱스(지수)를 그대로 쫓아가는 구조를 갖는다. 즉, 앞서 말한 벤치마크를 그대로 따라가는 것으로 정확히 시장수익률만큼 수익률을 올린다. 올라도 주가가 오른 만큼, 빠져도 주가가 빠진 만큼만 빠진다고 생각하면 된다.

"살아도 같이 살고 죽어도 같이 죽는다"는 성격을 가진 인덱스펀드는 1970년대 중반부터 본격화됐으니 역사는 상당히 짧은 편이다. 당초 인덱스펀드는 노벨 경제학상 수상자인 마이런 숄츠를 비롯한 싱크필드, 파마 등 '주식시장의 불가해성(不可解性)'을 강조하는 '효율적 시장이론(Efficient Market Theory)' 학파에 의해서 크게 발전했다. 이들의 논리는 간단하다. "시장은 누구도 예측할 수 없다. 따라서 특정 주식이나 몇 개의 주식을 선택해서는 시장평균 수익률을 초과하는 높은 수익률을 '장기적으로' '계속해서' 올린다는 것이 불가능하다"는 것이다.

인덱스펀드 운용은 매우 간단하다. 한 국가의 증시를 평가하는 주가지수(벤치마크)라는 건 지수를 구성하는 덩치가 큰, 또는 대표성을 띤 몇 개 종목에 크게 영향을 받는다. 따라서 인덱스펀드는 기계적인 프로그램을 통해 전체 주가 변동성을 만드는 대표성이 높은 종목들로 구성된 바스킷(종목군)을 보유해놓고 샀다 팔았다를 반복하기만 하면 된다. 이처럼 운용에 큰 힘이 들지 않기 때문에 운용보수도 매우 싸다. 일반 주식형펀드의 연간 수수료가 투자액의 2.5% 정도인데 반해 인덱스펀드는 1~1.5%대에 불과하다.

인덱스펀드의 아버지라고 평가받는 싱크필드는 "어떤 주식을 사고 팔 것인가를 놓고 밤새 고민할 필요도 없고, 애널리스트들의 리포트를 일일이 읽을 필요도 없다. 기업의 내용을 알려주는 재무제표를 안 봐도 투자에 아무 지장이 없다"라는 말로 투자자들에게 어필했다고 한다. 특히 벤치마크를 따라서 수익률이 확정되기 때문에 다른 펀드투자자들과 비교해 크게 배 아파할 이유도, 크게 좌절할 필요도 별로 없다는 장점이 있다.

주식투자, 돈 버는 방법을 즐겨라

종자돈 3000만 원을 갖고 주식투자에 도전하기에 앞서 여러분은 스스로 자기가 '주식형 인간' 인지 아닌지를 냉정히 판단해봐야 한다.

많이 들어본 충고겠지만 정말 주식은 아무나 하는 게 아니다. 능력도 능력이지만 워낙 많은 시간을 필요로 해 샐러리맨들이 어설프게 도전했다가는 망하기 십상이다. 또 3000만 원 정도를 공격적으로 주식으로 굴리려면 적어도 1년 이상 체계적인 공부도 필요하다. 적어도 시중 증권사에서 매일 발간하는 '애널리스트 리포트'를 읽고 이게 무슨 말인지 이해할 정도의 식견은 갖춰야 한다. 신문 증권면에 나오는 기사가 무슨 이야기를 하고 있는지 100% 이해하고 토론할 정도는 돼야 한다.

주가수익비율(PER)이 무슨 말인지, 이비에비타(EV/EBITDA)는 뭔지, 경기방어주는 어떤 종목들인지, 환율에 민감한 업종은 어떤 것들이 있는지 등 주식투자의 ABC는 떼고 시작해야만 하고 매일 세계증시 흐름, 특히 미국 뉴욕증시 뉴스를 체크하고 있어야 한다.

이 정도 노력도 없이 바로 증권사 홈트레이딩시스템(HTS)을 개설해 이 종목 저 종목 매수주문을 넣고 폭등하기만 기다린다면 처절한 결말만 여러분을 기다릴 뿐이다.

주식투자는 '돈 모으기'가 아니라 '돈을 버는' 방법

어떻게 보면 20대니까 그나마 공격적인 주식투자를 할 수 있는 것도 사실이다. 과연 인생의 어느 시점에서 자신 있게 주식투자에 나설 수 있겠는가. 40대, 50대로 가면서 부와 명성을 쌓아가며 맘 편히 공부도 하면서 주식에 투자하겠다는 계획을 세우고 싶겠지만 그리 쉽지 않다. 어쩌면 그 나이 들어서는 현금 3000만 원도 확보하지 못할 수 있다. 집값이나 부동산대출 등이 개인 재무제표에서 더 큰 비중을 차지할 수 있을테니까 말이다.

하지만 아무리 20대란 나이를 고려해도 주식투자란 재테크는 돈을 모으는 방법은 아닌 것 같다. 오히려 돈을 버는 쪽에 가깝다. 장사(창업) 정도의 위험성은 아니지만 돈을 모으는 방법 중 가장 높은 위험도를 자랑한다. 결국 여러분도 종자돈 3000만 원을 주식투자에 활용하기로 맘먹었다면 이때만큼은 생각 자체를 돈 버는 쪽으로 바꿔야 한다. 조금은 다른 자세가 필요하다는 뜻인데 더 많은 학습과 준비가 필요한 시점이다.

이번에도 목표 수익률은 마찬가지다. 3000만 원으로 2년간 46%의 수익률을 내면 된다. 빠르면 3개월 내에도 달성할 수 있고 2년 뒤 투자원금이 반토막 날 수도 있다.

증권계좌 오픈하기

가장 먼저 해야 할 일은 증권계좌를 오픈하는 일이다. 어떤 증권사에 계좌를 틀지에 대해서는 주위에 물어봐도 좋고 수수료를 비교해봐도 좋다. 증권사들이 부과하는 거래 수수료는 대부분 거래금액에 대해 '~%'를 매기지만 금액에 상관없이 최저 수수료제를 적용하는 곳도 있다. 꼭 대형증권사에 계좌를 열어야만 주식투자에 도움이 된다고는 할 수 없다.

다만 홈트레이딩시스템(HTS)의 성능만큼은 고려해야 한다. 주식매매 경험이 없는 대학생 중에는 요즘도 전화를 걸어 매매주문을 하는지 착각하는 경우가 많다고 한다. 전문가에게 거래를 맡기는 게 아니라면 HTS를 통해 직접 매매, 매도를 수행하는 게 요즘 현실이다. HTS는 증권사마다 다양한 기능을 서비스해주고 있기 때문에 이를 활용하는 게 확실히 큰 도움이 된다. 좋은 프로그램이 많이 있지만 대신증권의 '사이보스' 정도면 HTS로는 손색이 없을 것이라고 생각한다.

계좌를 오픈하는 실제 작업은 매우 쉽다. 은행에 통장을 개설하듯이 증권사를 찾아가 계좌를 열면 HTS를 자신의 컴퓨터에 프로그램을 실행할 수 있는 CD를 준다. 그러면 집이나 직장 컴퓨터에 HTS를 실행시키면 된다. 모든 준비는 끝난 셈이다.

그런데 바로 지금부터가 막막하다. 대체 어느 종목을 사야 하는가. 60만 원 정도 하는 삼성전자가 안전하니까 그냥 50주를 사버리고 기다릴까. 어제 증권사에 다니는 친구가 나만 알고 있으라고 가르쳐준 '작전주'에 한 500만 원 어치만 매매 주문을 내볼까….

증권가격데이터 분석의 아버지로 불리는 알프레드 코울스는 이런 말을 즐겨 했다. "그 어떤 투자전문가와 보고서의 주가 예측 성공률도 동전 던지기 확률보다 낮다."

그렇다면 우리도 결국 주가가 오를지 내릴지를 놓고 동전 던지기를 해야 할까. 적어도 50% 확률은 되니 말이다.

주식직접투자의 실전 테크닉

너무나 광범위해서 어떻게 해야 할지 엄두가 나지 않겠지만 그렇다고 걱정만 하고 있어서는 안 된다. 원래 대부분 '돈 벌기'가 무엇을 할지 막막한 상태에서부터 출발하는 것 아니겠는가.

초보투자자인 여러분에게 다음의 10가지 실전투자기법은 반드시 마스터하라는 충고를 전한다. 주식투자에 대해 몇백 페이지로 설명한 시중의 책들도 결코 이 10가지 범주를 벗어나지는 않는다. '대박'을 터뜨릴 것이라고 장담할 수는 없지만 이대로만 따라하면 "주식 하다 1000만 원 날렸어"라는 말은 결코 하지 않을 것이라고 확신한다.

이와 함께 우리가 앞서 정해놓은 연간 23%, 2년간 46%의 목표수익률도 항상 마음속에 새겨놓고 투자하는 게 좋다. 성공여부는 둘째로 하더라도 일단 주식투자가 '주식투기'로 변질되는 것은 막을 수 있다.

① 시가총액 50위 종목을 마스터하라

2009년 6월 25일 현재 국내 거래소에 상장된 종목 수는 917개, 코스닥에 상장된 종목 수는 1034개다. 그렇다면 우리는 주식투자를 위해서 1900개가 넘는 이 모든 종목들에 대해 공부를 해야 할까?

우리는 앞서 미국의 매력적인 50종목인 '니프티50'에 대해 살펴봤다. 그리고 국내에선 향후 '니프티15'가 뜰 것이라고 전망했다. 주식 초보자들이 가장 먼저 해야 할 준비는 바로 이 우량주나 업종 대표주에 대해서 완벽하게 마스터하는 일이다. 또 가능하면 처음의 주식투자도 이 종목들 위주로 시작하는 게 좋다. 혹시 우량주에 대한 개념이 확실하게 다가오지 않는다면 시가총액 상위종목에서부터 관심을 갖기 시작하자. 시가총액이란 현재 주가와 전체 주식 수를 곱해서 나온 수치로 시가총액이 높은 종목에 대해 우리는 대형주라는 표현을 사용한다. 몸집이 큰 종목들이라 주가 변동폭이 그리 크지 않다는 장점이 있다.

HTS를 보면 시총상위 종목별로 나열한 표를 제공해준다. 물론 당일주가에 따라 매일 변하지만 적어도 45개 종목은 거의 고정이라고 보면 된다. 여러분은 매일 시가총액 50위에 드는 종목 중 한 종목씩 철저하게 분석해야 할 필요가 있다. 어떤 회사인지에 대해 거의 외우다시피 할수록 주식투자의 성공확률은 높아진다.

포스코가 어떤 회사인지 정확히 알고 있는가. 단순하게 철을 만든다는 애매한 대답보다 이곳에서 생산되는 냉연강판, 열연강판이 각각 어디에 쓰이는지 최근 1년간 주가흐름은 어땠는지 등 마치 회사 사장처럼 정보를 쓸어 담아야 한다.

사람들은 무심코 삼성전자를 반도체 회사라고 부른다. 틀린 말이

(2009년 6월 25일 기준) (단위 : 억 원)

순위	종목명	현재가	시가총액
1	삼성전자	588,000	866,120
2	POSCO	416,000	362,697
3	한국전력	29,400	188,621
4	LG전자	117,000	169,238
5	현대차	75,000	165,207
6	KB금융	42,750	152,340
7	신한지주	31,300	148,424
8	현대중공업	193,000	146,680
9	SK텔레콤	173,500	140,094
10	LG디스플레이	32,300	115,574
11	LG	61,100	105,432
12	KT&G	72,200	100,208
13	현대모비스	110,500	96,788
14	KT	36,750	95,959
15	SK에너지	103,000	95,240
16	신세계	501,000	94,491
17	LG화학	142,000	94,105
18	삼성화재	183,500	86,933
19	삼성전자우	380,500	86,881
20	우리금융	10,600	85,438
21	NHN	173,500	83,502
22	하이닉스	14,100	83,137
23	롯데쇼핑	248,000	72,028
24	두산중공업	68,500	71,939
25	삼성중공업	29,300	67,646
26	삼성물산	43,000	67,174
27	S-Oil	58,700	66,086
28	현대건설	56,500	62,747
29	외환은행	9,650	62,234
30	기업은행	10,750	58,439
31	하나금융지주	26,700	56,564
32	삼성카드	44,200	54,348
33	현대제철	59,150	50,175
34	SK	106,000	49,780
35	기아차	13,150	48,458
36	삼성SDI	103,500	47,153
37	삼성전기	61,700	46,086
38	삼성증권	68,500	45,782
39	OCI	205,500	42,969
40	KCC	376,500	39,608
41	아모레퍼시픽	660,000	38,583
42	대우조선해양	20,100	38,470
43	대우건설	11,800	38,435
44	대우증권	20,050	38,115
45	GS건설	74,700	38,097
46	SK네트웍스	15,150	36,814
47	삼성테크윈	69,100	36,713
48	엔씨소프트	173,000	36,560
49	강원랜드	16,650	35,621
50	현대산업	46,250	34,865

〈표 27〉 국내 시가총액 상위종목 현황(코스피 시장)

(2009년 6월 25일 기준) (단위: 억 원)

순위	종목명	현재가	시가총액
1	셀트리온	16,950	18,293
2	태웅	100,200	16,644
3	서울반도체	30,150	15,321
4	메가스터디	223,500	14,171
5	SK브로드밴드	5,380	12,695
6	키움증권	50,100	9,749
7	소디프신소재	89,800	9,472
8	동서	28,700	8,553
9	태광	36,700	8,005
10	평산	42,400	7,301

〈표 28〉 국내 시가총액 상위종목 현황(코스닥 시장)

다. 삼성전자는 반도체 사업부, 휴대폰 사업부, 가전 사업부 등 3개 분야가 혼합된 '공룡'이다. 반도체 사업이 죽을 쒀도 휴대폰이 잘 나갈 경우 주가는 오히려 상승할 수도 있다.

신세계를 아직도 백화점이라고 생각하는 사람들이 많다. 이것도 사실과 다르다. 신세계의 대표적인 수익원은 바로 할인점인 이마트다. 백화점 회사가 아니라 할인점 회사라고 해야 옳다.

현대자동차의 연 매출액은 얼마일까? 영업이익은? 중국시장에서 잘 나간다는 말은 대체 무슨 뜻일까? 실제로 엄청난 수익을 올리고 있는가? 미국에서 소나타가 잘 팔리면 당장 다음 달부터 주가가 상승할 만큼 회사에 큰 영향을 미치는 걸까?

혹자는 "고3 때 공부하는 것보다 더 힘들다"고 말한다. 해도 해도 끝이 없다고 한다. 회사 자체가 매일 빠르게 변해가고 있어 그만큼 알아야 할 정보량도 많아지기 때문이다. 그래도 고3 때는 공부한다고 누가 돈을 주지는 않았다. 지금 하는 공부는 돈을 캐는 공부다.

② 투자종목에 대해 3개 이상 분석보고서를 비교하라

주식을 좀 투자하다 보면 '애널리스트 리포트'(일명 애널보고서)라는 증권사의 분석보고서를 많이 참조하게 된다. 외국과 달리 국내에선 이 리포트 구하기가 그리 어렵지 않다. 증권사 홈페이지에서 다운로드 받아도 되는 경우도 있고 에프앤가이드(www.fnguide.co.kr)란 사이트에서도 구할 수 있다. 매일 발간되는 자료도 있고 특정 종목에 대해서 따로 출간되기도 한다. 만약 투자종목에 대한 매수, 매도 판단을 동전 굴리기로 결정할 것이 아니라면 이 보고서를 참조하는 게 최선의 방법이다.

처음엔 보고서를 보는 데 많은 공부를 필요로 할 것이다. 무슨 말을 하고 있는 건지 이해하기도 어렵다. 주식투자 책을 따로 사는 것도 좋겠지만 오히려 보고서를 읽어가면서 모르는 용어 등을 인터넷을 통해 익혀가도 별다른 차이는 없을 것이다. 현실감각을 익히기 위해서는 이 애널보고서만큼 유용한 것도 없다.

이와 함께 애널보고서를 활용하는 또 하나의 방법은 투자에 앞서 해당종목에 대한 리포트를 적어도 3개 이상 비교 분석해야 한다는 것이다. 최근 해당종목에 걸린 투자이슈는 무엇인지, 이 투자이슈를 각 증권사는 호재로 보는지 아니면 악재로 보는지, 종목의 12개월 목표주가는 각각 얼마로 예측했는지 등 모두 비교해 판단해야 한다. 대형증권사 1개 리포트만 보고 판단해서는 안 된다. 더 많은 뷰(view)에 대해 알아갈수록 투자에 대한 판단도 정확해질 수 있다.

다만 1700여 개가 넘는 국내 상장종목 모두에 대해 리포트가 나오는 것은 아니다. 시중 증권사 애널리스트들이 커버하는 종목은 채 300개도 되지 않는다. 초보 주식투자자라면 분석보고서가 없는 종목에 대한 투자는 피하는 게 상책이다.

③ 실적이 왕이다

주식투자의 귀재라면 절대로 놓치지 않는 지표가 있다. 바로 매출액, 영업이익, 순이익 등 이른바 기업 실적이다. 한 회사에 대한 가장 기본적인 정보지만 의외로 개인투자자들이 간과하고 넘어가는 부분이기도 하다.

초보투자자의 경우 이 기업실적을 투자결정의 최종지표로 삼아도 무방할 것이다. 단 과거 실적뿐 아니라 미래 실적흐름이 몇 배 더 중요하다는 점을 명심해야 한다. 또 실적 예상치는 분기별로 나누어 불확실성을 쪼갤 필요가 있다. 가령 2009년 4분기, 2010년 1분기, 2010년 2분기 등으로 나누어 미래 실적흐름을 숙지해야 한다. 여러분이 직접 할 필요는 없다. 해당 기업에서 실적 예상을 공개하기도 하고 증권사 애널리스트들이 보고서를 통해 미래 기업실적 예상치를 발표하기 때문이다.

종종 돈 한 푼 못 버는 벤처기업 주가가 폭등하는 사실에 놀라움을 금치 못할 경우도 있을 것이다. 이런 현상은 투자자들이 해당 기업의 성장성을 보고 미리 배팅하는 것이다. 그 기업의 실적이 완전히 개선돼 대단한 이익을 남기는 시점에서는 주가가 지금보다 몇십 배, 또는 몇백 배 더 올라갈 것이라고 판단했기 때문에 지금 몇 배 정도 값을 더 치르더라도 주식을 사두겠다는 뜻이다. 이 또한 앞으로 어떤 실적흐름을 보일지 예상하고 도전하는 대표적인 투자형태라고 할 수 있다.

④ 테마는 버려라

주식투자를 잘 모르는 사람들이 종종 범하는 오류가 있다. 가령 "한류가 뜨니 엔터테인먼트 관련주를 주목하라" "조류독감이 유행하면 사람들이 생선을 많이 먹을 것이므로 수산주 주가가 오른다" "이번 월드컵에 LCD TV가 많이 팔렸으니 가전제품 관련주를 사두어야 한다"는 식이다.

완전히 틀린 이야기다. 말장난에 지나지 않는다. 이처럼 정확한 분석 없이 두루뭉실 이야기를 꿰맞춰 '테마주' 라는 투자군을 형성하게 되는데 절대로 여기에 휩쓸려선 안 된다. 아예 테마 자체를 무시하는 게 좋다. 한류도 다 같은 한류가 아니고 엔터테인먼트 기업도 다 같은 것이 아니다. 조류독감이 유행한다고 해서 생선을 더 많이 먹지도 않을뿐더러 얼마만큼 더 먹을지도 알 수가 없다.

TV가 많이 팔렸으면 얼마나 팔렸는지 체크해야 한다. 과연 LCD패널에 드는 제조원가를 완전히 극복하고 영업이익, 순이익을 개선시킬 만큼 세계적인 대유행이 됐는지를 살펴보아야 한다. 동네 할인마트에서 LCD TV가 동이 났다고 LG전자나 LG필립스LCD 주식을 사는 그야말로 아마추어적 투자발상은 이제 버려야 한다.

⑤ 업황에 1년 앞서 올라타라

테마와 많이들 혼동하는 개념으로 '업황' 이란 투자지표가 있다. 업황이란 업종현황의 줄임말로 한 업종의 향후 성장세를 나타내는 말인데 흔히들 앞으로 업황이 좋다, 나쁘다는 정도로 표현하고 있다. 그런데 업황은 테마와 달리 주식흐름에 대해 상당히 신빙성 있는 전망을 제시해준다. 한 업종에 속하는 종목군들은 필연적으로 이 업황 흐름에 따라 주가가 움직일 수밖에 없기 때문이다.

예를 들어 해운업종이나 조선업종처럼 2~4년간 일정한 주기를 갖고 업황이 움직일 경우 해당 종목의 주가는 거의 6개월~1년 선행에서 업황 주기를 그대로 따르게 된다. 만약 조선업황이 지금부터 1년 후부터 2년간 호황을 지속할 것이라고 한다면 관련 종목의 주가는 지금부터 2년 후까지 상승할 가능성이 높다. 거의 예외가 없다고 해도 좋다.

그러나 이때 주의할 점이 있다. 초보자들이 많이 범하는 실수이기도 한데 대부분 업황이 최고로 좋을 때 관련종목을 매수한다는 것이다. 앞서 말한 것처럼 주가는 업황을 선행한다. 1년 정도 먼저 주가를 반영한다는 뜻이다. 업황이 최고를 찍었다면 주가는 이때부터 하락하기 시작한다. 아니 이미 하락을 시작했다고 생각해야 한다.

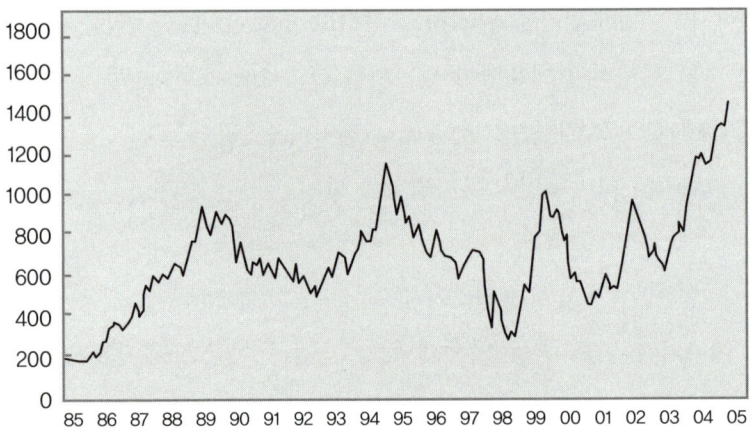

※ 석유화학업종도 경기에 따라 주가가 움직인다. 그림에서 알 수 있듯 3~5년 정도 사이클로 주가가 상승·하락한다.

〈그림 9〉 경기에 민감한 석유화학 주가추이

⑥ 상하 10% 원칙은 목숨처럼 지켜라

대부분 주식으로 돈 좀 벌었다는 사람들 보면 크게 두 가지 유형이다. 하나는 묻어두고 2년 가까이 장기전으로 간 경우, 다른 하나는

'상하 10% 원칙'을 철저하게 지킨 경우다.

상하 10% 원칙은 투자종목이 10% 수익을 실현하면 바로 팔고, 10% 하락할 경우에는 바로 팔아 손절매에 나선다는 것이다. 여러분도 이 원칙을 습관화하는 게 좋다. 무엇보다 주식투자로 인한 쓸데없는 갈등을 안 할 수 있고 업무에도 열중할 수 있다. 또 수익실현과 손절매를 기계적으로 실천할 수 있다는 장점도 있다. 이게 무슨 장점이냐고 폄하해서는 안 된다. 인간의 마음은 참으로 묘한 것이어서 이런 원칙이 없으면 투자금이 10분의 1로 줄어도 절대로 매도하지 못한다. 반대로 30% 넘게 수익을 냈는데도 그 이상을 기대하며 기다리다가 수익을 손에 쥐지도 못한다.

10% 가까이 수익을 냈다면 꽤 선전한 셈이다. 숨 고르기가 필요한 시점이다. 다음 투자에는 차익을 실현한 10% 수익까지 함께 투입할 수 있어 투자규모가 커진다는 보너스도 있다.

⑦ 배당투자, 절대로 무시하지 마라

모든 기업은 아니지만 상당수 기업은 주주들에게 수익의 일부를 나누어준다. 이른바 '배당금지급'이다. 또 이중 몇몇 기업은 7~12%에 달하는 엄청난 배당수익률을 안겨주기도 한다. 따라서 이 종목에 대해 배당을 받을 수 있는 자격만 획득하면 여러분은 앉아서 수익률을 챙길 수 있다. 거의 무위험수익이라고 할 만큼 안전하고 10% 수준에 달하는 종목도 많아 절대로 무시할 수 없다.

자격은 간단하다. 12월 결산법인의 경우 12월 말까지만 해당 주식을 사놓으면 된다. 그런데 문제도 있다. 배당금 지급결정이라는 게 해마다 똑같은 수준으로 이뤄지지 않을 뿐더러 지난해 했다고 해서

(단위 : %, 원)

순위	종목명	배당수익률	주당배당	주가	액면가
1	S-OIL	8.35	5,000	59,900	2,500
2	대신증권	7.00	1,250	17,850	5,000
3	우리투자증권	6.13	1,100	17,950	5,000
4	SK텔레콤	5.12	9,400	183,500	500
5	강원랜드	4.62	720	15,600	500
6	현대해상	4.04	600	14,850	500
7	KT&G	3.97	2,800	70,600	5,000
8	한라공조	3.76	330	8,780	500
9	제일기획	3.43	8,000	233,000	5,000
10	현대미포조선	3.34	5,000	149,500	5,000
11	LIG손해보험	3.11	500	16,100	500
12	한화석화	3.04	350	11,500	5,000
13	CJ	3.04	1,500	49,3000	5,000
14	현대증권	3.00	450	15,000	5,000
15	KT	2.99	1,120	37,450	5,000
16	한국금융지주	2.92	950	32,500	5,000
17	부산은행	2.84	200	7,030	5,000
18	대구은행	2.84	250	8,810	5,000
19	한국가스공사	2.74	1,170	42,700	5,000
20	웅진코웨이	2.72	870	31,950	500

※ 2009년 4월 30일 종가기준 / 단, KRX 100 구성종목 내에서 선정했음

〈표 29〉 2008년 배당수익률 상위종목

반드시 올해도 하라는 법도 없다.

그래서 여러분은 최근 3년간 꾸준히 배당을 실시해왔는지 검토해야 한다. 3년 정도 배당을 지속해왔다면 이제는 배당을 일관되게 하는 기업으로 평가해도 된다. 물론 과거 배당수준도 점검하고 투자해야 한다. 이뿐만이 아니다. 올해 실적도 체크해야 한다. 배당이라는 게 원칙적으로 수익이 있어야 하는 것인데 최악의 한해를 보냈다면 배당을 하고 싶어도 할 수 없기 때문이다.

여기서 또 하나. 현재 주가수준도 매우 중요하다. 만약 주식을 비싸게 샀다면 해당회사에서 높은 배당성향이나 배당률을 제시했다고

해도 본인이 느끼는 체감 배당수익률은 낮아지기 때문이다.

상장기업이 대부분 12월 결산기업이 많기 때문에 보통 10월 초~중반이 '배당투자의 적기'라고 불린다. 12월까지 가서 해당주식을 사려고 할 때는 이미 배당투자를 노리는 다른 사람들이 주식을 사면서 주가를 높여놓았기 때문에 본인의 배당수익률은 크게 낮아지게 된다. 한 발 앞서 배당종목 주식을 매수해두어야 한다.

⑧ 외국인 매매를 흉내 내라

외국인 투자자는 아직 국내 증시의 등락을 주도하는 핵심세력이다. 부인하고 싶어도 그들이 사면 주가는 오르고 팔면 주가는 빠진다. 그렇다면 결국 그들과 비슷한 매매를 보이면 주가등락 흐름을 맞춰갈 수 있다는 결론이 나온다.

HTS 등에는 외국인 매매종목에 대한 정보가 자세히 나와 있다. 여러분은 외국인 매수/매도 상위종목 리스트를 보고 왜 이런 종목을 선택했는지 분석해야 한다. 그리고 나름의 이유가 발견됐다면 이들의 매매패턴을 답습하는 것도 좋은 투자법이다.

⑨ 거래는 하루에 두 번만 하라

주식에 한번 맛들이면 시도 때도 없이 주식 생각만 난다. 회사 업무 5분 보고 나면 내가 투자한 종목이 어떻게 됐는지 궁금해서 다시 HTS 창을 열게 된다. 개장시간인 오전 9시부터 오후 3시까지 거의 수백 번씩 열었다 닫았다를 반복한다. 회사업무를 볼래야 볼 수도 없고 그렇다고 대단한 투자성공을 하는 것도 아니다.

급한 마음에 주식을 샀다가 바로 1시간 뒤 폭락하기 일쑤고, 괜스레 팔았다가 불과 2, 3분 만에 튀어 오르는 주가를 보면 쓰라린 맘을 달랠 길 없다. 정말 최악의 주식투자자가 하는 행동의 전형이지만 거의 절반 이상의 우리네 샐러리맨 주식투자자가 나타내는 행태이기도 하다.

주식거래는 아무리 많아도 하루 2회 이상 하지 않는 게 좋다. 매수, 매도를 반복하면 거래수수료만 높아질 뿐이다. 오히려 올바른 판단을 마비시키는 원흉이 될 수도 있다. HTS를 열었다 닫았다 하는 행동도 10회 이하로 줄여라. 수백 번 본다고 상황이 달라지는 게 아니다. 먼저 장이 시작하는 9시부터 9시 10분 정도에 전체 시장상황과 자신의 투자종목을 점검한다. 가격흐름과 당일 나온 뉴스와 재료를 점검한다. 그리고 업무에 몰두하다 오전 11시 30분경 다시 한 번 가격을 체크한다. 그리고 매매를 할 계획이면 이 시간에 주문을 낸다. 그리고 점심 먹고 와서 오후 1시 10분~30분 사이에 다시 한 번 체크한다. 장 막판에는 실제 거래를 자제하고 당일 종가를 확인하는 게 좋다.

종종 200만 원어치 주식을 사놓고 하루 종일, 일주일 내내 'HTS의 노예'가 되는 사람들을 심심찮게 발견할 수 있다. 습관이다. 처음 어떻게 시작하느냐의 문제다. 특히 그 어떤 회사에서도 근무시간 중에 주식거래를 환영하는 곳은 없다는 점을 명심하자.

⑩ 공모주 청약을 시도하라

증권관련 뉴스를 보면 최종 공모주 청약 경쟁률이 300 대 1을 넘었느니, 청약을 받으려고 5조 원 넘는 자금이 몰렸다느니 하는 이야기를 자주 듣게 된다. 주식시장의 공모주 청약이란 아파트 신규분양이라고 생각하면 된다.

공모주는 어떤 회사가 거래소(또는 코스닥) 시장 상장 등을 이유로 일반인들에게 공모를 통해 돈을 받고 발행하는 주식이다. 이 때 공모주식을 사들이기 위해 청약서류를 작성하고 청약 증거금을 내는 것을 공모주 청약이라 하고 처음 회사 측에서 제시한 가격을 공모가격이라고 한다.

아파트 신규분양을 받았을 때 낸 분양가격에 비해 실제 거래가격이 높게 형성되는 게 일반적인 것처럼 공모가격 또한 실제 거래가격에 비해 낮을 것이라는 가정이 공모주투자의 기본원리다. 좀 귀찮지만 공모주 청약과정을 거쳐서 주식을 싼 값에 미리 받아 놓고 나중에 이 주식을 비싼 실제 거래가격에 팔아 이익을 남기는 것이다. 하지만 아파트 분양과는 달리 공모주 청약은 당락이 결정되는 것이 아니라 경쟁률에 따라 배정물량이 정해진다. 가령 본인이 1만 주를 청약했는데 그 종목의 청약경쟁률이 100 대 1이었다면 100주만 가질 수 있게 된다. 일단 공모주에 투자하려면 공모주를 발행하려는 회사가 지정한 증권사의 계좌를 갖고 있어야 하고 예탁금이나 주식거래실적 등 증권사가 요구하는 일정 기준을 충족시켜야 한다. 또 3~4개 증권사가 청약을 진행할 경우 배정물량을 많이 확보한 증권사를 선택하는 것이 유리하다. 그만큼 청약받을 수 있는 확률이 높아지기 때문이다.

그렇다면 과연 공모주투자는 무조건 남는 장사일까? 그건 확신할 수 없다. 신규 상장 후 실제 주가가 공모가에 비해 크게 떨어지는 사태도 벌어진다. 청약할 당시 제시된 공모주 가격이 적정하지 않았기 때문인데 개인투자자가 과연 이를 평가하기는 힘들다. 또 당시 시장 상황에도 민감하게 반응하기 때문에 고려할 사안도 많다.

공모주 투자 테크닉은 크게 두 가지다. 먼저 증시 상황이 좋지 않을 때는 아주 될성부른 기업이 아니고서는 공모에 나서지 않는 게 좋다. 상장(거래) 후 가격이 높게 뛸 확률이 적기 때문이다.

둘째, 배정받은 공모주 물량은 한 달 안에 모두 매도하는 것을 원칙으로 한다. 현재 법규는 개인투자자에게 한 달까지는 해당증권사에 공모가격의 90%로 공모주를 팔 권리를 보장해주고 있다. 손실을 최소화 시켜주겠다는 취지다. 물론 한 달까지 만이다.

공모주 청약은 개인뿐 아니라 기관투자자들도 참여한다. 물론 이들은 배정받을 물량을 1~3개월 동안 다시 시장에 내다팔 수 없도록 하는 '보호예수제도'에 적용을 받는다. 바꿔 말하면 1~3개월이 지나게 되면 이들 기관이 들고 있는 뭉텅이 물량이 시장에 나올 수 있으며 주식가격 급락의 원인이 될 수 있다는 이야기다. 공모주는 반드시 1개월 내에 깔끔히 정리하고 나오도록 하자.

누구냐, 너는? 주식이냐 펀드냐?

주식직접투자는 아니지만 시중엔 주식투자와 비슷한 효과를 내는 간접상품이 있다. 바로 주가연계증권(ELS)과 상장지수펀드(ETF)다.

이 두 상품은 분명 100% 간접투자상품으로 분류된다. 하지만 그 속내를 들여다보면 주식직접투자와 비견되는 구조를 갖고 있기도 하다. 수익률 측면에서 보면 ELS는 연 7~10% 수준으로 그 이상을 기대하기는 어렵다. 반면 ETF는 시중 주가흐름에 따라 20~30% 이상의 수익률도 낼 수 있는 가능성을 갖고 있다.

물론 두 상품 모두 원금손실이 가능하다. 다만 ELS는 처음 상품을 설계할 때 원금손실에 대한 가능성을 최소화시켰기 때문에 그리 큰 걱정은 하지 않아도 좋을 것 같다. 반면 ETF는 개별 종목과 비슷한 수준으로 원금손실 가능성이 존재한다고 생각하면 된다. 거의 직접 주식투자와 다를 바 없다.

위험을 사랑하는 여러분들은 이 두 상품 모두 애용하게 될 것이다. 특히 2006년부터 섹터 ETF라는 상품이 출시된 상태라 여기에 대해 한번쯤 관심을 기울여보는 게 좋을 듯하다. 무엇보다 개별종목 주식투자가 힘든 상황이라면 적극적인 섹터 ETF 투자를 권해본다.

ELS는 '워런트'의 마술

현재 ELS의 열기는 정말 대단하다. 입 소문에 힘 입어 일반인 사이에서 인기가 급증하자 시중 증권사들은 저마다 ELS 신상품을 출시하기에 바쁘다. 수익률은 연 10~20% 정도니까 여러분의 경우 펀드 분산투자 중 한 개 펀드로 ELS를 활용하면 매우 효과적인 목돈 만들기가 될 것이다.

ELS는 크게 채권·주식·워런트(ELS에 싣는 구조화된 옵션) 등 3부분으로 구성된다. 이 3가지 상품을 적절히 조합해 특정 조건에 맞는 수익률을 발생시키게 된다.

먼저 투자금 90%는 해당종목과 채권에 투자한 뒤 채권 이자와 주가 변동성을 고려해 원금을 보전하도록 맞춘다. 이후 나머지 10% 비중을 차지하는 워런트를 갖고 추가 수익을 올리게 된다. 시중 ELS 수익조건이 저마다 다른 것도 바로 1000종이 넘는 워런트의 다양성 때문이다.

2003년만 하더라도 코스피200을 기초자산으로 하는 지수연계형이 주를 이뤘지만 요즘에는 실제 종목을 기초자산으로 삼는 개별종목형이 큰 인기를 끌고 있다. 종목군을 2개 또는 3개로 늘리기도 한다. 이럴 경우 해당 ELS는 직접 해당 주식을 매입하거나 경우에 따라서 매도해야 한다. 정해진 워런트 조건에 따라 자동적으로 움직이게 되니 여러분이 걱정할 필요는 전혀 없다.

다양한 형태의 ELS 중 요즘 투자자들에게 매우 익숙한 스타일은 총 만기 중 몇 차례 평가일을 두고 해당 기준을 맞췄을 때 바로 상환해 버리는 조기상환형(Early Redemption)이다. 예를 들어 '삼성전자 주가를 6개월마다 중간평가해서 평가일에 ○○% 이상 하락하지 않으면 연 ○○% 수익을 지급하고 조기 상환한다. 또 만기까지 기준가 대비 ○○% 이상 하락하지 않으면 원금을 보장한다' 는 식이다.

현재 이런 '개별종목+조기상환형' 이 시중 ELS 가운데 80% 가량을 차지한다. 조기상환형의 경우 3개월 정도의 짧은 시간에 목표수익률을 달성하고 바로 상환되는 깔끔함 때문에 큰 인기를 끌고 있다.

한편 다수의 개인투자자들은 ELS를 아직도 원금보장상품으로 오해하기도 한다. 하지만 ELS는 실적배당상품으로 원금을 보장하지 않는다. 가령 '삼성전자 주가가 만기일에 기준가 대비 30~40% 하락하지 않으면 원금보존' 이란 조건이 있다면 주가 50만 원인 삼성전자가 30만 원대까지 하락하지 않으면 원금을 지켜준다는 뜻이다. 이것은 반대로 만기일에 주가가 제시된 기준의 하한선 밑으로 떨어지면 처음 조건에서 정해진 손실률대로 원금손실이 발생하게 된다는 뜻이기도 하다.

대부분 ELS가 개별 종목으로 삼성전자나 LG전자, 국민은행, 현대차 등 우량종목을 종목으로 설계하는 것도 바로 이 때문이다. 상대적으로 주가 흐름이 안정적이며 변동성이 크지 않기 때문이다.

투자포인트

2008년 9월부터 2009년 5월까지 약 10개월간은 국내 ELS 시장의 '암흑기'로 불린다. 2008년 하반기 미국발 서브프라임 모기지 부실로 촉발된 세계 금융위기로 인해 국내 및 전 세계 증시가 폭락하면서 이 기간 동안 만기가 도래한 ELS 상품 중 85%가 마이너스를 기록했기 때문이다. 100개 중 85개가 모두 원금도 건지지 못했다는 이야기다. 심지어 KB금융(옛 국민은행) 등 우량주와 연계시킨 상품들도 모두 쓴맛을 봤다. 최초 기준가격 대비 40%까지 하락해도 수익률을 보장한다고 했지만 주가가 45~50%가량 폭락하면서 ELS 특유의 안전장치가 모두 박살이 났다. 이 때문에 투자자들 사이에선 ELS에 대한 공포가 급속도로 확산되고 있다.

하지만 파생상품 전문가들은 "그래도 ELS를 재테크에서 포기해선 안 된다"고 강조하고 있다. 무엇보다 주가가 크게 오르지 않고, 또 그렇다고 크게 하락하지 않는 박스권 장세에선 ELS를 충분히 활용하라고 조언한다. 주가가 6개월~1년간은 그냥 지지부진한 모습을 보일 것이라고 전망한다면 CMA나 단기은행상품 대신 ELS에 투자해 좀 더 높은 수익률을 노려보라는 이야기다.

하지만 이런 ELS 예찬론자들도 전체 금융자산에서 ELS 투자 비중은 최대 15%를 넘지 말라고 충고한다. 무엇보다 ELS는 특정기간, 특정수익률(구간)과 연계시킨 파생상품이기에 언제나 손실위험이 도사리고 있다. ELS의 경우 투자자가 아무리 손실을 떠안고 더 장기로 버티고 싶다고 해도 그 속성상 바로 손실을 확정시켜 버리기 때문에 언제나 그 위험성을 직시하라는 조언이다.

한편, 일각에선 ELS 조기상환이 오히려 안 좋다는 의견도 있다. 최대한 상환 조건을 충족시키지 못하다가 만기에 임박해 조건을 달성하는 게 최고의 ELS 투자라고 강조한다. 가령 상품 구조상 첫 평가일에 주가가 엄청나게 하락했다고 가정해보자. 하지만 실망할 필요가 없다. 다음 평가일에 주가가 회복세를 보여 조건을 충족하게 돼도 연 10~20%대 수익률은 유효하기 때문이다.

만약 이런 상황이라면 조기상환돼 쪼개진 연 환산수익률을 얻는 것보다 아예 1년 또는 1년 이상을 다 채워 통째로 연 수익률을 챙기는 것이 더 유리하다는 평가다. 실제로 3개월 만에 조기상환해버리면 실제 수익률은 3%(연 12% 수익률 가정)에 불과하다. 더 큰 문제는 다시 또 연 12% 수익률로 돈을 굴릴 데가 마땅치 않다는 것이다. 그러나 지난 2008년 하반기처럼 만기가 도래했는데도 조건이 충족되지 않으면 원금손실을 경험할 수밖에 없다. 그래서 ELS가 아무리 이뻐 보여도 금융자산을 올인해선 절대로 안 된다는 것이다.

현대차 살까, 자동차 섹터 ETF를 매수할까

이번에는 상장지수펀드(ETF)에 대해 이야기해보기로 하자.

ETF란 특정 주가지수(벤치마크)와 연동되는 수익률을 얻을 수 있도록 설계된 지수연동형펀드(Index Fund)로, 앞서 살펴본 인덱스펀드와 크게 다르지 않다. 다만 다른 점이 있다면 거래소에서 주식처럼 상장돼 거래된다는 점이다. 펀드상품임에도 불구하고 주식처럼 매순간 매도와 매수가 반복되고 개인투자자자끼리 해당 ETF 종목을 사고 팔 수 있는 것이다. 무엇보다 2006년 들어 섹터 상장지수펀드(ETF)라는 상품이 나오면서 ETF의 주식적 특징은 더욱 강해졌다.

섹터 ETF는 기존 ETF를 몇 개 섹터(업종)로 다시 쪼개서 설계됐다는 특징을 갖고 있다. 만약 반도체 ETF가 있다고 하자. 투자자가 이 반도체 ETF 한 주를 사면 이 투자자는 삼성전자, LG전자 등 반도체 업종지수를 구성하는 다양한 종목군을 두루 사는 효과를 맛볼 수 있게 된다. 그런데 앞서 인덱스펀드를 정확하게 이해한 사람이라면 이런 의문을 갖게 될 것이다.

"그렇다면 섹터 ETF의 벤치마크는 뭐가 될까. 업종을 쪼갰으니 코스피지수는 될 수 없을텐데…."

그렇다. 분명 섹터 ETF가 있다면 이 상품이 추종할 벤치마크(지수)가 필요하다. 증권선물거래소는 2006년 1월 23일부터 자동차(KRX Autos), 은행(KRX Banks), 건강산업(KRX Health Care), 반도체(KRX Semicon), 정보통신(KRX IT) 등 5개 섹터지수를 산출·발표하고 있다. 이 섹터지수가 바로 섹터 ETF의 벤치마크가 된다고 생각하면 된다. 현재 거래소에는 총 7개 섹터 ETF 상품이 상장돼 있는데 각각은 섹터지수를 정확하게 추종하고 있다.

물론 같은 지수를 벤치마크로 삼더라도 상품별로 아주 조금씩 수

(2006년 9월 말 기준)

펀드명	주종지수(벤치마크)	운용사
KODEX200	KOSPI200	삼성투자신탁운용
KOSEF	KOSPI200	우리크레디트스위스자산운용
KODEX KODI	배당지수	삼성투자신탁운용
KODEX KRX100	KRX100	삼성투자신탁운용
KODEX 스타	스타지수	삼성투자신탁운용
TIGER KRX 100	KRX100	미래에셋맵스자산운용
KODEX 은행	KRX Banks	삼성투자신탁운용
KODEX 반도체	KRX Semicon	삼성투자신탁운용
KODEX 자동차	KRX Autos	삼성투자신탁운용
KOSEF BANKS	KRX Banks	우리크레디트스위스자산운용
KOSEF IT	KRX IT	우리크레디트스위스자산운용
TIGER 은행	KRX Banks	미래에셋맵스자산운용
TIGER 반도체	KRX Semicon	미래에셋맵스자산운용

※ 자료 : 증권선물거래소

〈표 30〉 거래 중인 상장지수펀드의 종류

익률 차이를 보일 수는 있다. 운용사가 자사의 ETF 상품을 운용하는 방식이 다르기 때문이다. 가령 반도체지수를 따라간다고 해도 삼성전자를 편입시키는 비중은 조금씩 틀릴 수 있다.

특히 업종(섹터) ETF는 개별종목선정의 어려움 없이 유망업종 전체에 대해 투자할 수 있다는 장점이 있다. 가령 반도체 관련주가 오를 것으로 예상하지만 전부 투자하기에 돈이 부족한 투자자들은 반도체 관련 섹터 ETF를 사는 방법을 고려해볼 만하다. 혹시 주식투자를 하는 데 있어 향후 자동차 업종이 두각을 나타낼 것이라고 생각한다면 현대차, 기아차, 쌍용차, 현대모비스 등 자동차 관련주 모두를 사두는 것보다 자동차 섹터 ETF 상품인 KODEX 자동차를 거래소시장에서 장내매수하는 것이 훨씬 더 효율적일 것이다.

1억 만들기 & 2억 만들기

"**치열한** 재테크 전쟁을 벌인 지도 5년 가까이 된다. 나이도 서른 살을 훌쩍 넘어섰다. 팍팍한 시절이었지만 7000만 원이라는 어디 내놔도 손색이 없는 종자돈이 생겼다. 다만 연봉은 안 올랐는데 돈 들어갈 데가 엄청 많아진 게 큰 부담이다. 월 100만 원 확보가 갈수록 **빠듯**하기만 하다. 내년에는 결혼도 해야 되는데 종자돈 7000만 원이 정말 큰 도움이 될 수 있을지 모르겠다. 결국 부동산으로 가야겠지?"

좀 적극적으로 재테크를 하고 있다는 사람들은 보통 5000만 원 정도 모이면 부동산에 도전하기 시작한다. 대한민국 재테크 역사상 부동산 쪽에서 워낙 많은 성공사례가 나왔기 때문일 것이다. 그래서인지 아예 빌딩주인을 재테크 최종 목표로 삼는 사람도 부지기수다. 평생 상가임대료 받으면서 맘 편히 행복하게 살아가겠다는 포부다.

7000만 원을 모은 여러분의 개인 취향이겠지만 좀 더 주식시장을 이용하는 것도 나쁘지 않은 방법이다. 이제는 국내 주식형펀드에 올인하는 대신 혼합형, 채권형펀드에도 투자하고 선박펀드나 해외펀드 등에 눈을 돌려도 좋다. 비로소 제대로 된 포트폴리오 구성이 가능한 시기라고 할 수 있다. 하지만 부동산 투자를 반드시 시도하고 싶다거나 결혼 등을 앞두고 본격적인 내집마련에 돌입할 생각이라면 종자돈 7000만 원은 그리 적지 않은 규모라고 할 수 있다.

7000만 원으로 1억 원을 만든다는 건 수익 3000만 원, 수익률로는 42.8%를 올리는 재테크다. 또 대출 등을 곁들여 2억 원 상당의 아파트 분양에도 도전해 볼 수 있다. 이때에는 정확한 수익률을 계산하기 힘들다. 대출이라는 부채자산이 포함돼 있기 때문이다.

이번 장에서는 다양한 부동산 투자 방법을 소개하려고 한다. '억대'로 올라탄 이상 분명 한번쯤 시도해볼 만한 재테크이기도 하다. 세계적인 부자들의 사례를 봐도 결국 부동산 투자를 통한 재산 부풀리기 과정으로 발전하는 경우가 많다.

힘을 합쳐 이루는 꿈, 공동상가투자

2000년대 초반, 한때 직장인들 사이에서 '투잡스' 열풍이 불었다. 밤에 아르바이트를 뛰기도 하고 3~5명이 돈을 모아 고깃집을 하거나 커피전문점 등을 차리기도 했다. 하지만 망한 경우가 대부분이었다. 밤낮으로 일하는 게 쉬운 일이 아닌데다 막상 장사라는 것도 그렇게 호락호락하지는 않기 때문이다.

2003년을 기점으로는 '공동상가투자'라는 새로운 재테크 방식이 유행하고 있다. 친구들 또는 직장동료끼리 공동펀드를 마련해 시중 상가에 투자하는 것이다. 실패사례도 있지만 상가투자의 경우 장사와 달리 완전한 사기를 당하지 않는다면 자산가치가 있어 위험의 하방경직성은 상당하다는 평가다. 또 매입과정에서 어느 정도 수수료를 지불하고 전문가들의 도움을 받는다면 과정상 말도 안 되는 사기를 당할 확률은 매우 낮다고 할 수 있다.

최종목표는 매입한 상가에 프리미엄을 얹어 되팔아 차익을 챙기는 것이지만 상가임대를 통한 임대수입도 있어 현금흐름을 확보하는 보너스까지 있다.

신규분양 물량을 노려라

공동상가투자의 대상은 주로 아파트 단지 내 상가나 공매/경매로 나온 근린상가건물이 적합하다고 할 수 있다. 물론 근린생활시설 부지를 먼저 매입한 후 직접 상가를 신축하고 운영해 수익을 올리는 '공동시행형 투자방식'도 있지만 난이도가 너무 높아 직장인들이 도전하기엔 조금 힘들다.

또 상가투자의 경우 기존 상가를 이용할 수 있지만 이보다는 신규분양 또는 공매/경매 물량을 노리는 게 좋다. 기존 상가를 구입할 경우 이미 권리금이란 프리미엄이 붙어 있어 추가 수익을 올리기가 쉽지 않기 때문이다. 굳이 이 돈을 내면서까지 추가 리스크를 짊어질 필요는 없다. 또한 상가투자는 가게 하나에 투자하기보다 통째로 상가 전체를 구매해야 이익이 남는다. 전체를 한꺼번에 계약하면 실제 협상과정에서 가격할인 등 이점을 얻어내기가 쉽다.

그런데 이 모든 문제에 앞서 가장 중요한 문제는 역시 투자자금이다. 속된 말로 "뻔히 보고도 실탄이 없어서 투자 못했어"란 하소연이

나오게 되는 것이다.

서울 강북구에 사는 최진철(32) 씨는 지난 2004년 4월 친구 9명과 함께 한 신도시 S아파트 단지 내 상가분양에 도전했다. 본인은 7000만 원을 투자했고 친구 중 몇 명은 억대 투자를 한 경우도 있었다. 원래 총 분양가는 9억 4000만 원인데 분양금액을 조정해 9억 원에 상가전체를 공동명의로 분양받았다. 상가를 점검해보니 지상 1~2층에 연면적 102평, 점포는 총 7개였다.

친구들은 먼저 머리를 맞대고 7개 점포에 각각 어떤 가게를 유치할까 고민을 거듭했다. 임대수익 보장도 가능하면서 향후 상가매도 시 좀 더 높은 프리미엄을 받을 수 있게 하기 위해서다. 치열한 심사 끝에 슈퍼, 부동산, 미용실, 세탁소, 미술학원, 태권도장으로 업종을 구성했다.

호 수	업종	평수	분양가	보증금	월세
103호	슈퍼	24.2평	2억 2000만 원	8000만 원	280만 원
102호	부동산	12.1평	1억 1000만 원	5000만 원	130만 원
101호	미용실	12.1평	1억 2000만 원	5000만 원	140만 원
201호	세탁소	11.42평	9500만 원	2000만 원	50만 원
202호	미술학원	11.42평	9500만 원	2000만 원	50만 원
203, 204호	태권도장	15.57×2=31.14평	2억 6000만 원	5000만 원	190만 원

〈표 31〉 임대조건

1단지, 2단지 등 총 2개 단지로 구성된 S아파트는 총 680세대로 주로 20평, 30평형대가 대부분이다. 신도시 아파트의 독점 상가에다 주변에 초등학교, 중학교가 있어 업종선택에 특별한 어려움이 없었다.

상당히 운이 좋은 경우라고 할 수 있다. 주변에 까르푸가 있었으나 슈퍼마켓에 대한 필요성도 상당해서 큰 문제는 없었다. 경쟁 근린상가가 없다는 이점도 있어서 상가 점포간 중복업종도 없었다.

공동투자를 통해 매입한 이 상가는 2006년 3월 14억 원에 일괄 매도를 했다. 약 1년 11개월 전 9억 원에 이 상가를 분양받았으니 일반경비(취·등록세 기타 등 세금, 법무사, 세무사, 중개사 수수료, 광고비, 인건비 등) 10% 정도(1억 4000만 원)를 제외하고 3억 6000만 원의 수익을 올린 셈이다.

수익 계산법

그렇다면 이중 최진철 씨의 수익은 얼마나 될까.

먼저 3억 6000만 원에 대한 최 씨의 몫은 7.7%(=7000만 원/9억 원)에 해당한다. 따라서 실제로 받는 돈은 2772만 원(=3억 6000만 원×0.077)이 된다. 그러나 부동산의 경우 세금을 반드시 염두에 둬야 한다. 세금에 대한 이야기를 빼놓고는 절대로 부동산 수익을 논할 수 없기 때문이다.

먼저 이곳은 전체가 투기지역으로 지정되어 있기 때문에 모든 세금계산에 실거래가가 적용됐다. 특히 최 씨의 경우 2년 내 양도했기 때문에 40%라는 꽤 높은 세율을 적용받게 된다. 양도소득 기본공제를 제외한 과세표준에 세율을 곱하면 매각 수익이 확정된다.

최진철 씨의 수익

1) 14억[양도금액]−9억[취득금액]−1.4억[필요경비]=3.6억[양도차익]×7.7%=2772만 원

2) 2772만 원−250만 원[양도소득 기본공제]=2522만원[과세표준]−1109만

원[2772만 원×40%, 2년내 양도시 세율은 40%]=1413만 원

3) 1413만 원+1487만 원(23개월간 상가 월세수입)=2900만 원

양도소득세 계산하기

1. 양도소득세 계산하기

- 양도가액-(취득가액 + 필요경비)=양도차익
- 양도차익-(장기보유특별공제+양도소득 기본공제 연 250만 원)=과세표준
- 과세표준×양도세율=양도소득세 산출세액

2. 보유기간별 장기보유특별공제액

- 3년 이상~5년 미만 : 양도차익의 10%
- 5년 이상~10년 미만 : 양도차익의 15%(기준면적 미만의 고가주택은 25%)
- 10년 이상 : 양도차익의 30% (기준면적 미만의 고가주택은 50%)

3. 세율

- 2년 이상 보유 부동산 과세표준 1000만 원 이하 : 9%
- 2년 이상 보유 1000만 원 초과~4000만 원 이하 : 18%
- 2년 이상 보유 4000만 원 초과~8000만 원 이하 : 27%
- 2년 이상 보유 8000만 원 초과 : 36%
- 1년 이상 2년 미만 보유 부동산 : 40%
- 1년 미만 보유 부동산 : 50%
- 1세대 3주택 이상에 해당되는 보유 부동산 : 60%
- 미등기 부동산 : 70%

4. 필요경비

- 기준시가로 신고시 → 기준시가의 3% 공제(미등기는 0.3% 공제)
- 실거래가로 신고시 → 자본적 지출액 및 양도비용 등 실제 경비 공제

앞에서 알 수 있는 것처럼 최 씨의 공동투자상가 매각수익은 약 1413만 원이다. 하지만 여기에 고려해야 할 소득이 하나 더 있다. 바로 임대를 통한 월세수입 부분이다.

이 상가의 경우 한 달 총 월세수입은 840만 원으로 23개월간 벌어들인 수입은 1억 9320만 원이다. 여기에 대한 최 씨의 몫도 7.7%이기 때문에 최 씨가 그간 받은 임대수입은 1487만 원이 된다. 결국 최 씨가 약 2년간 공동상가투자를 통해 벌어들인 총 수익은 2900만 원(=1413만 원+1487만 원)이 된다. 초기 투자금 7000만 원을 고려하면 총 수익률은 41.4%가 된다. 연수익률로 보면 20%가 넘는 놀라운 수익을 올린 셈이다.

이번 공동상가투자는 정말 최선의 사례다. 일단 신규분양 때부터 성공적인 협상이 이뤄졌고 경쟁상가가 없다는 점도 매각시 프리미엄을 높이는 데 일조했다. 만약 이 정도 상가투자를 진행했다면 1억 만들기는 상당히 편하게 이뤄질 수 있을 것이다. 월 투자액을 100만 원이 아니라 50만 원으로 줄인다고 해도 2년 정도면 1300~1400만 원 정도를 모을 수 있을 테니까 부동산 투자수익까지 합치면 1억을 훌쩍 넘기게 된다.

상가공동투자시 유의할 점

분명 상가공동투자는 참가자의 자금 크기를 좀 더 키워 투자자 수를 최소로 줄이는 게 좋다. 처음 사업을 추진할 때도 그렇고 상가 운영에 있어서도 투자자 수가 많으면 비효율적이라는 게 전문가들의 조언이다. 어떤 면에서는 투자금 7000만 원도 작은 편이다. 5000만 원 이상이면 해볼만하다고 하지만 10명 이상이 되면 사업추진속도가 떨어져 현실성은 크게 떨어진다.

최 씨는 성공적인 상가공동투자의 전형을 모두 갖고 있는 케이스라고 할 수 있다. 최근에 와서는 부동산 경기가 침체 조짐을 보이고 있어 상가공동투자를 통한 목표수익률은 연 15% 이하로 잡는 게 현실적이다. 또 팀(team) 내에 상당한 전문가가 포함돼 있지 않다면 총 투자금이 20억 원이 넘는 대형 테마상가는 피하는 게 좋다. 상권분석과 분양전망예측도 어렵고 무엇보다 점포를 일괄 매입한다는 게 불가능하기 때문이다. 조직폭력배나 기타 예기치 않는 투자위험이 발생할 확률도 높다.

어떤 점포를 유치할 것인가도 매우 중요하다. 먼저 중복업종을 피하는 것이 좋고 주변환경과 맞물려 장사가 잘 될 만한 가게를 유치해야 한다. 향후 성공적인 상가매각 여부도 결국 상가 안에 장사 잘 되는 가게가 많을수록 유리하기 때문이다.

마지막으로 반드시 체크해야 할 부분이 있다. 점포를 한꺼번에 여러 개 구입하기 때문에 상가공동투자는 분양가를 낮출 수 있고 위험 부담도 줄일 수 있는 등 많은 장점을 갖고 있지만 자칫 친구나 친척, 직장동료, 동창 사이가 원수로 돌변하는 사례도 많다.

가령 어떤 친구는 매일 상가에 가서 체크하고 관리하는데 또 다른 친구는 나 몰라라 무임승차하는 상황이 발생하기도 한다. 그런데 이런 작은 불만들이 쌓여 막판 수익배분시 치명적 분쟁으로 발전하게 되는 경우가 비일비재하다. 따라서 공동투자를 할 때는 반드시 소유지분관계나 개발이익의 분배사항 등을 문서상에 아주 '구체적'으로 남겨놓은 뒤 공증 사무서를 통해 공증해둬야 한다. "한 달에 몇 회 이상은 돌아가면서 책임관리해야 한다"는 식의 조항도 필요할 것이다.

전세 끼고 아파트 구매하기

상당히 많은 직원들이 경영학석사(MBA)를 간다고 알려진 모 대기업에서는 유학을 떠나기 전 먼저 전세를 떠안고 집을 사두는 게 유행이라고 한다. 2년 뒤 유학을 마치고 돌아와 그 집에서 살려는 건 아니더라도 우리나라 집값 상승세가 도대체 꺾을 기미가 보이지 않아 일단 집부터 사둔다는 취지다. 또 수익성은 예측하기 힘들지만 최악의 경우 자신이 직접 들어가서 살면 되니까 안정성도 보장되는 재테크이기도 하다.

S통신사의 김민성 대리 역시 이를 통해 꽤 짭짤한 수익을 올린 경우다. 본인은 요즘도 "유학 중 생활비는 다 뽑았다"며 자랑하곤 한다. 김 대리는 지난 2002년 유학을 떠나기 전에 종자돈 6000만 원을 투자해 용산구에 있는 30평형대 아파트를 2억 3000만 원에 구입했다. 물론 기존 전세를 떠안았다. 당시 이 아파트의 전세금은 1억 7000만 원으로 김 대리는 집주인에게 자신의 돈 6000만 원만 주고 집을 살 수 있었다. 특히 떠나기 직전 세입자의 간절한 부탁으로 3년 전세계약까지 맺은 터라 편한 맘으로 공부에 몰두할 수 있었다.

그로부터 2년 후. 유학을 마치고 돌아온 김 대리는 국내 부동산 시장이 들썩이는 것을 직감했다. 이후 1년 더 기다린 뒤 또 다시 전세를 끼고 집을 사기 원하는 사람에게 집을 팔기로 결정했다. 전세금은 1억 8000만 원, 그리고 아파트 가격은 3억 원으로 오른 상태였다.

김 대리는 먼저 새로운 세입자에게 1억 8000만 원을 받아 이 중 1억 7000만 원을 기존 세입자 전세금으로 빼주었다. 또 자신의 집을 전세를 끼고 사려는 다른 투자자에게 3억 원에 넘기는 과정에서 기존 전세금 1억 8000만 원을 제외한 1억 2000만 원에 넘겼다. 결국 전세금 차익 1000만 원과 집값상승 차익 6000만 원(=1억 2000만 원- 초기 투자금 6000만 원)을 합쳐 7000만 원을 남긴 셈이다. 세금을 빼면 김 대리의 수익은 약 6000만 원에 달했다. 6000만 원을 투자해 3년 만에 6000만 원을 벌었으니 연 수익률이 30%가 넘는 정말 대단한 성공을 거둔 것이다.

전세가는 매매가의 60% 이상

하지만 전세를 떠안고 집을 사는 부동산 투자는 현 시점에서 그렇게 낙관할만한 일은 아니다. 이미 국내 집값이 오를 만큼 오른 상황이기 때문이다. 이 투자법의 핵심포인트는 매매가격이 이미 크게 오른 지역은 투자대상에서 제외하는 것인데 어느 곳 하나 만만하지가 않다. 매물이 나왔다고 해서 옳거니 돈을 투자할 게 아니라 좀 더 신중해야 한다.

먼저 투자 목적으로의 구입이라면 반드시 수익성에 대한 옥석 고르기가 필요하다. 요즘 집값은 무조건 오른다고 하지만 반대로 전세를 안고 투자한 아파트 값이 떨어지기라도 하면 투자계획 전반에 큰 차질이 빚어진다. 때문에 일부 전문가들은 "강남아파트야말로 전세를 떠안고 집을 사는 가장 좋은 투자처"라며 "지금 상황에서는 강남밖에 없다"고 강조한다. 무엇보다 강남이 매력적인 것은 집값 상승세에 대한 보장이 있고 전세를 급하게 빼줄 때에도 수요가 높아 자금동원에 문제가 없기 때문이다. 하지만 강남지역에는 매물이 없는데다 워낙 집값이 높아 웬만한 종자돈으로는 도전하기 힘들다.

구입 당시 매매가격 대비 전세가 비율이 높아야 한다는 점도 체크해야 한다. 앞서 김 대리는 정말 운이 좋은 경우였다. 구입한 아파트 전세금이 집값의 80%에 달했기 때문이다. 하지만 요즘 들어 이런 매물을 찾기는 어렵다. 요즘 30평형대 아파트 가격대는 4억 원부터 8억 원까지 넓게 퍼져 있는데 종자돈 7000만 원 수준으로는 거의 불가능하다고 봐야 한다. 20평형대는 가능하지만 집값 상승폭이 워낙 적어 투자가치는 없다고 봐야 한다. 그렇다면 최소한 1억 원 이상은 갖고 나서야 한다는 결론이다.

또 대출까지 도전하는 건 그렇게 추천할만한 방법은 아니다. 확실한 집값 상승이 예상된다면 대출까지 얻어서 매입에 나서야겠지만 대출까지 떠안을 필요는 없다. 무엇보다 직접 살 집이 아니기 때문이다.

구분	등록세	취득세	교육세	농어촌특별세
매매	취득가액의 1%	취득가액의 1%	등록세액의 20%	취득세액의 10%
신축	취득가액의 0.8%	취득가액의 2%	등록세액의 20%	취득세액의 10%
상속	취득가액의 0.8%	취득가액의 2%	등록세액의 20%	취득세액의 10%
증여	취득가액의 1.5%	취득가액의 2%	등록세액의 20%	취득세액의 10%
교환	취득가액의 2.0%(개인간 1.5%)	취득가액의 2%	등록세액의 20%	취득세액의 10%

※ 2006년 9월 1일 거래세인하조치 반영

〈표 32〉 부동산 취득시 내야 하는 세금

재건축과 재개발, 두 마리 토끼를 잡아라

부동산에 관심이 많다고 하는 사람들도 '재건축'과 '재개발'의 차이에 대해서 명확히 모르는 경우가 많다. 하지만 본격적인 부동산 투자를 노리는 사람이라면 재건축과 재개발의 과정과 장단점이 입에서 술술 나와야 할 정도가 되어야 한다. 무엇보다 현금 1억 원 이상의 실탄을 갖고 뛰어들 생각이라면 재건축과 재개발은 정말 중요한 투자수단이 된다.

둘 다 '다시 짓는 것'을 말하지만 재건축은 기존 건물을 허물고 다시 짓는 것을, 재개발은 기존 지역(땅)을 파헤쳐 다시 짓는 것을 의미한다. 또 재건축은 조합구성원이 건물소유자로 한정되기 때문에 재개발보다 진행절차가 빠르다는 특징이 있다.

재건축투자, 타이밍과 지분율의 예술

재건축은 쉽게 생각해 헌 아파트를 허물고 새 아파트를 짓는 것이기 때문에 당연히 가격이 올라간다. 또 평수도 커질 수 있다. 이런 이유 때문에 한 아파트에 대해 재건축 허가가 떨어지면 집값은 무섭게 폭등하기 시작한다. 그렇다면 과연 재건축아파트의 투자 포인트는 어디서 찾을 수 있을까.

첫째는 바로 타이밍이다. 재건축 아파트는 언제 투자하는가에 따라 수익이 완전히 다르다. 보통 재건축은 추진위원회가 구성되고 재건축 결의가 이뤄지면 안전진단을 거친다. 이어 창립총회, 조합설립인가, 시공사 선정을 거쳐 사업계획승인이 떨어지면 이제 관리처분계획인가가 나온다. 여기까지 마무리 되면 이제 주민들이 이주하고

〈그림 10〉 재건축 아파트 사업과정

건물을 부수고 본격적인 공사가 시작된다.

　보통 재건축 아파트는 재건축추진위원회가 구성됐다는 뉴스에 일단 한번 출렁거린다. 하지만 아직은 위험하다. 척척 진행되는 재건축도 있지만 최악의 경우 안전진단 통과하는 데만 몇 년이 걸릴 수도 있다. 이럴 경우 성급하게 대출까지 받아서 미리 아파트를 구입했다간 자금이 완전히 묶이는 상황에 빠진다. 보통 조합설립인가 시점이나 시공사 선정 이후에 투자하는 게 일반적이다. 그러나 이 시기는 이미 재건축이 거의 확정된 시점이기 때문에 프리미엄이 엄청 붙어 있음을 감수해야 한다.

재건축아파트 투자의 또 다른 체크포인트는 바로 지분율(무상지분율)이다. 지분율은 헌 아파트를 헐고 새 아파트로 다시 지을 때 돈을 부담하지 않고 받는 면적비율을 말한다. 예를 들어 재건축 전 아파트 등기부의 대지지분이 30평이라고 할 때 지분율이 150%라면 재건축 후 45평 아파트를 추가부담 없이 받을 수 있다는 뜻이다. 만약 지분율이 100%라면 재건축 후에도 30평형 아파트에 입주할 수 있다. 가령 45평형을 원한다면 추가 15평에 해당하는 추가부담금을 내야만 한다. 결국 지분율이 높을수록 투자 수익성은 월등하게 높아진다고 할 수 있다.

지분율 계산법

무상지분율 계산방법은 크게 3단계로 나눠볼 수 있다.

우선, 총 분양수입에서 직간접 공사비를 빼 개발이익을 산출한다. 둘째, 총 개발이익을 기준이 되는 평당분양가로 나눠 개발평수를 구한다. 셋째, 개발평수를 다시 총 대지면적으로 나누고 100을 곱하면 무상지분율이 최종적으로 도출된다.

하지만 재건축 추진 초기단계에서 지분율을 정확히 산출하는 것은 불가능하다. 용적률이나 공사비 등에 따라 개발이익이 크게 달라지기 때문이다.

재건축아파트 투자를 위해 해당 아파트 근처 중개업소들을 찾아가 보면 알겠지만 이들은 재건축의 원활한 추진이나 매매알선을 위해 지분율을 지나치게 높게 산출해서 알려준다. 따라서 이들이 제시하는 지분율을 액면 그대로 믿어서는 안 된다. 특히 최근에는 용적률을 낮추고 그 대신 공원 등 부대시설 확보를 의무화해 아파트 부지면적을 줄이고 있어 지분율이 점차 낮아지고 있다는 점을 고려해야 한다. 그런데 이 지분율을 미리 예측하는 것도 상당히 어렵다. 재건축 추진 초기에 개발이익을 확정 짓기가 매우 어렵기 때문이다.

결국 재건축아파트 투자는 타이밍과 지분율 예측에 있어 남다른 분석 능력과 정보력 및 정보 해석력, 판단력 등을 겸비해야 한다고 할 수 있겠다.

재개발아파트 투자, 시행절차부터 이해하자

어린 시절 종종 "지금 살고 있는 우리 동네가 재개발된다"는 이야기를 들어봤을 것이다. 참 많이 들어본 단어지만 막상 재개발이 뭔지를 설명하기는 상당히 힘들다.

재개발사업은 지역 내 정비기반시설이 열악하고 노후 건물이 밀집한 지역을 종합적으로 개발하는 사업형태를 말한다. 이 재개발지구에 집이나 토지를 갖고 있으면 조합원의 자격이 생겨 아파트 분양권을 받는다. 청약통장이 필요 없고 평형 배정, 동/호수 추첨에 우선권이 있다는 장점이 있다.

조합원이 아닌 경우 일반적 투자법은 재개발아파트에 청약통장을 사용해 건설업체의 일반분양을 받는 형태다. 하지만 이는 투자라기보다 단순한 내집마련에 가깝다. 분양가도 특별히 싼 것도 아니고 로

열층은 이미 조합원들이 선점했기 때문이다. 결국 재개발아파트에 투자한다는 것은 기존 조합원 지분을 매입해 조합원 자격을 취득한다는 건데 이게 단순하게 생각할 사안이 아니다.

일단 한 지역을 모두 갈아엎어서 완전히 재개발한다는 자체가 정말 엄청난 시간을 필요로 한다. 속된 말로 "비싼 돈 내고 조합원 되고 나서 10년 기다렸는데 아직도 소식 없다"는 이야기가 아주 당연하게 여겨진다. 그러나 언제 사업시행 인가가 떨어질까 기다리다 지친 기존 조합원의 지분을 낚아채 2년 만에 투자수익을 벌어들이는 경우도 많다. 결국은 모두가 치열한 두뇌싸움이라고 할 수 있겠다.

먼저 머릿속에 집어넣어야 할 기본 투자공식은 '사업시행 인가단계에서 투자하라'는 것이다.

이에 앞서 일반적인 재개발사업의 시행 절차를 숙지하는 게 좋다. 이 단계만 정확히 알아도 언제 배팅해야 할지 분석이 가능해진다. 시행절차는 크게 계획단계와 시행단계, 관리처분단계, 완료단계의 4단계로 나뉜다.

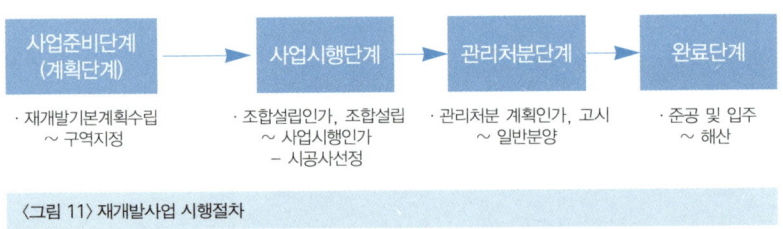

〈그림 11〉 재개발사업 시행절차

계획단계는 재개발기본계획의 수립과 여건분석, 구역지정신청, 도시계획위원회 심의, 재개발구역 지정고시, 재개발사업 입안결정 등의 순으로 진행된다.

다음 시행단계에서는 비로소 사업시행 주체가 결정된다. 또 토지 소유자들의 동의를 거쳐 재개발 조합이 설립된다. 이어 시장, 군수, 구청장 등이 사업시행인가 및 고시를 하게 되고 손실보상과 토지수용 등이 이뤄지면 공사(철거)가 착공된다. 이후 조합원 분양신청이 접수되고 관리처분 계획인가 및 고시작업이 마무리 되면 이제 일반분양을 개시한다. 본격적인 아파트 신축 공사도 시작된다. 마지막 단계인 완료단계는 아파트 건축이 마무리되고 입주가 시작되는 과정이다. 조합해산과 함께 기나긴 재개발 여정은 마치게 된다.

그러나 다시 한 번 말하지만 재개발아파트 투자는 참 많은 변수가 있다. 시간도 엄청 오래 걸린다. 보통 시행단계 중 토지 보상과 수용 과정이 끝나고 철거공사가 시작되는 시기라면 안정적 투자가 가능하지만 확신은 금물이다. 이 순간부터 실제 관리처분계획인가 및 고시가 이뤄질 때까지 수년을 기다려야 할 때도 많다.

일반분양과 특별분양

우리가 보통 "아파트를 분양받았다"라고 하면 이것은 바로 일반분양을 가리킨다. 청약통장 준비하고, 아파트 청약해서 당첨 받고, 중도금 상환하면서 나중에 입주하는 과정을 거친다.

하지만 분양에는 일반분양뿐 아니라 특별분양이라는 것도 있다. 서울시, 지자체 등에서는 대부분 도시계획사업(공원조성, 주차장건설, 도로확장 등의 공공사업)을 실시하게 되는데 사업을 시행하다 보면 사업지구에 있는 주택을 철거하는 과정을 거치게 된다. 이 과정에서 철거가옥 또는 철거주택 주민에게 생존권 보장을 위해 택지개발지구 아파트 입주권을 주는데 이를 특별분양이라고 한다. 이 특별분양은 상대적으로 경제적 여건이 좋지 않은 철거민들을 대상으로 하기 때문에 평당 분양가가 일반 분양보다 50~60% 저렴하고 주택대출도 70%까지 가능하다. 다양한 배려를 해주는 것이다.

'서울특별시철거민 등에 관한 국민주택 특별공급규칙'에 의해 철거되는 주택이 40제곱미터 이상이면 33평형 아파트를, 40제곱미터 이하면 25평형 아파트를 특별분양 받을 수 있다. 가령 서울 상암1지구를 보면 특별분양 당시 기존 철거주택 주민들은 평당 550~600만 원선에 분양을 받을 수 있었다. 참고로 지금 이 곳의 33평 아파트 시가는 5~6억 원에 달하니 엄청난 투자수익이 가능했을 것이다.

분명 아무나 특별분양을 받을 수는 없다. 그러나 소위 '부동산 재테크의 귀재'라는 사람들은 사전에 철거예정가옥을 상대적으로 높은 가격에 매입해 등기이전을 받고 철거민 자격을 얻기도 한다. 얼핏 부동산 투기의 전형적 행태로 보이지만 여기까지는 적어도 합법이다. 하지만 철거민들이 이미 접수한 입주권을 거래하는 것은 명백한 불법이다. 따라서 특별분양 투자에 도전하려고 한다면 반드시 철거고시 이전에 실행에 옮겨야 한다.

구분	일반분양	특별분양	비고
입주자선정	청약 대상자 전산 추첨	100% 입주	우선 공급
평당 분양가			특별분양이 일반분양의 50%
계약금	20%	15%	선 시공, 후 분양
중도금	60%	없음	
잔금	20%	입주시 납부	
주택대출	45~50%까지 가능	70%까지 가능	
투자 수익률	시세 수준의 분양가로 시세 차익이 적음	일반분양보다 매우 높은 수익률	

〈표 33〉 일반분양과 특별분양의 비교

재개발아파트 조합원 딱지를 갖고 성공한 투자자들 중에는 조합원 사무실도 찾아가보고 조합장에게 술도 사주면서 진행 상황을 파악하는 사람들이 많다. 왜 사업절차가 빨리 진행되지 않는가 고민하고 해법을 찾으려는 사람도 있다. 모두 어설픈 기대감에 어렵게 모은 종자돈 1~2억 원을 수년간 묶어두는 위험을 피하기 위해 애쓰고 있는 것이다. 부동산 투자만큼 거저먹기 어려운 것도 없다는 생각이다.

토지경매에 도전하라

혹시 주위에서 주택경매나 토지경매로 큰돈을 벌었다는 사람을 만나본 적이 있는가. 정말 그 사람이 친한 사람이라면 분명 한 가지 특징을 발견할 수 있을 것이다.

바로 경매에 앞서 엄청난 발품을 판다는 것이다. 단순한 발품이 아니다. 해당 주택이나 아파트를 직접 찾아가 동네 사람들과 이야기도 나눠보고 부동산업자에게 비싼 돈 들여가며 그 지역에 대한 정보도 얻어내는 노력을 거쳤을 게 분명하다.

몇년 전 주택경매로 400만 원에서 시작해 2억 원의 자금을 모았다는 사람이 화제가 된 적이 있다. 2년 동안 10번이나 사고팔기를 반복했다고 하는데 직접 몇 번씩 찾아가 자신의 눈으로 경매 물건을 확인하고 또 확인한 게 투자성공의 비결이었다고 한다.

하지만 최근 부동산경매 중 아파트경매는 쉽게 도전할 사안이 아니다. 수익가치가 확실한 물건들은 경매에 나와 있어도 최저 입찰가격이 이미 워낙 높게 설정돼 있기 때문이다. 결국 1~2억 원선의 종자돈으로 시도해 볼 수 있는 부동산경매는 아파트경매보다는 토지경

모 신문에 실린 아파트경매 관련정보

다음은 한 경제신문에 실린 아파트 경매에 관한 정보다. 경매정보는 조금만 관심을 기울이면 어렵지 않게 얻을 수 있다. 하지만 중요한 것은 결국 수익성이다. 집값이 오를지 내릴지, 대부분 부동산 재테크의 핵심은 이 하나로 집약된다. 경매도 마찬가지라고 할 수 있다. 다만 아파트경매는 초기 투자금이 너무 많이 들어 웬만한 사람은 시도하기 어렵다는 단점이 있다.

▶강남구 대치동 56평형 아파트
서울시 강남구 대치동 511번지 ○○아파트 212동 203호가 경매에 나왔다. 총 1232가구 규모로 지난 84년 준공됐다. 해당물건은 14층 건물의 2층으로 방이 3개다. 지하철 분당선 대모산입구역이 걸어서 7분 거리. 대곡초 개원중 중대부고 등 학교시설이 가깝다. 롯데백화점, 삼성서울병원 등 편의시설도 잘 갖춰져 있다. 최초감정가 18억 원에서 첫 매각이 진행된다. 현재 시세는 22억~25억 원선. 입찰은 다음달 1일 서울 중앙지법 경매3계. 사건번호 05 45057.

▶강남구 논현동 33평형 아파트
서울시 강남구 논현동 105번지 ○○아파트 5동 1009호가 입찰에 부쳐진다. 지난 86년 준공된 단지로 548가구로 이뤄져 있다. 해당물건은 14층 건물의 10층으로 방이 3개다. 지하철 7호선 강남구청역에서 도보 7분 거리. 영동고등학교 등 학교시설과 강남 차병원, 갤러리아백화점, 도산공원 등 편의시설을 이용할 수 있다. 최초감정가 5억 8000만 원에서 첫 입찰이 진행된다. 현재 시세는 7억 7000만~8억 원선. 경매는 다음달 3일 서울 중앙지법 경매4계. 사건번호 05 42676.

구분	입찰장소	사건번호	소재지	면적	감정가	최저입찰가	준공년도	입찰일
아파트	중앙1계	05-48544	서초구 서초동 ○○아파트 B1803호	90평형	260,000	208,000	03년	8월8일
아파트	중앙1계	05-43679	동작구 본동 ○○아파트 101동 402호	33평형	35,000	28,000	99년	8월8일
아파트	동부5계	05-15431	강동구 명일동 ○○주공 905동 1204호	31평형	43,000	34,400	86년	8월7일
아파트	성남1계	06-3044	분당구 금곡동 ○○아파트 809동 404호	47평형	83,000	83,000	95년	8월7일
아파트	의정8계	05-56714	남양주시 도농동 ○○아파트 306동 702호	45평형	36,000	28,800	01년	8월2일
연립	중앙4계	05-29857	서초구 방배동 ○○빌라 401호	33평형	27,000	21,600	03년	8월3일
연립	중앙3계	05-43549	강남구 논현동 ○○빌라 101호	23평형	17,000	13,600	92년	8월1일
연립	남부2계	05-28683	강서구 화곡동 ○○빌라 라동 402호	22평형	10,000	8,000	00년	8월7일
주택	중앙4계	05-18406	강남구 논현동 ○○-××	64/98	92,936	74,349	89년	8월3일
주택	동부5계	05-16281	광진구 자양동 ○○-××	62/120	68,753	55,002	87년	8월7일
주택	고양1계	06-346	일산구 대화동 ○○-××	71/175	60,700	48,560	95년	8월8일
토지	고양1계	05-7913	파주시 검산동 ○○-××	330평	15,260	12,208		8월8일
토지	수원5계	05-53695	화성시 마도면 도곡리 ○○-××	537평	26,787	21,429		8월8일
토지	평택1계	05-12306	평택시 청북면 후사리 ○○-××	861평	25,982	25,982		8월8일

※ 자료 : 법무법인 산하 경매사업팀

〈표 34〉 추천경매물건

매라고 할 수 있다. 서울 송파구 송파동에 거주하는 최전일(38) 씨도 토지경매에 도전해 기대 이상의 성과를 얻은 경우다.

전원주택 구입의 꿈이 있었던 최 씨는 약 1억 원 정도로 300평 내외의 땅을 매입하기를 희망하던 중 경매 물건으로 나온 강원도 횡성군 서원면에 위치한 땅이 눈에 들어와 토지경매에 도전하기로 결심했다. 대지 296평으로 처음 경매가격은 1억 1700만 원에 나왔는데 이미 한차례 유찰돼 8200만 원에서 2차 입찰을 기다리고 있었다. 바로 차를 몰고 해당 지역으로 달려간 최 씨. 당시 회사에서는 '제2의

도약'을 위한 과장급 아이디어 회의가 계속됐지만 고민 끝에 하루 월차를 냈다.

주변환경은 나무랄 데가 없었다. 종합 리조트 단지인 '○○오크밸리'가 자동차로 채 10분도 걸리지 않았지만 유독 이 땅만큼은 개발의 손길을 찾을 수 없는 '청정구역' 이었다. 시세를 알아보니 매물이 없어서 그렇지 평당 40만 원대는 족히 줘야 한다는 것이었다. 최 씨는 순간 개발이 안 된 이유는 바로 경매 때문이란 걸 알아차렸다. 경매를 풀어주면 토지도 자연스럽게 제값으로 튀어 오를 것을 확신했다.

2006년 5월 2차 입찰에 참가한 최 씨는 주저 없이 최저입찰가인 8200만 원보다 800만 원을 더한 9000만 원을 썼다. 그리고 결국 물건을 낙찰 받았다. 대규모 전원주택단지로 조성된 땅으로 용도는 이미 대지로 변경된 상태고 도로도 잘 닦인 땅을 평당 30만 원에 손에 쥔 순간이었다.

특히 이번 경우처럼 전원주택 부지가 경매로 나온 경우 대부분 인·허가 과정을 거쳤다는 점이 장점이라고 할 수 있다. 토목 공사까지 완료된 터라 임야 상태에서 토지를 구입하는 것보다 시간과 비용을 절감할 수 있어 더 경제적이었다.

토지경매의 성공 십계명

이런 경매관련 성공사례들이 주변에서 자주 발견되자 너무나 쉽게 "땅 좀 보러 다닐까"라는 말들을 한다. 그러나 땅투자만큼 어려운 부동산 투자도 없다. 안 그래도 어려운 부동산 재테크 중에서 정말 최고수들만이 공략하는 게 바로 땅투자라고 해도 과언이 아니다.

토지경매도 땅투자와 크게 다르지 않다. 가격이 좀 낮다 뿐이지 위험성은 거의 똑같다. 또 최근에는 여기에 토지거래 허가 조건이 강화되는 경향이 짙어 토지시장의 미래는 더 불투명해지고 있다. 하지만 위험 속에 대박이 존재하는 법이다. 몇 가지 식별요령만 터득한다면 대형 사고는 피해 갈 수 있다.

① 발품을 팔고 또 팔아라

아파트 등과 달리 토지는 정형화된 가격이 없다. 동일지역 물건이더라도 입지에 따라 가격이 천차만별이다. 현장 답사를 거치지 않고는 물건의 진면목을 알 수 없다.

현장활동을 등한시하고 사후에 후회하는 경우가 참으로 많다. 현장조사할 시간이 없다면 아예 참여할 생각을 갖지 않는 게 남는 장사다. 경매는 결코 요행의 산물이 아니다.

② 권리분석을 철저히 하라

토지는 주택처럼 임차인이 없어 낙찰 후 별도 부담이 없다는 장점이 있다. 아파트경매의 경우 기존에 살고 있는 사람들이 큰 부담이 되기 때문이다. 하지만 토지경매도 법정지상권, 분묘기지권, 공유지분, 입목등기 등 온전한 재산권 행사의 걸림돌이 없는지 꼼꼼히 따져야 한다. 또 유찰이 잦은 물건은 싸다고 덥석 물면 안 된다. 반드시 곡절이 숨어 있다. 가시가 숨어있을 수 있음을 기억하라.

③ 공부와 현황이 일치하는지 확인하라

반드시 현장답사를 통해 공부상의 내용과 실제 현황이 일치하는지 확인해야 한다. 지목(地目)은 밭인데 실제는 대지로 사용하는 경우가 매우 흔하다. 또 경계나 면적이 일치하지 않는 경우도 많다.

④ 농지취득자격증명 발급여부를 확인하라

경매의 장점은 토지거래허가구역일지라도 따로 허가를 받지 않아도 된다는 점이다. 대신 논, 밭, 과수원 등 농지는 매각결정 기일까지 농지취득자격증명을 법원에 제출해야 한다. 만일 농지취득자격증명을 기한 내 제출하지 못하면 낙찰은 불허가되고 법원에 따라서는 보증금이 몰수 될 수도 있다는 점을 명심해야 한다.

⑤ 시장흐름에 귀를 기울여라

시장흐름을 예의 주시할 필요가 있다. 정부정책이 시장에 미치는 효과를 간과하면 낭패를 볼 수도 있다. 8·31 부동산 안정대책 등 정부정책이 토지시장에 미치는 파장을 잘 읽어야 한다. 남들은 내리는데 자칫 막차를 탈수도 있기 때문이다.

⑥ 기다리고 또 기다려라

만약 토지를 다른 용도로 사용하지 않고 되팔아서 차익을 남기려는 경우라면 많은 인내심이 필요하다. 낙찰 받고 나면 최소 3년에서 5년은 맘 편하게 기다릴 각오를 하고 있어야 한다. 땅은 내가 팔고 싶다고 팔리지 않는다. 임자를 만나야 팔린다. 때가 무르익어야 하는 것이다. 인내심 속에 수익률이 익어간다는 사실을 기억하자.

⑦ 공법상 제한사항을 확인하라

해당 토지에 어떤 법률이 적용되고 있는지 알아야 한다. 개발제한

구역, 군사시설보호구역, 상수원수질보전특별대책지역, 토지거래허가구역 등은 대표적인 제한사항이다. 60개 법률에서 164개의 지역(또는 지구)이 토지 이용 규제대상으로 지정되어 있는 게 현재 대한민국 토지이용의 현 주소다. 토지이용계획확인서 상에 '해당 없음'이란 문구를 확인해야만 안심할 수 있다.

⑧ 반드시 여윳돈으로 투자하라

땅은 주거용 부동산과 크게 다르다. 아파트 투자의 경우 전세나 월세로 투자금의 일부를 조금이나마 회수할 수 있지만 땅은 이런 안전장치가 전무하다. 바꿔 말해 땅은 팔릴 때까지 꼬박 돈이 묶인다고 생각해야 한다. 무리한 대출을 받아 투자에 나설 경우 시장 환경이 급변하면 아주 짧은 시간에 처절하게 무너지게 된다. 토지경매로 자신의 땅을 내놓아야 할지도 모른다.

⑨ 혐오시설을 확인하라

혐오시설은 절대적으로 땅의 가치를 떨어뜨린다. 또 쉽게 옮길 수도 없어 근처에 혐오시절이 위치해 있을 경우 여러분의 토지는 투자 수요가 한정돼 팔고 싶을 때 팔 수 없게 된다. 가령 근처에 있는 축사로 인해 목가적인 전원생활이 고통스런 시골생활로 변할 수도 있다. 인근에 화장장이나 장례식장, 축사, 고압선 철탑, 폐기물 소각장 등은 없는지 확인해야 한다.

⑩ 법원감정가를 재감정하라

토지경매에서 보증금을 날리는 사고의 흔한 유형이지만 우리가 크게 간과하는 사실이 있다. 바로 법원감정가를 시세로 오인해 자신 있게 낙찰 받는 경우다. 법원감정가는 감정가일 뿐 시세는 따로 있다는 점을 기억해야 한다. 실제로 개발호재지역이 아닌 경우 대부분은 감정가가 시세보다 높다는 점을 유념하자.

2030 무주택자, 내집마련 프로젝트

친한 선배 한 명은 '내집마련'을 종자돈의 마지막 제 몸 불사르기라고 표현하곤 한다. 보통 샐러리맨이 종자돈을 키우고 불려 멋지게 사용하는 마지막 사용처가 내 집을 장만한다는 뜻이리라. 분명 내집마련 프로젝트는 '재테크의 꽃'이다. 많은 재테크 고수들도 자기 집을 확보하고 난 뒤 더 많은 자신감이 붙었다고 한다.

이번에는 내집마련을 위한 전반적인 개념을 잡기 위해 필요한 정보를 제공하려고 한다. 사실 집 장만이라는 것이 워낙 개인 상황에 따라 다르기 때문에 일일이 설명하는 게 불가능하고, 크게 보면 몇 가지 방법으로 한정돼 있기 때문에 구체적인 테크닉은 생략하기로 한다.

속된 말로 "돈이 없어 못 사지 집이 없어 못사냐"고 한다. 사실이다. 지금까지 여러분은 돈 모으는 방법을 익혀왔기 때문에 이제 이 돈으로 어떤 방식으로 내 집을 마련할지 고민하면 될 것이다.

일단 청약통장 소유 여부로부터 출발해 현재 사용되는 다양한 아파트 장만 기법을 가지치기 형식으로 만들어 이야기를 풀어나간다. 하나씩 따라가면서 자신이 어디에 속하는지 살펴보고 여기에 맞는 전략을 세워 추진하면 될 것이다.

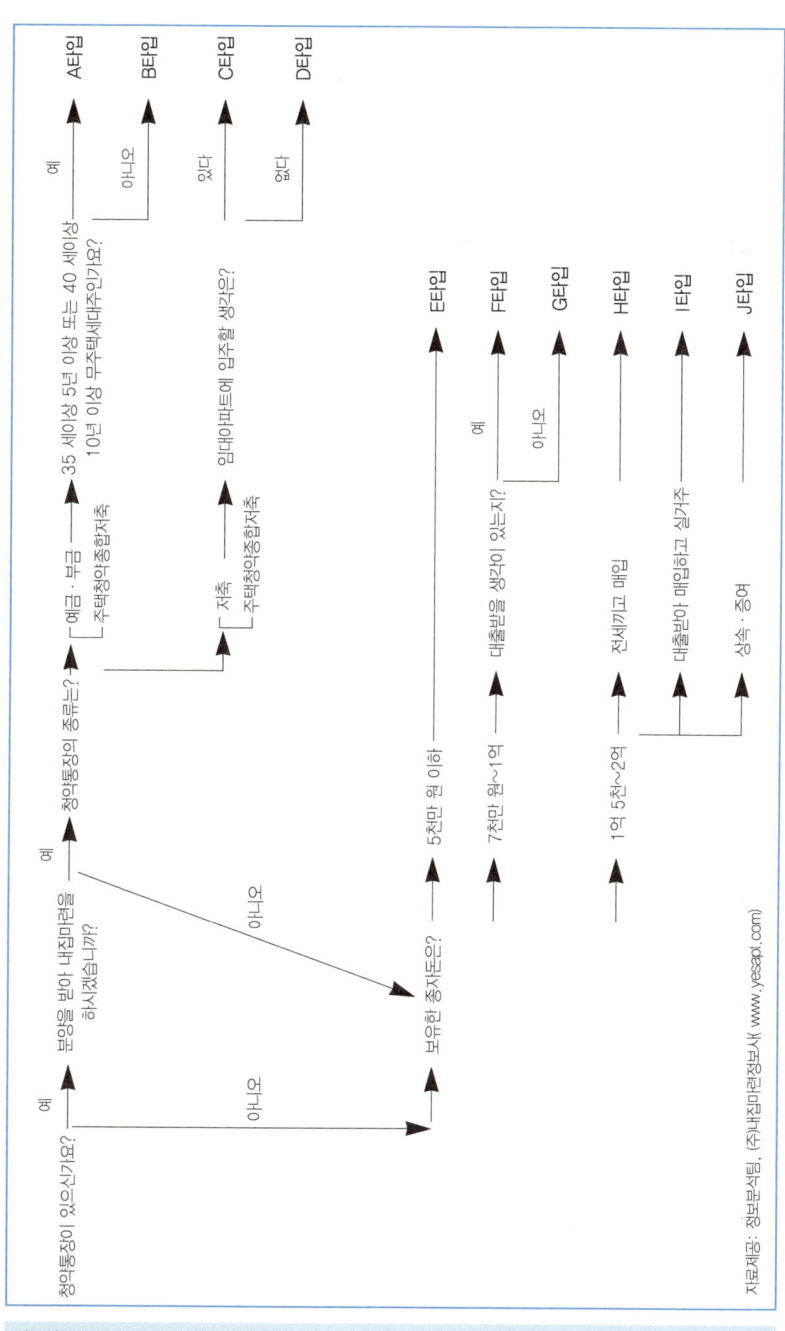

〈그림 12〉 나는 과연 어디에 해당될까

A타입 : 느긋하게 기다리고 소신 있게 행동하라

35세 이상의 나이 5년 이상 무주택 세대주(무주택기간은 연속, 세대주기간은 연속적이지 않아도 됨) 자격을 갖춘 경우다. 청약제도가 청약가점제로 바뀐 터라 변수는 있지만 그래도 아파트를 신규분양 받기에 좋은 조건이다.

투기과열지구 내에서 분양하는 민간업체 건설 중형국민주택에 도전해볼 만하다. 분양주택 또는 85㎡ 이하의 민영주택을 공급하는 경우 일반주택 수의 75%를 입주자 모집공고일 현재 당해 주택건설지역에 거주하는 세대주에게 우선 공급하기 때문이다. 청약가점제 시행으로 소득이 많은 독신자나 싱글족, 단독세대주들은 부양가족이 없는 관계로 당첨 확률이 크게 떨어질 것이다. 대신 부양가족이나 나이가 많고, 무주택기간이 긴 세대주라면 느긋하게 기다리면 된다. 일명 '소신 청약' 하면 된다.

B타입 : 청약통장에 대한 고민이 필요하다

청약예금 또는 청약부금을 유지하고 있거나 주택청약종합저축에 가입한 35세 미만인 사람이다. 이 경우 가장 먼저 할 일은 자신의 청약상품에 대한 재점검이다. 청약가점제에서 절대적으로 불리한 위치이기 때문이다. 특히 기존 청약부금 가입자는 한 번쯤 고민할 필요가 있다. 전용 85㎡ 이하 민영주택을 청약할 수 있는 청약부금의 경우 청약통장 활용도가 굉장히 떨어진다. 그래서 이런 경우라면 신규로 주택청약종합저축에 가입하는 것이 유리하다.

그래도 아주 실망할 필요는 없다. 청약가점제라고 하지만 국민주택(85㎡) 이하 규모 청약은 가점제 물량이 75%이고, 추첨제 물량이

25%가 존재한다. 특히 국민주택 이상 규모는 가점제와 추첨제가 절반씩이기 때문에 오히려 긴 호흡으로 접근하는 자세도 필요하다.

C타입 : 임대아파트를 사랑하라

종자돈이 부족해 분양도 불가능하고 일반 아파트 전세금도 버거운 사람들에게 안성맞춤이다. 임대아파트에 크게 거부감을 가질 필요는 없다. 분양전환되지 않는 국민임대아파트나 차후 분양전환되는 공공임대아파트의 장점은 투자금에 비해 주거환경이 매우 좋다는 것이다. 과거 흉물스런 임대아파트를 떠올려서는 안 된다.

특히 국민임대아파트는 입주 후 같은 청약통장으로 공공분양 아파트에 다시 청약이 가능하다. 따라서 임대아파트에 살면서 종자돈을 열심히 모아 청약할 때를 기다리면 된다. 2008년 이후에는 점수를 높이려고 무주택 기간을 높이려는 움직임이 커질 것이다. 이것은 무슨 말인가. 가점제에서 높은 점수를 따려고 아무 주택이나 구입하지 않는다는 뜻이다. 그렇다면 대부분의 사람들은 전세를 선호할 것이기 때문에 전세값 급등 등 매우 불안한 양상이 이어질 것이다. 이 순간 갖고 있는 저축통장으로 임대아파트에 재빨리 입주해두면 전세대란 속에 편안한 삶을 즐길 수 있겠다.

D타입 : 공공택지개발지구를 공략하라

아무래도 임대아파트에는 절대 살고 싶지 않다는 쪽이다. 결국 청약저축 하나만 사용할 수 있는 무기인 셈이다. 현재 청약저축으로 분양받을 수 있는 아파트는 대한주택공사나 SH공사, 경기지방공사 등 공공기관에서 공급하는 아파트다.

그러나 불리한 것도 아니다. 최근 주택공급 정책의 변화와 공영개발 등이 논의되면서 청약저축 통장의 활용도가 높아지고 인기 또한 상한가다. 올해 공공택지개발지구에서 분양하는 아파트 중 원가연동제가 적용되는 아파트는 분양가도 상대적으로 저렴하므로 적극 청약에 나서야 한다.

유망 공공택지개발지구로는 판교신도시, 파주신도시, 김포신도시, 아산신도시, 광교신도시, 송파신도시, 성남 도촌 지구, 의왕 청계지구 등이 있다.

E타입 : 청약통장부터 준비하라

내집마련이 가장 힘든 상황이다. 종자돈 모으기와 청약통장 만들기를 하루라도 빨리 병행해야 한다.

그나마 다음의 자격이 된다면 국민임대주택을 노려볼 수 있다. 무주택세대주로서 전년도 도시근로자 가구당 월평균소득의 50%(162만 5410원) 이하에 해당되는 사람은 국민임대주택(전용면적 15평형 미만)에 청약하자. 입주자 선정순위에 따라 자신에게 기회가 올지도 모른다.

평수가 좀 더 넓은 국민임대주택(전용면적 15평형 이상~18평형 이하)에 도전하려면 하루라도 빨리 청약저축 통장을 만들어야 한다. 청약통장을 만들면 일단 3순위로 청약할 수 있는 자격이 생긴다. 단, 이 경우 무주택 세대주로서 전년도 도시근로자 가구당 월평균소득의 70%(227만5580원) 이하에 해당해야 한다.

F타입 : 종자돈을 좀 더 키워라

종자돈만으로는 힘들어 대출을 받아야 하는 상황이다. 하지만 어떤 경우에도 대출금액이 아파트 시세의 30~40%를 넘지 않도록 한다. 금리가 낮은 생애최초주택구입대출, 근로자·서민주택구입자금 대출 등을 적극 활용해야 한다. 그래도 종자돈 덩치를 좀 더 키워보는 게 현명한 방법이라고 할 수 있다.

G타입 : 뉴타운 지분에 승부하라

대출도 싫다면 뉴타운 지분구입이나 경매 시장을 노크할 수밖에 없다. 길어지는 시간에 대해서는 스스로 감수해야 할 부분이다. 향후 개발 호재가 있는 뉴타운 지분을 매입해 뉴타운 완성 후 입주하는 방법을 생각해 볼 수 있고 경매로 나온 싼 가격대 아파트에 도전할 수도 있다. 다만 기본적으로 투자금이 큰 편이 아니라서 수익성도 비례적으로 떨어지게 된다.

H타입 : 전세 끼고 매입이 가능하다

자신의 종자돈에 전세를 끼고 유망 아파트를 매입해 향후 가격상승을 노리는 전략이다. 2억 원 가까운 종자돈을 모았다면 크게 어려움은 느끼지 않을 것 이다.

다만 한 가지 문제는 있다. 이 경우는 정작 본인은 입주하지 않는다는 가정에서 출발하기 때문이다. 결국 본인 스스로는 어디에 살지를 또 정해야 한다. 가격이 최대한 싼 주택(다세대, 연립 등)을 골라 본인 또한 전세를 사는 방법을 추천한다.

I타입 : 공격적인 빚테크가 필요하다

대출을 받아 유망 아파트를 매입하고 실제로 거주하는 방법이다.

모든 대출의 주의점은 이자다. 앞서 배운 빚테크를 잘 활용하자. 물론 대출은 감당할 수 있는 한도 내에서 최소한으로 받아야 한다는 게 기본 원칙이다.

향후 집값 상승을 노릴 수 있고 실제 거주를 하면 1가구 1주택 양도세 비과세 혜택도 누릴 수 있다. 내 집 만들기의 가장 보편적이고 모범적인 사례다.

J타입 : 세금을 컨트롤하라

이자부담 없이 자산을 늘릴 수 있는 대단히 운이 좋은 경우다. 별 걱정도 없고 따로 노력할 필요도 없어 보인다. 그러나 세금에는 아주 구체적인 부분까지 신경 써야 한다. 증여, 상속시 세금 때문에 '한방' 맞는 경우가 상당하다.

일단 세금이 크게 나오지 않는 한도를 맞출 수 있는 데까지 맞춰보자. 다만 피해갈 수 없다면 부담부 증여 등의 방법을 통해 세금을 줄여야 한다.

| 에필로그 |

재테크, 내 삶의 주인공으로 사는 또 하나의 방법

연극이 끝나고 난 뒤 무대에 홀로 서서 우두커니 텅 빈 객석을 바라보는 배우가 있다. 무슨 생각을 할까. 자신이 펼쳤던 연기를 되돌아보고 있을까. 아니면 왜 더 잘하지 못했나 후회를 하는 건가. 전력투구를 한 뒤 밀려오는 아찔한 피로를 스스로 즐기고 있는지도 모르겠다.

1999년 겨울로 기억한다. 중학교 선생님인 친구 녀석으로부터 술이나 한 잔 하자는 전화가 왔다. 자기가 한번 크게 쏘겠단다. 둘이 만나 이런저런 이야기를 하는 도중 이 녀석이 불쑥 "너무 허탈해"라는 말을 내뱉었다. 1996년에 어엿한 선생님이 된 이 친구는 그 동안 매달 50만 원씩 비과세 은행정기적금을 부어왔다고 했다. 그리고 3년 만인 그날 2000만 원을 찾았는데 까닭 없이 마음이 싱숭생숭하다는 것이다.

"기분이 생각만큼 그렇게 좋지는 않아. 3년 내내 50만 원씩 차곡차곡 찍히는 통장을 볼 때는 정말 설레고 짜릿했었는데…. 다들 그런가? 이 2000만 원 갖고 내일부터 뭘 할까 싶다."

사실 난 그 때 이 친구가 조금은 얄미웠다. 목돈을 쥐었다고 잘난

척 하는 것 같아서 말이다. 하여튼 당시 내 감정은 부러움과 질투가 한데 섞여 있었던 것 같다.

그런데 최근 이 책의 집필과정에서 당시 이 친구의 허탈감이 과장되지 않았다는 생각을 하게 됐다. 치열한 재테크 생활을 통해 5년 내에 6000만 원 이상 모으는 데 성공한 사람들에 대한 이야기를 들어보면 막상 목표를 달성한 후 한동안 허무감에 빠져 헤어나오지 못한 경우가 많았기 때문이다.

'정상의 경험'은 없다?

마지막 에필로그를 시작하면서 처음 재테크에 대한 담론을 꺼낼 때만큼이나 많은 고민에 휩싸였다. 분명 처절하게 느끼고 담배도 끊고 펀드에 대한 공부도 하고 주식투자를 위해 밤샘공부도 하면서 목표한 종자돈을 손에 넣었는데도 불구하고 좀처럼 '행복' 하지 않다는 사람들이 너무 많아 보인다.

"1억 모아봤는데 힘들어도 모을 때가 좋았지 막상 모으고 나니까 그냥 그래"라는 사람부터 "1억? 그거 모으느라고 너무나 많은 걸 잃었어. 돈 진짜 별거 아닌데 말이야"라고 토로하는 경우도 많다. 대체 뭐가 잘못된 걸까. 아니, 정말 뭐가 잘못되기나 한걸까.

30대 중반의 A씨는 내게 '노골적인 느끼기'가 얼마나 재테크에 도움이 되는지를 임상적으로 알게 해준 대표적인 인물이었다. 명문대를 졸업하고 이름만 들어도 대부분 젊은이들이 우러러보는 외국계 컨설팅회사에서 컨설턴트로 근무하는 A씨는 8년 만에 한강이 보이는 주상복합아파트도 장만하고 주식 등 현금성 자산만 거의 1억 원에 육박하는 재산가다. 아파트 대출을 빼고도 자산이 8억 원에 달하는 데 1년에 1억 원씩 모았다는 계산이다.

물론 연봉이 다른 샐러리맨과 비교가 안 될 만큼 많다는 이유도 있겠지만 이런 재테크의 성공에는 실연의 아픔이 대단히 중요한 역할을 했다. 컨설턴트 1년차 시절 한 여인과 소개팅을 했는데 첫눈에 사랑에 빠졌던 것이다. 그러나 이 여인은 황 씨에게 눈길 한 번 안주고 더 이상 연락도 없었다. 그런데 한 달하고도 보름이 지난 후 그는 이 여인이 준재벌집의 아들에게 시집갔다는 이야기를 들었다.

여기서 부터였던 것 같다. 평범한 가정에서 자란 그는 "돈 때문에 사랑이 이뤄지지 않았다"는 쪽으로 결론을 내리고 엄청난 추진력을 갖고 재테크에 몰입하기 시작했다. 그야말로 처절하게 느끼기와 노골적으로 느끼기가 함께 이뤄진 셈이다. "돈이면 사랑을 얻을 수 있다"는 마음가짐이 옳다고 할 수는 없지만 적어도 재테크에서만큼은 효과 만점이었다.

죽어라 일만 하면서 연봉은 3년차를 지나면서 억 대로 올라섰고 5년을 기점으로 기하급수적으로 연봉이 튀어 올랐다. 능력이 그대로 연봉과 이어지는 업계 현실을 이용한 재테크라고도 할 수 있겠다. 이어 주식에서, 또 곧이어 아파트 매입까지 치밀한 계획대로 착착 진행돼왔다.

돈으로 사랑을 얻었는지는 알 수 없지만 그는 지금 결혼을 한 유부남이 됐다. 이것 말고는 특별히 달라진 것은 없는 것 같다. 지금도 열심히 일하고 있고 재테크에 대한 열정도 아주 왕성하다. 워낙 친한 사이라 "돈 모으는 거 허탈하지 않아?" "이제 돈 좀 생기니까 옛날에 놀지 못한 거 후회되지?"라고 놀릴라 치면 정색을 하고 '그렇지 않다' 고 말한다.

"뭐가 허탈해. 이게 완성하면 할수록 빠져들어. 처음 7000, 8000만 원 모을 때야 가끔씩 내가 뭐하고 있나 싶었는데 그렇지 않아. 고비를 넘기면 완전히 또 다른 세계가 있어."라고 말하는 황 씨. 요즘 그는 커피전문점에 대한 스터디를 하고 있다고 했다. 돈을 모으는 데서 이제 돈을 버는 쪽으로 스스로를 진화시켜간 것이다.

재테크는 '뫼비우스의 띠' 처럼

이처럼 분명 어떤 사람들은 종자돈을 마련한 후 너무도 쉽게 그 다음 단계로 넘어간다. 허탈감이나 공허함은 찾을 수 없다. 그렇다면 결국 재테크에도 부인할 수 없는 개인 차이가 존재한다고 생각할 수밖에 없다. 누구는 목표한 종자돈을 모으고 덧없어 하면서 더 이상 돈 모으는 작업을 멈추는데, 또 누구는 스스로를 발전시켜 가며 창업까지 꿈꾸고 있으니 말이다. 성격에 따라 또는 본성에 따라 재테크를 잘하는 스타일이 따로 존재하는 것 아닌가 하는 의구심도 생긴다.

이런 고민을 하던 차에 우연히 EBS에서 '뫼비우스의 띠'에 대해 소개하는 프로그램을 보게 됐다. 처음과 끝이 맞물려 있어 안과 겉을 구별할 수 없는 곡면이 영원히 계속된다는 바로 그것이다.

독일의 수학자 A. F. 뫼비우스의 인물 사진과 함께 평면인 종이를 길쭉한 직사각형으로 오려서 그 양끝을 한번 꼬아 맞붙이는 장면을 본 순간 퍼뜩 머리를 스쳐가는 게 있었다. 바로 재테크라는 것은 마치 '뫼비우스의 띠' 처럼 꼬리에 꼬리를 물며 지속적으로 이어가야 한다는 생각이었다. 이렇게 하면 재테크 자체의 파워도 커질 뿐 아니라 뜻 모를 허탈감을 느낄 여유도 없어진다.

이론상으로 보면 '정상의 경험'을 맛보는 순간 바로 다음 단계의 재테크를 시작한다는 것이고 '절약-저축-투자-대출-절약-저축-투자…'의 뫼비우스의 띠가 영원히 지속된다는 의미이기도 하다. 종자돈 만들기도 결국 기나긴 평생 재테크 과정의 한 순간이다. 이 시기를 완성단계로 생각하면 곤란하다.

그런데 더욱 재미난 사실을 하나 더 알게 됐다. 이른바 '정상의 공허함'을 세간에 전파하는 사람은 정작 본인이 아니라 주위 사람들이라는 것이다. 가령, 소기의 재테크 목적을 달성한 A라는 사람이 어느 날 동료 직원에게 "너무 허무해"라고 말했다고 하자. 그런데 이 동료 직원은 다음날 사무실 동료들을 만날 때마다 "A씨, 그렇게 돈 모은다고 온갖 티를 다 내더니 허무하대"라며 수다를 떤다.

이제 사람들은 기다렸다는 듯 이 이야기를 주위사람들에게 다시 전한다. 이야기는 크게 윤색된다. "같은 사무실에 돈 모으는 데 미친 사람이 있는데 다 모으고 나서 요즘 돈 쓰느라고 정신없대. 그렇게 돈 모으면 뭐 하냐, 인간이 이상한데. 돈이 전부가 아냐."

A씨의 허탈함이 어느 정도 수준인지, 정말 허탈하기는 했는지 그냥 한번 겉멋을 부려본 건지에 대해서는 더 이상 관심 밖이다. 단돈 3000만 원도 모아보지 못했던 수많은 궁상들은 오히려 재테크의 마무리를 실천한 사람의 순간적인 흔들림에 기뻐하며 스스로를 달래고 있는 것이다. 그러고 보니 저자 역시 실제로 주위에서 "1억 모아봤는데 별거 아니야"라고 말하는 선배나 친구나 후배를 직접 본 적이 없는 것 같다. 여러분도 혹시 비겁한 자위행위와 괜한 핑계거리 찾기에 몰두하고 있는 건 아닌지 돌아볼 필요가 있다.

돈을 모으면 행복한지 아니면 그리 행복하지 않은지에 대해 딱히 할 말이 없다. 그것은 이 책에서 다루고 있는 영역 밖의 문제이기 때문이다. 다만 우리가 말해온 '정상의 경험'을 '행복'이라는 개념과 혼동하지는 말았으면 한다.

종자돈 만들기, 재테크의 종착역이 아니다

많이 힘들 것이다. 5개월도 미치기 어려운데 5년 이상 힘겨운 생활을 한다는 게 아무나 할 수 있는 일도 아니다. 중도에 포기할 수도 있고, 또 포기했다가 다시 시작하는 시행착오의 과정이 반복될 것이다. 다만 마지막으로 다시 한 번 강조하고 싶은 부분은 제발 재테크를 부자되기 판타지나 심심풀이 놀이 정도로 '오해'해서는 안 된다는 것이다. 실패는 용납되어도 착각은 절대로 용서가 안 된다. 특히 지금 재테크의 실체를 제대로 보지 못하면 평생 여기서 헤어나올 수 없다.

혹시나 하는 마음에 덧붙이는 말도 있다. 이 책은 20대 후반에서 시작해 30대 초중반에 7000만 원~1억 원 정도의 종자돈 모으기를 완성하는 데 초점을 맞췄다. 그래서 자칫 여기서 소개되는 부분이 재테크의 전부인 것처럼 생각할 수 있다. 하지만 전혀 그렇지 않다. 앞서 살펴봤듯이 재테크는 뫼비우스의 띠처럼 연속돼야 하며 그래야 파급효과는 더욱 커진다. 종자돈을 만든다는 건 종착역이 아니라 더 큰 빅리그로 나가는 출발역인 셈이다. 하루 빨리, 한 살이라도 어렸을 때 큰 무대로 나가야 성공할 확률도 더 높아진다.

대학 시절 대학로에 연극 보러 다니는 걸 꽤나 좋아했다. 참 멋진 작품을 보고 온 날이면 과연 연극이 끝나고 조명이 모두 꺼진 무대에 서서 텅 빈 객석을 바라보는 주인공의 심정은 어떨까 하는 생각을 해보곤 했다.

　많은 후배들이 1억 원을 모으면 어떤 기분일까 궁금하다고 한다. 또 몇십억 원을 펑펑 쓰는 부자들의 생활에는 어떤 즐거움이 있을까 하는 뜻 모를 부러움에 빠지기도 한다. 솔직히 말해 당사자가 아니면 아무도 이 심정을 정확하게 알 수 없다. 집으로 돌아온 관객이 죽었다 깨어나도 공연을 마친 후 느끼는 연극배우의 심정을 알 수 없는 것과 마찬가지다.

　여러분은 더이상 객석에 앉아 무대 위 배우만을 바라보는 관객일 수 없다. 재테크에 있어 관객은 아무런 존재가치가 없다. 연극에서는 감동이라는 결실을 얻기라도 하지만 재테크의 관객은 그 어떤 소득도 얻어낼 수 없다.

　20대 후배 여러분에게 완벽한 연기를 마치고 텅 빈 객석을 바라보는 주연배우의 심정을 직접 느껴보라고 권하고 싶다. 오직 최선을 다한 배우만이 누릴 수 있는 또 하나의 특권이다. 그 특권을 반드시 쟁취하길 기원한다.

**대한민국
20대,
재테크에
미쳐라**

1판 1쇄 발행	2006년 10월 16일
1판 32쇄 발행	2009년 2월 20일
2판 1쇄 발행	2009년 8월 10일
2판 18쇄 발행	2022년 3월 15일

지은이 정철진
펴낸이 김기옥

경제경영팀장 모민원 기획 편집 변호이, 박지선
커뮤니케이션 플래너 박진모
경영지원 고광현, 임민진
제작 김형식

인쇄 · 제본 민언프린텍

펴낸곳 한스미디어(한즈미디어(주))
주소 121-839 서울특별시 마포구 양화로 11길 13(서교동, 강원빌딩 5층)
전화 02-707-0337 | 팩스 02-707-0198 | 홈페이지 www.hansmedia.com
출판신고번호 제 313-2003-227호 | 신고일자 2003년 6월 25일

ISBN 978-89-5975-057-3 13320

책값은 뒤표지에 있습니다.
잘못 만들어진 책은 구입하신 서점에서 교환해 드립니다.